本书由北京外国语大学区域与全球治理高等研究院资助出版
特别鸣谢

斯里兰卡

研究报告

(2018~2020)

THE RESEARCH REPORT OF
SRI LANKA (2018-2020)

主　编／李永辉
副主编／肖莉梅

社会科学文献出版社
SOCIAL SCIENCES ACADEMIC PRESS (CHINA)

主要编撰者简介

主编　李永辉

李永辉，1959 年 9 月生，山东济南人，法学博士，博士生导师，现为北京外国语大学国际关系学院教授、北京外国语大学太平洋研究中心主任。此外还担任中国联合国协会常务理事、中华美国学会常务理事、北京市高教学会国际政治研究分会理事长、中国和平统一促进会理事、中国国际交流协会常务理事、中国国际友好联络会理事、国家留学基金委评审专家、中国联合国教科文组织全国委员会咨询专家、北京国际交往中心建设专家。曾入选"北京市跨世纪理论人才百人工程"和"北京市新世纪社科理论人才百人工程"。目前的研究方向为美国政治与外交、外交战略及公共外交。撰写和主持编写《联合国的历程》（合著）、《当代世界政治经济与国际关系》、《多轨外交》（译著）、《中国公共外交研究报告2011/2012》、《周恩来公共外交访谈录》等著作多部，发表论文数十篇。

副主编　肖莉梅

肖莉梅，现为天津理工大学马克思主义学院讲师。先后获得四川大学法学学士、中共中央党校法学硕士、中国人民大学法学博士等学位。主要研究方向为中国对外关系、南亚政治与经济等。曾参与国家级和省部级科研项目，并在《教学与研究》《中国经贸导刊》等期刊上发表学术研究成果多篇。

目 录

中斯关系篇

主题报告

"一带一路"背景下的斯里兰卡
与中国对外战略

李永辉

内容提要： 在我国的对外战略中，斯里兰卡以其独特的重要性而具有特殊的意义。作为印度洋上的"地缘政治支轴国家"，斯里兰卡在当今世界大国竞争日趋激烈的背景下战略重要性日益凸显。在"一带一路"建设中，斯里兰卡也具有不可替代的重要作用；同时，斯里兰卡与我国有着长期的友好关系，在政治安全和经济贸易方面双方有着密切的合作关系，两国的人文交流与合作也越来越活跃。特别是"一带一路"倡议提出以来，中斯经济合作从基础设施建设向金融服务等领域深化，进入了一个新的历史阶段。中斯关系源远流长，充满活力，具有广阔的发展前景，堪称国家间关系的典范。但同时也应该看到，新时期的中斯关系面临新的问题和挑战，特别是受到了国际格局和大国关系变化等外部因素的影响。其中美国和印度因素的影响尤为突出，值得关注和警惕。中国的对斯战略和外交必须置于这一特殊的地缘战略背景之下，在错综复杂的大国博弈关系中找准定位。我们应既看到其广阔的发展空间，也承认其天然的局限性，寻求双方利益的最佳平衡点，而不是简单的利益最大化。

关键词：地缘战略 "一带一路" 中斯关系

作者简介：北京外国语大学国际关系学院教授，博士生导师。

从纯粹的统计学意义上说，斯里兰卡不过是当今世界 200 多个国家和地区中一个十分普通的国家，甚至只能算是一个小国。然而，无论从历史还是现实的角度看，这个遥远的印度洋岛国都是中国外交中一个特殊的标志性存在。在当今世界正面临百年未有之大变局、中国作为新兴大国迅速发展、"一带一路"建设顺利推进的大背景下，中斯关系的重要性及其发展前景也越来越受到人们的关注和重视。

一 印度洋上的"地缘政治支轴国家"
和"21世纪海上丝绸之路"的节点国家

"地缘政治支轴国家"是曾任美国总统国家安全事务顾问的哥伦比亚大学教授兹比格纽·布热津斯基（Zbigniew Kazimierz Brzezinski）提出的地缘政治概念。① 根据这一概念，某些国家因其所处的敏感地理位置以及它们潜在的脆弱状态而对区域乃至全球地缘政治产生超出其国家实力的特殊影响。一些中国学者也曾提出"战略支点"的概念，② 但更强调其与中国利益和战略的相关性。从这两个方面看，斯里兰卡正是这样一个既与中国有着传统友好关系和重大利益相关性，又具有特殊地缘政治影响的"支轴国家"。

在当今中国的对外开放格局中，关于"地缘政治支轴国家"的定位因印度洋地区战略地位的上升和我国"一带一路"倡议的提出和实施而更显特殊意义。

从地缘政治的角度看，印度洋一直是全球地缘政治竞争的主要

---

① 〔美〕兹比格纽·布热津斯基：《大棋局：美国的首要地位及其地缘战略》，中国国际问题研究所译，上海人民出版社，1998，第55页。

② 徐弃郁：《海权的误区与反思》，《战略与管理》2003年第5期，第17页。黄仁伟在中国亚太学会2014年学会上提出"战略支点"至少要有四个要素：第一，与中国具有重大利益相关性；第二，与美国的"亚太再平衡战略"有区别，可以是美国的军事同盟国，但是不能完全追随美国；第三，在所在次区域有重大影响，或是本身就是区域大国；第四，与中国在战略问题上可以配合。杨洁勉在中国南海研究2014年度论坛上提出，打造"战略支点"的目的在于中国与特定国家在经济、外交、政治、安全和军事上相互支持，"战略支点"国家在外交上具有独立性，不会成为美国的附庸，在涉及双方国家核心利益、重大国际和地区事务方面与中国紧密合作，相互协调。郭学堂认为，"支点国家"的概念过于狭窄，易引起误解，故提出了"支点地区"概念。但无论是"支点国家"还是"支点地区"，在地缘战略意义上并无本质区别。见郭学堂《印度洋"支点地区"概念与中国话语权建设》，2019年4月24日，上贸大南印中心微信公众号。

舞台之一。从哈罗德·麦金德（Harold Mackinder）、阿尔弗雷德·塞耶·马汉（Alfred Thayer Mahan）到当代地缘战略家罗伯特·卡普兰（Robert Kaplan），无不强调印度洋的重大战略意义。[①] 进入21世纪以来，印度洋地区的地缘战略价值进一步提升。这里有占全世界1/3的人口、占全世界25%的陆地面积、占全世界40%的石油和天然气储量。印度洋是世界第三大水域，印度洋航线承接了世界80%以上的海运贸易和石油运输业务，因此被认为是世界上最重要的海上贸易通道。人们甚至将印度洋看作21世纪大国博弈最重要的舞台。

从地缘经济的意义上说，印度洋已经成为中国海上贸易，特别是能源运输的"生命线"。目前，我国80%的原油进口和50%的海上贸易要经过印度洋。[②] 这意味着我们必须与印度洋国家合作以保证能源和贸易的安全。在这些国家中，位于连接波斯湾和马六甲海峡的弧形中心的斯里兰卡天然地居于中心地位。

作为全球最重要的能源通道和贸易通道，印度洋在"一带一路"建设中也占有至关重要的地位。党的十九大报告把实施共建"一带一路"倡议作为经济建设和推动形成全面开放新格局的重大战略举措，并赋予其作为构建人类命运共同体重要抓手的新时代历史重任。"一带一路"倡议的提出让我们重新思考全球化、区域化、地缘战略以及中国对外战略等一系列问题。"21世纪海上丝绸之路"的设想由习近平主席于2013年10月正式提出，旨在进一步

[①] Robert D. Kaplan, *Monsoon: The Indian Ocean and the Future of American Power*, New York: Random House, 2010.

[②] 秦为胜:《中国四大跨国石油管线助力中国突破马六甲瓶颈》,《地理教育》2017年第5期, 第61页。

加强中国与相关共建国家的关系，通过基础设施建设促进资金、商品、人员及文化的交流。这一宏伟设想涉及从我国东海、南海经印度洋、红海、地中海到欧洲的广大区域及区域内的众多国家，总计约 44 亿的人口、21 万亿美元的经济总量，分别占世界总量的 63%和 29%。[①] 具体的合作内容则涵盖了从海上互联互通、运输业发展、海洋资源开发、基础设施建设、港口和经济特区开发、合作科研、环境保护、旅游开发到海洋考古保护等众多领域。

斯里兰卡位于印度洋国际主航线上，处于从波斯湾到马六甲海峡"海上丝绸之路"的中心位置上，素有"东方海上十字路口"之称，正是印度洋通向太平洋，南亚通向东南亚的"海上交汇点"。从地理上看，在斯里兰卡周边的辽阔海域，除其本身之外，无论是其以东经孟加拉湾到马六甲海峡，还是以西的阿拉伯海沿岸，都缺乏大型良港。而作为海上枢纽，斯里兰卡拥有得天独厚的天然良港，是建设"一带一路"的重要保证。正如原国家海洋局局长刘赐贵指出的，"海上通道安全是保持 21 世纪海上丝绸之路稳定发展的关键，而港口设施是海上通道安全的基础"[②]。从近年来中斯合作的现实看，汉班托塔港、科伦坡南港集装箱码头及其配套工程等一批重要项目的建成，也恰恰充分显示了斯里兰卡在"一带一路"国际合作中的这一独特地位。从这个意义上说，斯里兰卡对于"一带一路"建设具有不可替代的战略意义。就中国的南亚外交而言，作为地处印度洋战略要冲的岛国，斯里兰卡也是中国

---

① 刘华芹：《积极实施"走出去"战略 助推"一带一路"建设》，《国际商务财会》2015 年第 2 期，第 10 页。

② 刘赐贵：《发展海洋合作伙伴关系 推进 21 世纪海上丝绸之路建设的若干思考》，《国际问题研究》2014 年第 4 期，第 1~8 页。

与印度洋其他国家交流合作的重要桥梁。依托和通过斯里兰卡，中国可以更有效地开展与南亚和印度洋其他国家的外交。

因此，无论是"海上交汇点"，还是南亚外交的"桥梁"，斯里兰卡在中国外交中的地位必定随着"21世纪海上丝绸之路"倡议的实施而显得更加重要。①

在中美全球战略竞争态势已经形成，美国印太战略日趋清晰，日本、印度等国家围绕印太地区的战略布局逐渐浮出水面的大背景下，中国的南亚和印度洋外交及"一带一路"倡议也将面临日益严峻的挑战，从而也更加彰显了这个面积仅 6.56 万平方公里、人口不足 2200 万的印度洋岛国的重要意义。

二 中斯关系是中国外交的成功范例

斯里兰卡虽然是一个小国，但在中国对外关系中一直占有十分重要的地位。斯里兰卡与中国有着十分悠久的交往史，中国第一位到海外取经求法的大师——东晋高僧法显的到访地中就包括斯里兰卡（时称"狮子国"）。他在那里生活了两年，写下了不朽的历史名著《佛国记》。明代郑和下西洋时期，两国的交往更达到了新高度。中斯关系史上的这些佳话是两国人民都耳熟能详的。

中华人民共和国建立后，两国关系进入了新阶段，揭开了新篇章。回顾历史，斯里兰卡②是最早承认新中国的国家之一，也是对

① 马博：《打造"21世纪海上丝绸之路"交汇点：中国-斯里兰卡关系发展的机遇与挑战》，《世界经济与政治论坛》2016年第1期，第48~63页。

② 斯里兰卡，旧称锡兰（1948~1972），1972年改称斯里兰卡共和国，1978年改为斯里兰卡民主社会主义共和国，简称斯里兰卡。

新中国早期外交具有至关重要意义的万隆会议的主要发起国之一。在中国重返联合国这一重大问题上，斯里兰卡率先表态，是坚定的支持者之一。1971 年，斯里兰卡连同 21 个亚非国家在联合国提交提案，要求恢复中华人民共和国在联合国的一切合法权益。在 20世纪 70 年代末期，中国对越自卫反击战时，斯里兰卡坚定地站在了中国一边，并且在中苏关系紧张时期谴责苏联在亚洲进行军事扩张。①

可以不夸张地说，斯里兰卡一贯支持中国人民的正义事业。在新中国外交的重要历史阶段和重要关口，在涉及我国的重大国际和外交问题上，斯里兰卡坚定地站在了中国一边。中斯两国关系是大国与发展中的中小国家关系发展的典范。

斯里兰卡是一个发展中的小国，但与中国的关系是全面而深刻的。在政治和安全问题上，中国坚定地支持斯里兰卡维护其主权和领土完整的各项政策，支持斯里兰卡政府打击各种分裂势力和恐怖主义的努力，这也是中斯关系发展的重要基石。斯里兰卡则在政治和外交上一直是中国坚定的支持者。双方在许多重大的国际和地区问题上具有广泛的共识，保持良好的合作。斯里兰卡政府在涉台、涉藏、涉疆和人权等问题上一贯支持中国的立场，在中国成为"南亚区域合作联盟"（SAARC）观察员和"环印度洋区域合作联盟"（IOR-ARC）对话伙伴国等重大问题上也给予中国一贯而坚定的支持。2013 年 10 月，中国国家主席习近平提出共同建设"21 世纪海上丝绸之路"的倡议，斯里兰卡是首个以政府声明形式支持

---

① 马博：《打造"21 世纪海上丝绸之路"交汇点：中国－斯里兰卡关系发展的机遇与挑战》，《世界经济与政治论坛》2016 年第 1 期，第 48~63 页。

这一倡议的国家，并接受了中国 15 亿美元的投资，双方共同开发了科伦坡港口城项目。

在 2014 年 5 月于上海召开的亚信第四次峰会上，中国首次提出"亚洲新安全观"和共建和平、稳定与合作"新亚洲"的战略蓝图，斯里兰卡又率先表态支持。同时，在社会发展模式上，斯里兰卡对中国改革开放以来所取得的成就给予充分的肯定和高度的评价，并在本国发展中十分注重学习和借鉴中国的经验，这进一步夯实了双方合作的基础。2013 年，两国政府决定将双边关系提升为"战略合作伙伴关系"。2019 年 12 月，国务委员兼外长王毅拜会了斯里兰卡新任总统戈塔巴雅·拉贾帕克萨、新任总理马欣达·拉贾帕克萨等领导人。双方同意，要进一步增强两国牢固的政治互信，提升务实合作水平，根据既有共识，并在此基础上规划推进新的合作蓝图。

在经济上，中斯两国也有着悠久的交往历史和广阔而坚实的合作基础。从 1952 年的《米胶协定》开始，两国的经济合作不断发展。到 1956 年，中国与斯里兰卡的贸易额在中国与亚非国家的贸易额中位列第二，仅次于中国和日本的贸易额，而斯中贸易额占斯里兰卡总贸易额的比例也仅次于斯里兰卡和英国、印度的，位居第三。[①]

冷战结束以来，中斯经济合作进一步发展。据统计，中国早在 2005 年就已成为斯里兰卡最大的投资国。[②] 中国的投资对饱受内战

[①] 马博：《打造"21 世纪海上丝绸之路"交汇点：中国-斯里兰卡关系发展的机遇与挑战》，《世界经济与政治论坛》2016 年第 1 期，第 48～63 页。

[②] Nilanthi Samaranayake, "Are Sri Lanka's Relations with China Deepening?", *Asian Security*, Vol. 7, No. 2, 2011, p. 128.

困扰的斯里兰卡的经济无疑是雪中送炭，发挥了十分重要的作用。

近年来，随着斯里兰卡国家重建工作的开展，中斯经济合作跃上了一个新的台阶。特别是"一带一路"倡议提出以来，中斯经济合作从基础设施建设向金融服务等领域拓展，进入了一个新的历史阶段。2016年，中斯贸易额达到45.6亿美元，超过印斯贸易额，从而使中国成为斯里兰卡最大的贸易伙伴国和进口来源国。①

中斯两国密切的经济关系，也反映在我国对斯里兰卡持续和大量的各种投入上，包括资金密集投入。截至2020年，中国已经向斯里兰卡提供了价值100亿美元的贷款，② 这使斯里兰卡成为"一带一路"参与国中的第三大资金接受国，仅次于巴基斯坦和俄罗斯。

更重要的是，中斯经济合作已远远超出了单纯的双边合作范畴，带来了溢出效应和示范效应。正如有学者指出的，"中斯经济合作重塑、发展的成果将成为中国与'21世纪海上丝绸之路'沿线国家合作的双赢实践和范本"。③

中斯两国的文化交往和民间交流源远流长，从以法显和郑和为代表的历史佳话，到中华人民共和国建立以来双方广泛而深入的多种形式的文化交往和民间交流，无不体现出民心相通的人文交流一直是两国关系发展的坚实基础。

---

① 《商务部2月16日召开例行发布会》，国务院新闻办公室网站，http://www.scio.gov.cn/xwfbh/gbwxwfbh/xwfbh/swb/Document/1542485/1542485.htm。

② 王灵桂主编：《共绘"一带一路"工笔画：国外智库论中国与世界（之七）》，社会科学文献出版社，2020，第234~237页。

③ 李艳芳：《"21世纪海上丝绸之路"框架下中斯经济关系的重塑研究》，《南亚研究》2017年第2期，第29~53页。

斯里兰卡人民对中国人民普遍友好。根据一项由斯里兰卡商业期刊 *LMD* 发起并由特恩斯市场研究公司负责进行的调查，72%的斯里兰卡受访民众认为中国是斯里兰卡经济发展的关键，51%的斯里兰卡受访民众认为中国是长期可信赖的国家。[①]

与此同时，我们也应该清醒地看到，在南亚特殊的历史文化背景下，中斯人文关系又有着特殊性甚至矛盾性。一方面，如上所述，中斯关系的发展有着坚实的民间基础；另一方面，斯里兰卡和南亚的其他中小国家一样，与印度又有着历史和血脉相连、宗教和文化相通甚至同文同种的天然联系。这一点连前总统马欣达·拉贾帕克萨也毫不讳言。2015 年总统大选时，力挺斯中友好的拉贾帕克萨表示："中国是朋友，印度是亲戚。"而这也正是我们在中斯人文交流中需要特别注意的地方和更加努力的原因。当然，这也恰恰说明，中国与斯里兰卡在人文交流方面所取得的成就更加难能可贵。

中斯关系是全面和友好的，也是高度稳定的，但这并不意味着两国关系总是一帆风顺，没有任何矛盾和分歧。尽管两国关系中也会有这样或那样的波折，但两国总是能够经受住各种考验，坦诚地正视和解决问题，求同存异，从而使两国关系不断发展，迈上新的台阶。这正是中斯关系成熟和稳定的表现。历史表明，即使在相对低潮的时期，两国关系仍然能够保持平稳的发展。2015 年斯里兰卡大选后，由于政党轮替，其政治、经济和对外政策都发生了较大的变化，这对中斯关系，包括两国的经济合作产生了一定的负面影

---

① "China Is Key to Sri Lanka's Progress：Survey"，http：//www.ft.lk/article/636090/China-is-key-to-Sri-Lanka-s-progress--survey.

响，一些大的合作项目一时受挫，但这并未从根本上影响中斯关系的大局，中斯经济合作的大趋势也没有逆转，两国关系包括经济合作仍在健康地发展。中资公司投资 14 亿美元的科伦坡港口城项目在经受了一系列审查后得以恢复，另一个重大新项目——汉班托塔中斯工业园区已正式启动。2019 年大选后，斯里兰卡再次实现了政党轮替，中斯关系又进入新一轮调整期，这一调整并不意味着两国关系会重回 2015 年大选前的状态，但一定意味着两国关系会在新的基础上再上新的台阶。

中斯关系的发展是我国南亚外交布局总体上更加合理和更加平衡的体现。近年来，随着中国不断发展和日益走向海洋，中国的南亚战略也更趋平衡。

发展中斯关系具有重要意义。中斯关系是国际社会国家间关系，特别是大国与小国关系中教科书般的经典案例。长期以来，两国已建立起平等互利、全面和持久稳定的双边关系。几十年来，中斯两国相互理解，相互支持，推动着两国关系的不断发展，创造了国家间关系的范例。这是一笔宝贵的外交财富，理应得到珍视和维护，也值得研究和借鉴。

三 新时代中斯关系的新挑战与新发展

在世界经历的百年未有之大变局中，中斯关系的战略意义悄然上升，这必然影响到印太地区的地缘战略和大国博弈的态势。无论在美国的印太战略中，还是在日本和印度联合推出的"自由走廊"计划中，印度洋都是关键的战略核心区。地处印度洋"十字路口"

的斯里兰卡也因此越来越受到美印等大国的高度重视。第三方大国势力的介入，使中斯关系变得更加复杂而敏感。

1.美斯关系

作为当今世界唯一的超级大国，特别是具有海洋传统的主导性大国，美国一直把印度洋作为其全球战略的重心之一。早在一百多年以前，制海权理论的提出者美国人阿尔弗雷德·塞耶·马汉就强调了海洋对于世界霸权的决定性意义，而印度洋则是最关键的因素。其中，马达加斯加、迪戈加西亚和斯里兰卡则是控制印度洋的关键岛屿。① 苏伊士运河开通后，马达加斯加的地缘政治位势相应地大幅下降。同时，随着中国和印度作为新兴大国迅速发展，在印太成为新的战略空间的背景下，斯里兰卡的战略地位更加凸显。而且，斯里兰卡也与马汉强调的居中央位置的岛屿、靠近主要的贸易通道、有良好的港口和海军基地等最理想位置的要素十分契合。斯里兰卡在美国战略天平上的分量日渐加重。

在此背景下，美国开始加强与斯里兰卡的关系。2015 年 1 月，斯里兰卡新政府上台后，两国关系一改此前的"冻结"状况，迅速升温。首先，政治上，两国高层互动频繁，机制化水平不断提高。同年 5 月，国务卿克里访问斯里兰卡，这是自 2004 年以来首位访斯的美国国务卿。此次访问被称为"里程碑式的访问"，标志着美国开始重新评估斯里兰卡的战略重要性并着手调整对斯政策。此后不到四年的时间里，美国国务院、国会和军方先后派遣高官对斯里兰卡进行了 13 次访问。2016 年 2 月，斯里兰卡外长曼加拉·

---

① 张文木：《印度洋长策：目标 2049》，《人民论坛·学术前沿》2014 年第 19 期，第 2～3、95 页。

萨马拉维拉（Mangala Samaraweera）访问美国，双方宣布建立伙伴关系对话机制。同年9月，两国议会签署合作协定，以分享彼此立法系统的信息。11月，双方举行了第二次伙伴对话，表示要建设一个自由、开放的印太地区，推动建立以规则为基础的秩序。①

其次，经济上，美国加大了对斯里兰卡的援助，扩大了双方的贸易合作。2015财年美国对斯援助总额为392万美元，2017财年这一项目金额激增到3979万美元，增幅高达915%。② 贸易方面，美国虽然在斯里兰卡的贸易总量中仅排第三位（仅次于印度和中国），但一直是斯里兰卡最大的出口市场，斯里兰卡对美出口额占到了斯总出口额的约25%，且年贸易顺差达到约25亿美元。2017年斯里兰卡对美贸易顺差占双边贸易额的80.6%。③ 这成为美国撬动对斯关系的重要杠杆，并因此被赋予了战略意义。特朗普政府上台以来，对斯里兰卡的战略投资有增无减。特别引人注目的是，特朗普一方面大力推行贸易保护主义政策，不断对包括其亲密盟友在内的贸易伙伴展开"不公平贸易"调查，施加种种压力；另一方面对斯里兰卡却网开一面。而事实上斯里兰卡对美贸易顺差远超过2017年4月被列入"不公平贸易"调查对象的泰国、印度尼西亚、马来西亚和越南四国，这四个国家同年对美贸易顺差占双边贸易额

---

① U. S. Department of State, "Joint Statement from the U. S. Department of State and the Ministry of Foreign Affairs of Sri Lanka on the Second U. S. -Sri Lanka Partnership Dialogue", November 6, 2017, https：//www. state. gov/r/pa/prs/ps/2017/11/275329. htm., 转引自林民旺《"印太"的建构与亚洲地缘政治的张力》，《外交评论》（外交学院学报）2018年第1期，第16~35页。

② 李益波：《美国提升与斯里兰卡关系：动因与制约》，《国际问题研究》2019年第3期，第21~33页。

③ 李益波：《美国提升与斯里兰卡关系：动因与制约》，《国际问题研究》2019年第3期，第21~33页。

的比例分别为 70.2%、48.1%、48.8% 和 61.3%。[①] 其中的战略意
义是不言而喻的。

再次，军事安全合作水平迅速提升。2016 年 8 月，美斯双边
安全对话机制正式启动，两国军事安全合作的步伐明显加快。这
表现在两国军方高官互访、军舰港口访问、军事演习、军事能力
援助和人员培训等各个方面。比如，2017 年 10 月，美国与斯里
兰卡破天荒地举行了一次海军演习；2018 年 8 月，斯里兰卡海军
首次参加了美国主办的"环太平洋军演"。此外，2018 年 8 月，
美国国务卿蓬佩奥宣布，向斯里兰卡提供 3900 万美元的军事安
全援助。

通过上述种种努力，2016～2018 年，美国与斯里兰卡的关系在
政治、经济、军事等方面均有了大幅度的提升。正如时任副国务卿
托马斯·香农在第二轮美国—斯里兰卡伙伴对话会上所描述的那
样，今天的美斯关系正处于"历史最高水平"。

2. 印斯关系

由于印度在印度洋地区的特殊地位和影响，以及印度对中斯关
系的高度关注，中斯关系中的印度因素将不可避免地成为未来中斯
两国需要正视和应对的最重要的第三方因素。

印度自独立起就怀有成为世界大国的雄心。印度独立后的第一
任总理尼赫鲁就曾宣称："印度或者做一个有声有色的大国，或者
销声匿迹。"在印度的大国战略中，印度洋具有至关重要的意义。

---

① 李益波：《美国提升与斯里兰卡关系：动因与制约》，《国际问题研究》2019 年第 3 期，第
21～33 页。

作为南亚地区无可置疑的主导国家和印度洋地区的主要大国，印度视印度洋为自己的"内湖"。中国的迅速发展及中国在印度洋地区影响的日益扩大，尤其是"一带一路"倡议的提出及实施，包括中斯关系的发展，引起了印度的警惕和焦虑。

从南亚地缘环境来看，一个不容否认的现实是，印度是南亚无可争议的主导性大国，无论人口、幅员还是经济、军事实力均超过其他所有南亚国家的总和。对斯里兰卡而言，无论从历史、文化、政治、经济、地理还是泰米尔跨境民族的角度看，其都处于印度无所不在的巨大阴影之下。而印度自独立以来，也一直在斯里兰卡面前扮演着"老大哥"的角色。印度是斯里兰卡外交中无法回避的首要外部因素。以双边关系中最为重要和敏感的安全关系为例，印斯两国在海上安全领域的合作之深，远远超出了人们的一般认知。2017年，斯里兰卡海军司令维杰古纳拉特曾对印度媒体说，斯里兰卡海军90%的训练项目是在印海军指导下开展的，印斯关系犹如师生。他表示，斯政府决不会让印度的安全利益受损。他还谈及，印度、斯里兰卡和马尔代夫三国建立了海上安全合作机制，斯、马两国受到了印度的关照。

这也反映出印度对与邻国关系的一贯重视。20世纪90年代后期，印度总理古杰拉尔提出印度要对南亚中小国家实行"多予少取"政策，该政策一时被誉为"古杰拉尔主义"。2014年5月，莫迪总理一上台就提出"邻国第一"的政策。在这些邻国中，斯里兰卡占有越来越重要的位置。

除此之外，对中国的南亚战略来说，一个值得关注的重要问题是，2014年莫迪政府上台以来印度对斯政策的变化及斯印关系的新动向。其一，在中国推出"一带一路"倡议、中斯关系又迈上新台阶的背景下，随着斯里兰卡战略地位的提升，莫迪政府比以往任何一届印度政府都更加重视印斯关系，斯里兰卡成为莫迪政府实施印度洋战略的关键性国家，印斯关系进入了一个新阶段。其二，莫迪政府执政以来，执政的印度人民党连续两次在大选中获得压倒性胜利，形成了印度30年来前所未有的稳定多数政府。这不仅加强了其国内的政治地位，也使其在对斯政策方面完全摆脱了传统的国内政治因素的影响，比如南部泰米尔政党的干扰。稳定而强势的莫迪政府可以不受干扰地追求自己的政策目标，这也是近年来印斯关系发展顺利的一个原因。此外，莫迪执政以来大刀阔斧地进行改革，推动了印度经济持续高速发展，印度的国际地位和影响力不断提升，也使其对斯里兰卡的影响大为增强。

斯里兰卡也同样十分重视与印度的关系，双方在各个方面包括国防安全领域均保持着特殊的关系。当然，正因如此，斯里兰卡对印度的这种影响也不无忧虑，重视和发展与中国的关系正是其平衡这种影响的努力之一。这是南亚地区地缘政治的现实，也是这一地区除巴基斯坦之外其他国家对外关系的常态。

由于地处大国博弈的地缘战略枢纽地带，斯里兰卡必须在这种微妙而复杂的大国博弈中闪转腾挪，寻找自主空间和平衡点，其挑战是可想而知的，因此其对外政策也往往表现出某种摇摆不定。一方面，受长期内战等因素的影响，斯里兰卡的经济落后而且脆弱，政府面临着发展经济的艰巨任务，因此，在经济上对中国有很大的期待，尤其希望借助中国的"一带一路"建设带动本国经济的发展；另一方面，由于民族和宗教矛盾的困扰以及分裂势力和恐怖主义的威胁，斯里兰卡又无法摆脱印度这个近在咫尺的地区超级大国的影响。可以说，印度和中国始终是斯里兰卡外交的两大主题。

而这一微妙平衡的关键是在安全上照顾印度的关切，在经济上寻求与中国合作，希望在投资和基础设施建设方面得到中国的帮助，同时，避免在任何一方面过度依赖任何一方。正如澳大利亚著名学者大卫·布鲁斯特指出的，斯里兰卡将在中印之间寻求一种各有侧重的相对平衡，即斯里兰卡新政府会考虑平衡印度的安全敏感，但在经济上仍然需要中国的投资扶持。[①] 有学者进一步指出，尽管如此，但其中又有微妙的区别。一方面，斯里兰卡避免与中国签署防御和安全相关协议，尽可能把与中国的关系限制在经济领域；另一方面，与印度的关系则更加"多维"，包括安全、政治、经济和文化交流。[②] 斯里兰卡学者尼兰迪·萨玛勒纳耶格（Nilanthi Samaranayake）则认为，斯采取的外交政策是既不依附中国，又没有试图利用印度来制约中国在其国内的影响力，并采取了实用的、有利于发展本国经济的对外策略。[③] 与此同时，斯里兰卡还避免过度依赖印度和中国，为此，如前所述，斯里兰卡也在加强与美国、日本、澳大利亚及其他西方国家的关系。

3. 中国对斯外交

中国的对斯外交必须置于上述特殊的地缘战略背景之下，在错

---

① David Brewster, "Sri Lanka Tilts Back from China", *East Asia Forum*, September 2015, http://www.eastasiaforum.org/2015/09/17/sri-lankas-tilts-back-from-china/.

② Sudha Ramachandran, "A New Era for India-Sri Lanka Relations?"，转引自李捷、王露《联盟或平衡：斯里兰卡对大国外交政策评析》，《南亚研究》2016年第3期，第70~91页。

③ Nilanthi Samaranayake, "Are Sri Lanka's Relations with China Deepening?", *Asian Security*, Vol. 7, No. 2, 2011, pp. 119~146.

综复杂的大国博弈关系中找准定位。中国应既看到中斯关系广阔的发展空间，也承认其天然的局限性，寻求双方利益的最佳平衡点，而不是利益的最大化。这是一个复杂而微妙的过程，需要理智、耐心和高超的外交艺术，有时还需要妥协和让利。

如何达致中斯关系的最佳平衡？除了摒弃追求利益最大化的商业思维，一个重要方面是准确把握并尊重斯里兰卡的自身定位，因势利导，实现双赢。有学者指出，"斯里兰卡对自身地缘政治的定位是文化上与印度趋同、地理上与东亚和东非等距、海洋航道上处于东西方的连接部位"[1]。在外交上，夹在中印两个大国之间的斯里兰卡必然要寻求某种平衡，这是一种复杂而微妙的平衡，本文称之为"非对称平衡"。这意味着，中斯关系不只是简单的双边关系，还涉及复杂的第三方因素。如何因应这些外部因素是中斯关系面临的新挑战。换言之，所谓平衡，不仅是中斯关系的平衡，也包括所有利益攸关方的多边平衡，即一个多方平衡的系统。

中国既要重视大国外交，也要重视和探讨大国对小国外交的特点、特殊规律及相处之道。罗伯特·罗思坦（Robert L. Rothstein）认为，在国际关系中，"小国无法运用其自身的力量来获致安全，为了实现自身的安全，它必须在基本上依赖于其他国家、制度、进程和发展的帮助"[2]。但也正因如此，小国对这种依赖、自身的独立和安全特别敏感。古人说："大事小以仁。"现代国际关系的基本原则是国家不论大小一律平等。就中斯关系而言，一个重要的原

----

① 杨晓萍：《斯里兰卡对华、对印关系中的"动态平衡"》，《南亚研究季刊》2013年第2期，第95页。

② Robert L. Rothstein, *Alliances and Small Powers*, New York and London：Columbia University Press，1968，p. 253.

则是尊重斯里兰卡的利益和不结盟立场，避免使其陷入在中印之间"选边站"的窘境。相反，由于斯里兰卡的特殊地位，其可以在中印之间起到某种缓和和调解的作用。① 此外，斯里兰卡是有悠久历史和古老文化的国家，有着强烈的民族自豪感和特殊的"民情"，中国必须对其保持必要的尊重和充分的理解，特别是要避免把中国的发展理念强加给斯里兰卡。

中国的对斯政策还应注意把握好几个平衡。一是总体平衡，即政府和民间关系的平衡，在维护良好的官方关系的同时，加强人文交流，促进民心相通。在经济层面上，除大型基础设施项目外，还应多搞一些惠及民生的中小项目。二是政治平衡，即善于与斯里兰卡的各种政治势力打交道，不选边站，以维护双方关系的持久稳定和可持续发展。三是贸易平衡。近年来，中斯经济合作发展迅速，但贸易关系不尽如人意，双边贸易额呈下降趋势，尤其是斯里兰卡对华出口额大幅下降，中斯贸易的不平衡现象加剧。相比之下，美国作为斯里兰卡的第一大出口市场，在政治等方面的影响不断扩大。因此，解决贸易不平衡问题不仅是斯方的要求，也是我国的贸易需要。为此，建立中斯自贸区应尽快提上双方的议事日程。

结　论

斯里兰卡是一个小国，但在国际舞台上十分活跃，是一个有特

---

① 这里的一个例子是，1962年中印边境战争爆发，西丽玛沃·班达拉奈克总理被推选为不结盟运动国家斡旋代表出使中印两国，并成功化解中印边境危机。基于斯里兰卡在不结盟运动中所发挥的重要作用，1976年8月16~19日，第五次不结盟运动峰会在斯里兰卡成功召开，西丽玛沃·班达拉奈克总理被推选为峰会主席。

殊战略意义的非同寻常的小国，或称为"关键性小国"。在世界面临百年未有之大变局、大国博弈日趋激烈的背景下，斯里兰卡的地缘战略地位正日益凸显。

首先，根据马汉的制海权理论，印度洋是世界海权体系的中心，也是世界大国政治的交汇点。进入21世纪，随着美国的印太战略、印度的"季节"计划和印日"自由走廊"计划的相继出台，印度洋在全球地缘战略中的地位不断上升。斯里兰卡作为印度洋的门户和枢纽，正成为名副其实的印度洋"地缘政治支轴国家"。

其次，斯里兰卡是"一带一路"建设的重要国家。这个地处印度洋"十字路口"的岛国是连接中国与印度洋国家的桥梁，也是"21世纪海上丝绸之路"的关键节点，处于"丝绸之路经济带"六大经济走廊中"中巴经济走廊"和"孟中印缅经济走廊"的延长线和交叉点上。因此，无论从全球海洋战略还是从"一带一路"建设上说，斯里兰卡都具有无可替代的重要性。

再次，中斯关系是国家间关系，尤其是大国与小国关系的典范，也是南南合作的成功范例。中斯关系历史悠久，源远流长，体现在政治、经济和文化等各个方面，两国是全方位的战略伙伴。虽然中斯两国国情不同，实力悬殊，但两国相互尊重，平等互利，有着长期友好合作的历史。斯里兰卡是最早与新中国建立外交关系的发展中国家之一。在两国关系的每一个重要的历史关口，两国都相互信任、相互支持。在斯里兰卡与国内恐怖分子和分裂势力长期斗争的过程中，中国给予斯里兰卡一贯和坚定的支持；同时，在涉台、涉藏、涉疆和人权等关系到中国核心利益的重大问题上，斯里兰卡也一贯支持中国的立场。

中国应高度重视和珍惜与斯里兰卡的宝贵友谊，真正将两国关系提升到战略的高度并发挥其示范效应。中国与斯里兰卡的关系是中国外交中一对既普通又特殊的双边关系，无论在理论上还是在实践上都值得关注和研究。中斯关系树立了大国与小国关系的典范，对中国处理与其他发展中中小国家的关系也有重要的启示。这是中国外交的珍贵财富，其中的宝贵经验值得总结。

中斯关系正进入新的历史阶段并面临着新的挑战。新时代的中斯关系要特别注意把握好几个平衡，即总体平衡、政治平衡和贸易平衡。同时，也应该看到，两国关系中不可避免地存在这样那样的分歧和矛盾，也会有风风雨雨，但这正是国家间关系的常态。重要的是，双方能够把握两国关系的大局，求同存异，经过沟通和调整，找到两国关系发展新的基础，使双方的关系上升到新的高度。这是中斯关系成熟的表现，其所具有的真正典范意义也正在于此。

从这个意义上讲，近年来中斯关系所经历的新变化同样是中斯关系漫长历史中自然和正常的一部分，学术界应该在这一基础上研究和解决新问题，为中斯关系寻找新的增长点，开拓新的空间。

内　政　篇

斯里兰卡政党政治格局的变化

马仲武

内容提要： 自 1948 年斯里兰卡独立以来，斯里兰卡自由党与统一国民党两大主要政党及其领导下的政党联盟之间的博弈便拉开了帷幕。半个多世纪以来，斯里兰卡政坛呈现两党轮流执政的现象。2015 年两大党共同组建"善政"联合政府，斯里兰卡政坛首次出现两党合作的新局面。面对新局面、新形势，两党由于执政理念差异以及党派利益纷争等因素矛盾日益凸显，最终由合作走向决裂。本文将简要介绍斯里兰卡主要政党与政党政治概况，分析 2015 年总统大选与国会大选及其对当前斯政党政治格局的影响，重点就 2018 年"善政"联合政府内部明争暗斗、"总理门"事件以及宪政危机、2019 年复活节连环爆炸恐怖袭击事件及其影响等进行深入剖析，解读 2018~2019 年斯里兰卡政治危机与政党政治格局变化的深层次原因，总结概括斯里兰卡政党政治格局变化的内外主要影响因素，并对未来斯里兰卡政党政治走向进行分析和预测。

关键词：政党政治　宪政危机　复活节恐怖袭击　斯里兰卡

作者简介：北京外国语大学亚非学院副教授、副院长，斯里兰卡研究中心主任。

一　斯里兰卡主要政党与政党政治概况

斯里兰卡是一个典型的多党制民主国家，其多民族、多宗教的国情是孕育多党制的肥沃土壤，为多党制政治的发展奠定了重要的群众基础。根据斯里兰卡选举委员会的相关统计结果，目前正式注册在案且依旧在政坛上活跃的政党数量达到 70 个。[①] 其中统一国民党与斯里兰卡自由党是两大最主要的政党，也是历史最悠久、党员数量最多、群众基础最坚实的两大政党。

纵观 1948 年独立以来的发展史，斯里兰卡政党政治最大的特点便是统一国民党与斯里兰卡自由党轮流执政，其他政党通过与两

---

① 斯里兰卡选举委员会（Election Commission of Sri Lanka）网站。

大政党结盟参政。除两大政党之外，泰米尔全国联盟、人民解放阵线、穆斯林大会党以及新兴政党斯里兰卡人民阵线党等均为当前斯里兰卡政坛具有较大影响力的政党。以下将对上述斯里兰卡主要政党进行简要介绍。

(一)统一国民党

统一国民党是斯里兰卡第一大党，1946 年 9 月由锡兰①著名独立运动领袖、锡兰"国父"——D.S.塞那耶贾创建，其前身是代表主体民族僧伽罗族、少数民族泰米尔族与穆斯林等三大族群精英阶层的中右翼政党。统一国民党拥护资本主义，奉行自由保守主义与新自由主义市场经济政策。在外交政策方面，主张与英国、美国等西方国家保持良好的合作关系。

在 2015 年国会大选中，统一国民党为国会第一大党，拥有全部 225 个席位中的 106 席。时任斯里兰卡总理拉尼尔·维克勒马辛哈为统一国民党领袖，时任斯里兰卡国会议长卡鲁·贾亚苏里为统一国民党副领袖。

(二)斯里兰卡自由党

斯里兰卡自由党也是斯里兰卡两大主要政党之一，1951 年 9 月由斯里兰卡著名政治家所罗门·班达拉奈克创建。斯里兰卡自由党创建的基础主要是农民、工人、教师、宗教人士以及医务工作者等五大群体，简称"五大力量"。斯里兰卡自由党为中左翼僧伽罗

---

① 斯里兰卡，旧称锡兰，1972 年改称斯里兰卡共和国，1978 年改为斯里兰卡民主社会主义共和国。

民族主义政党，创立之初崇尚非革命性民主社会主义与民族主义，与当时社会主义国家保持较为密切的联系，奉行开明的经济政策与不结盟的外交政策。

在 2015 年国会大选中，斯里兰卡自由党为斯里兰卡国会第二大党，拥有 95 个席位。时任斯里兰卡总统迈特里帕拉·西里塞纳为斯里兰卡自由党领袖。

(三) 泰米尔全国联盟

泰米尔全国联盟是代表斯里兰卡第二大民族——泰米尔民族的政党联盟。2001 年 10 月，泰米尔全国联盟正式成立。泰米尔全国联盟成立初期一度被外界认为是泰米尔"伊拉姆猛虎解放组织"的政治代言人。随着 2009 年 5 月泰米尔"伊拉姆猛虎解放组织"被斯里兰卡政府军彻底取缔，泰米尔全国联盟最终摆脱了其对自身的控制与影响，成为代表泰米尔民族利益的主要政党。

在 2015 年国会大选中，泰米尔全国联盟获得 16 个议会席位，稳居国会第三大党派的位置。2015～2018 年泰米尔全国联盟领袖 R. 桑班德登曾出任国会反对党领袖一职，这是泰米尔全国联盟首次获得这一重要职务。

(四) 人民解放阵线

人民解放阵线信仰马克思列宁主义，由罗哈纳·维杰维勒于 1965 年 5 月创立，人民解放阵线创立的宗旨是领导斯里兰卡社会主义革命事业。纵观人民解放阵线成立以来半个多世纪的发展与斗争历史，其僧伽罗民族主义与激进左翼政党的特色与风格十分鲜明。

在 2015 年国会大选中，人民解放阵线仅获得 6 个议员席位，其力量和影响相较之前大幅下降，主要原因是多次党内分裂导致自身元气大伤。

(五) 穆斯林大会党

穆斯林大会党是代表斯里兰卡穆斯林群体的主要政党之一，成立于 1981 年 9 月。穆斯林大会党创立之初近似于一个文化组织，1986 年 11 月成功转变为一个民主政党，旨在团结国内穆斯林群体，最大程度保护自身利益，实现其政治主张。

在 2015 年国会大选中，穆斯林大会党仅获得 1 个国会议员席位，其领袖拉乌夫·哈基姆担任政府供水与高等教育部部长一职。

(六) 斯里兰卡人民阵线党

斯里兰卡人民阵线党是一个新兴政党。2016 年 11 月，前总统马欣达·拉贾帕克萨大选失利之后，重整斯里兰卡自由党以及统一人民自由联盟旧部，成立斯里兰卡人民阵线党，重新活跃于斯里兰卡政治舞台。斯里兰卡前外长 J. L. 佩雷斯出任斯里兰卡人民阵线党主席一职。

2018 年 2 月，斯里兰卡举行地方选举，斯里兰卡人民阵线党在选举中取得压倒性胜利，获得超过 40% 的选票，一跃成为本次地方政府选举第一大党派，其得票数量几乎是统一国民党与斯里兰卡自由党得票数量的总和。目前，时任斯里兰卡国会反对党领袖、前总统马欣达·拉贾帕克萨为斯里兰卡人民阵线党实际领导核心。

二 2015 年总统、国会大选及其对当前斯里兰卡政党政治格局的影响

(一) 2015年斯里兰卡总统大选

2010 年 9 月，以斯里兰卡自由党为核心的执政联盟以国会三分之二多数票通过一项宪法修正案，取消了对总统两届任期的限制，即允许总统可以无限次连任，而且进一步扩大了总统的权力。此次修宪及其动机在斯里兰卡各界引起了巨大反响，一定程度上影响了斯里兰卡执政联盟与时任总统马欣达·拉贾帕克萨的民众支持率。统一国民党领导的反对党更是指责马欣达·拉贾帕克萨企图建立独裁政府。

基于执政优势，2014 年 11 月 20 日，总统马欣达·拉贾帕克萨宣布将提前两年举行总统选举，时间定于 2015 年 1 月 8 日，并表示自己将竞逐第三次连任。次日，斯里兰卡自由党总书记、卫生部长迈特里帕拉·西里塞纳宣布辞职，转投反对党统一国民党旗下，并出任反对党共同总统候选人。迈特里帕拉·西里塞纳的"反水"行为引起了"多米诺骨牌"效应，相继有 15 位部长与副部长从政府转投反对党旗下，支持反对党共同总统候选人。此举将两党总统竞选角逐推向白热化。

在两大政党为总统大选激烈博弈之际，少数民族党派——泰米尔全国联盟、穆斯林大会党等其他重要党派的立场将对大选结果产生较大的影响。最终，经过几轮激烈的党内讨论，2014 年 12 月

底，斯里兰卡最主要的穆斯林政党——穆斯林大会党决定支持反对党共同总统候选人西里塞纳。主要的泰米尔党派——泰米尔全国联盟也在2015年1月初宣布支持反对党共同总统候选人西里塞纳。这就意味着占斯里兰卡人口总数15%左右的泰米尔选民和10%左右的穆斯林选民在大选中不再支持现政府，反对党共同总统候选人西里塞纳大选优势进一步扩大。

最终，2015年1月8日，反对党共同总统候选人西里塞纳以51.28%的得票率击败执政联盟候选人、总统拉贾帕克萨（其得票率为47.58%）当选斯新一任总统。西里塞纳当选总统之后，对斯里兰卡社会、经济和政治制度进行大胆变革。他承诺将执行竞选宣言中的"百日变革"计划，其内容包括对斯宪法与选举制度进行改革；废除总统实权制，消除权力过度集中的现象；建立一个多党联合临时政府；实行议会制，由占有国会多数席位的党派的领袖出任新总理；等等。

西里塞纳当选总统结束了马欣达·拉贾帕克萨为期十年的总统生涯，对斯里兰卡政党政治格局产生了重要影响。本次大选改变了斯里兰卡政坛长期以来马欣达·拉贾帕克萨与拉尼尔·维克勒马辛哈两极争霸的局面，呈现迈特里帕拉·西里塞纳与前两者三足鼎立的局势。从党派利益考虑，迈特里帕拉·西里塞纳与马欣达·拉贾帕克萨同属自由党；从政治合作利益考虑，迈特里帕拉·西里塞纳与拉尼尔·维克勒马辛哈组成了联合执政联盟。

(二)斯里兰卡宪法第十九次修正案

为了兑现最主要的竞选承诺，西里塞纳总统上台之后积极推进斯里兰卡宪法第十九次修正案。2015 年 5 月,经斯里兰卡各党派商议,斯国会正式投票通过了宪法第十九次修正案。该修正案的核心内容是限制总统任期与权力,确保国会与总理权力范围。斯里兰卡各界普遍认为,宪法第十九次修正案是斯里兰卡实行实权总统制以来对总统权力调整最大的一次,为未来推行议会制奠定了重要的基础。

宪法第十九次修正案对于总统权限和任期作出了以下明确规定:(1)"总统有权召集国会开会、休会及解散国会";(2)"总统连任不得超过两届"。在限制总统权力的同时,该修正案还对国会任期、如何解散国会以及总理任免等进行了明确规定:(1)"斯里兰卡国会每届任期五年,四年半之内不得解散国会";(2)"总统不得在四年半之内提出解散国会的要求,除得到国会中不少于三分之二数量的议员的支持";(3)"只有在总理去世、辞职或者不再担任国会议员等情况下,才能将总理解职"。①

宪法第十九次修正案虽然尝试对总统权力作出限制并保障总理与国会的权力,进一步明确总统、总理和国会之间的关系,保障民主与法制,但是也存在一些欠斟酌、不明确的条款。宪法第十九次修正案所存在的问题已经引起斯里兰卡各界广泛关注。斯里兰卡《每日镜报》报道称,斯里兰卡总统新闻办曾发表一则公开声明,表示宪法第十九次修正案旨在解决斯里兰卡民主体制中的问题,是全国人民与西里塞纳总统一起努力的结果。如果其中存在一些有争议的条款,西里塞纳总统承诺将按照国会相关程序进行修改。②

① 《斯里兰卡宪法第十九次修正案》(僧伽罗语版)。
② Daily Mirror, "Will Make Necessary Changes if 19A Has Disputed Clauses: President," http://www.dailymirror.lk/article/Will-make-necessary-changes-if-A-has-disputed-clauses-President-159439.html.

此外，本届斯里兰卡国会于 2015 年 8 月通过选举产生。根据宪法第十九次修正案，截至 2020 年 2 月，总统不得提出解散国会的要求。宪法第十九次修正案必将对斯里兰卡当前以及未来政党政治格局产生巨大的影响，也是各政党博弈的重要法理依据之一。

（三）2015年斯里兰卡国会大选

2015 年 1 月，迈特里帕拉·西里塞纳成功当选总统之后，任命反对党领袖、统一国民党领袖拉尼尔·维克勒马辛哈为斯里兰卡过渡政府总理。2015 年 8 月 15 日，斯里兰卡举行了新一届国会选举。为了扭转总统大选败北的不利处境，前总统马欣达·拉贾帕克萨重整旗鼓，竭尽全力备战此次国会大选，企图东山再起，但是最终统一国民党凭借总统大选胜出与执政优势，赢得国会全部 225 个席位中的 106 个席位，成为国会第一大党。总统西里塞纳领导的统一人民自由联盟获得 95 个席位，泰米尔全国联盟获得 16 个席位，人民解放阵线获得 6 个席位，穆斯林大会党获得 1 个席位。此次国会大选的结果也标志前总统马欣达·拉贾帕克萨错失最后一次翻盘的机会，他希望凭借国会大选扳回一局重回政坛中心的梦想最终宣告破灭，本次大选成为其政治生涯中最为惨烈的"滑铁卢"。

基于共同的政治利益考虑，2015 年 8 月 20 日，统一国民党与斯里兰卡自由党签订合作谅解备忘录，共同组建联合政府，并约定联合政府为期两年。之后，过渡政府总理拉尼尔·维克勒马辛哈正式宣誓就任总理，泰米尔全国联盟领袖 R. 桑班德登出任反对党领袖。纵观 1948 年独立以来斯里兰卡政坛发展历史，两大主要政党呈现轮流执政的状态，从未出现过联合执政的局面。此次，两党合作联合执政,开启了斯里兰卡政党政治历史的先河,为政党政治发展提供了新的经验。

2015年是斯里兰卡政党政治变化非常深刻的一年。总统大选与国会大选改变了自2005年以来斯里兰卡自由党与前总统马欣达·拉贾帕克萨长期执政的局面,呈现总统迈特里帕拉·西里塞纳与总理拉尼尔·维克勒马辛哈出于政治利益考虑抱团合作,共同与前总统马欣达·拉贾帕克萨集团进行斗争的新局面。

三 两党"善政"联合政府及其明争暗斗

(一)"善政"联合政府蜜月期

自2015年8月20日统一国民党与斯里兰卡自由党成立联合政府以来,两党在国家大政方针、执政理念、内外政策、人事任命等各个领域进行了深入商讨,共同寻求适合两党协调发展的创新合作模式。两党根据自身的优势,在相关合作领域达成了共识:总统与斯里兰卡自由党及其联盟侧重于多民族融合、文化宗教、国防与安全、国土资源、农林牧渔等领域;总理与统一国民党及其联盟则侧重于外交事务、新闻舆论、经济发展、投资与财政、司法与法治等领域。

在外交政策方面,"善政"联合政府推行在各国间,尤其是在大国间搞平衡的均衡外交政策,在国际社会中与各国广泛交好,展开务实合作。新政府外交政策的重新调整得到了美国、英国等西方国家的快速回应与欢迎。此外,南亚大国印度也积极响应斯里兰卡国内政治与政府的变化,借机修复和改善印斯传统友好关系,以维护其在南亚与印度洋地区的利益。

在内政方面，斯里兰卡新政府继续深入推进社会变革，主要包括对斯宪法与选举制度进行改革、削减总统权力与废除总统实权制等，在法治、人权、各民族融合等领域也取得了一定的进步与成绩。

(二)央行腐败案——"善政"联合政府分裂导火索

"善政"联合政府成立不久，经总理推荐，新加坡籍银行家阿日珠纳·马赫德拉出任斯里兰卡中央银行行长。由于其国籍等问题，总统与总理之间以及国内舆论曾存在分歧和争议，但是未能改变最终任命结果。阿日珠纳·马赫德拉任职之后，曾对斯里兰卡金融与财政体制进行了一系列大刀阔斧的改革，主要包括简化税制与税收手续、引入网上税收管理体系等。任职期间，阿日珠纳·马赫德拉利用职务之便，授予自己女婿阿尔巨·阿罗苏斯所拥有的私营公司——永久国债有限公司一级交易商资质。该公司在债券交易二级市场非法获利111.45亿斯里兰卡卢比，从而使得斯里兰卡雇员公积金局、马哈波拉奖学金基金、国家储蓄银行和斯里兰卡保险公司等政府相关部门损失超过85亿斯里兰卡卢比。[①]

由于央行债券事件影响巨大，2017年1月，西里塞纳总统任命总统特别调查委员会启动对该事件的调查。调查报告出炉之后，各界舆论直指总理拉尼尔·维克勒马辛哈和财长拉维·卡鲁纳纳亚克等政府高层，指责他们包庇、纵容阿日珠纳·马赫德拉的罪行，嘲讽联合政府在竞选期间一直宣扬的"善政"与"廉政"的口号。

---

① Sri Lanka Brief, "Prez Sirisena's Statement on Bond Commission Report," https：//srilankabrief. org/prez-sirisenas-statement-on-bond-commission-report/.

央行腐败案由此成为统一国民党的软肋，招致斯里兰卡政坛各大政党的猛烈攻击。国内民众也开始对统一国民党的执政能力与执政作风产生质疑和失望情绪，统一国民党的民众支持率开始持续走低。

此外，央行腐败案还触碰到总统西里塞纳的底线——贪腐问题。总统西里塞纳上台在一定程度上是基于对前总统与前政府严重的贪污腐败、裙带关系等问题的批判。央行腐败案成为两党"善政"联合政府走向分裂的导火索。自此，总统西里塞纳开始注意与总理拉尼尔·维克勒马辛哈及其领导的统一国民党划清界限，避免因为央行腐败案而使自身以及斯里兰卡自由党受到牵连，也为日后两党联合政府彻底分裂埋下了伏笔。

(三) 2018年2月地方选举与"善政"联合政府加速分裂

2018年2月10日，斯里兰卡地方选举如期举行。此次选举是近年来斯里兰卡规模最大、涉及面最广的选举之一，投票率接近80%，涉及全国25个选区范围内地级市议会、市议会、区议会3个不同行政级别共计340个地方议会改选工作，共计推选8300多位地方议会议员。

在此次地方选举中，由斯里兰卡前总统马欣达·拉贾帕克萨领导的反对党——斯里兰卡人民阵线党获得40.47%的选票，在全国约240个地方议会中赢得多数席位，取得压倒性胜利。执政党统一国民党领导的统一全国阵线获得29.42%的选票，斯里兰卡自由党领导的统一人民自由联盟获得12.10%的选票，人民解放阵线获得5.75%的选票，泰米尔全国联盟获得2.73%的选票，穆斯林大会党获得0.75%的选票。

2018年地方选举对于当时的斯里兰卡政坛各方意义重大。它是继2015年1月总统大选以及2015年8月国会大选之后举行的首次大规模选举，也是两党"善政"联合政府上台之后所经历的首次选举考验。

2015年1月上台以来，总统西里塞纳以及联合政府曾提出一系列发展变革方针与政策。但是在3年的执政时期里，除了在维护民族团结、促进民族融合、发展农业基础设施等方面做出了一定的成绩，联合政府并未兑现主要承诺，政绩不尽如人意。尤其是在执政之初，联合政府叫停了包括科伦坡港口城在内的大量前政府时期开建的重要基础设施建设项目，严重影响了国内经济发展，出现了货币持续贬值、外资大量流失、国内通货膨胀严重、失业率上升、国库空虚等一系列问题。随即而来的便是民众对政府的信任度逐步降低，政府的支持率持续下降。

与此同时，部分民众开始怀念昔日前总统马欣达·拉贾帕克萨执政时期基础设施不断完善、经济快速发展、国家蒸蒸日上的繁荣景象。新兴政党斯里兰卡人民阵线党能够在此次地方选举中一举击败斯里兰卡两大政党获得近半数选票，一定程度上是斯里兰卡民意的表现，也是民众对于现政府不作为、不得力的回应。

"善政"联合政府地方选举失利的根本原因是两党在执政理念、大政方针等方面存在较大差别。另外一个重要原因便是之前所发生的震惊全国的央行腐败案。央行腐败案犹如一记重拳，直击"善政"联合政府。"善政"联合政府地方选举严重失利以及斯里兰卡人民阵线党高调崛起，也在一定程度上影响了联合政府的士气，加剧了联合政府内部的矛盾，成为联合政府走向分裂的又一重要原因。

各界普遍认为，此次地方选举是斯里兰卡政坛发展的"风向标""晴雨表"。前总统马欣达·拉贾帕克萨及其领导的斯里兰卡人民阵线党大获全胜为其本人或其代理人在 2019~2020 年角逐下一届总统大选与国会大选奠定了良好的群众基础与政治基础。

四 "总理门"事件与两党及其阵营间殊死搏斗

（一）"总理门"事件

2018 年 10 月 26 日，西里塞纳总统突然罢免拉尼尔·维克勒马辛哈总理一职，任命马欣达·拉贾帕克萨为新总理，兼任斯里兰卡财政与经济事务部部长。消息传出后，如平地惊雷，斯里兰卡社会各界一片哗然，国内民众对于这一突发事件褒贬不一。统一国民党、人民解放阵线等党派指责总统违宪独裁，认为总统应该按照宪法第十九次修正案中有关总理任免的规定与程序更换总理人选。斯里兰卡自由党则认为总统有权更换总理人选，并且认为统一国民党主导的现政府不作为，西里塞纳总统的此次任免顺应了人民大众的呼声。

为了稳定国内局势，向人民大众解释自己的任免决定，并阐释对当前国内形势的看法，2018 年 11 月 5 日，西里塞纳总统专门举行了题为"维护人民荣誉，保家卫国"的大型群众集会活动。在集会中他公开表示，在正式任命马欣达·拉贾帕克萨担任总理之前，他曾与国会议长卡鲁·贾亚苏里耶和统一国民党副领袖萨基特·布雷马达萨商议，并希望由他们中的一人担任总理一职，但是他们均因为畏惧拉尼尔·维克勒马辛哈而拒绝了他的提议。①

2018年12月4日，总统西里塞纳又发表了题为《政治危机将在一周之内结束》的全国公开讲话。在这次讲话中，他强调："2014年11月19日，我之所以退出斯里兰卡自由党，是为了与腐败、出售国有资产、法治崩溃等问题作斗争。而2018年10月26日，我之所以作出解除拉尼尔·维克勒马辛哈的总理职务，任命马欣达·拉贾帕克萨为总理的决定也是基于同样的原因。"②

"总理门"事件是斯里兰卡政坛的又一颗"重磅炸弹"。各界普遍认为，斯里兰卡人民阵线党在地方选举中的压倒性胜利、前总统马欣达·拉贾帕克萨个人民众威望与支持率的不断攀升等重要因素，使得总统西里塞纳明确地感受到马欣达·拉贾帕克萨回归的强劲势头，并且不得不开始考虑如何与马欣达·拉贾帕克萨重归于好等问题。同时，总统西里塞纳作为斯里兰卡自由党领袖，从党派利益考虑，不得不与马欣达·拉贾帕克萨和解，联手对抗统一国民党这一强劲的竞争对手。此外，西里塞纳总统当年背叛斯里兰卡自由党，出任反对党共同总统候选人，如今却任命马欣达·拉贾帕克萨担任总理，主导斯里兰卡自由党内部统一，也不排除是出于对个人长远利益与安全的考量。

(二)拉尼尔·维克勒马辛哈与"总理保卫战"

自"总理门"事件以来，统一国民党领袖拉尼尔·维克勒马

---

① Lahiru Pothmulla, "I Appointed MR as Premier after Karu and Sajith Refused：MS," http：//www. dailymirror. lk/article/I-appointed-MR-as-Premier-after-Karu-and-Sajith-refused-MS-157914. html.

② Sandun A Jayasekera, "Instability Will End in a Week：President," http：//www. dailymirror. lk/article/Instability-will-end-in-a-week-President-159339. html.

辛哈便对总统西里塞纳作出解除自己职务的决定表示强烈不满,同时还领导统一国民党与泰米尔、穆斯林政党等一起进行了锲而不舍的"总理保卫战"。

2018年10月30日,统一国民党组织大量党员与拉尼尔·维克勒马辛哈的支持者聚集在总理官邸周边举行大规模抗议示威活动,声援刚刚被解职的拉尼尔·维克勒马辛哈,抗议总统违宪任命新总理。

11月2日,统一国民党正式向国会议长卡鲁·贾亚苏里耶提交一份附有118位国会议员签名的反对任命马欣达·拉贾帕克萨为总理的决议,提出了对总理马欣达·拉贾帕克萨的不信任案,认为总统任命马欣达·拉贾帕克萨为内阁总理的行为违反宪法规定,应该被废止。11月5日,斯里兰卡两大主要穆斯林政党——斯里兰卡穆斯林大会党与全锡兰穆斯林大会党也公开表明立场,反对总统对马欣达·拉贾帕克萨的任命。

11月15日,西里塞纳总统首次驳回对马欣达·拉贾帕克萨总理的不信任案,并向国会议长卡鲁·贾亚苏里耶明确表示,对总理的不信任案的提出需要遵从必要的合法程序,鉴于目前还未完成相关程序,自己拒绝接受对马欣达·拉贾帕克萨总理的不信任案。

11月16日,在拉尼尔·维克勒马辛哈的领导下,统一国民党提交了修改后的对马欣达·拉贾帕克萨总理的不信任案。修改后的不信任案获得了122位国会议员的签名并经由国会议长卡鲁·贾亚苏里耶提交总统。对此,总统西里塞纳再次以该不信任案没有完成规定的法定程序为由,驳回了统一国民党的这一提案。总统西里塞纳两次驳回统一国民党提交的对马欣达·拉贾帕克萨总理的不信任案，再次证明了总统本人选择马欣达·拉贾帕克萨的坚定决心。自"总理门"事件以来，总统西里塞纳曾多次重申自己不会再重新任命拉尼尔为斯里兰卡总理。

在两次针对马欣达·拉贾帕克萨总理的不信任案被总统西里塞纳驳回之后，12月12日，在泰米尔全国联盟的支持下，斯里兰卡国会以117票的多数通过了对被解职总理拉尼尔·维克勒马辛哈的信任案。国会议长卡鲁·贾亚苏里耶将投票结果告知总统西里塞纳，并称国会已经按照相关规定通过电子计票的方式通过了该信任案。信任案通过之后，虽然斯里兰卡自由党及马欣达·拉贾帕克萨看守政府继续选择对国会采取抵制行动，且拒绝承认投票结果，但是拉尼尔·维克勒马辛哈领导的统一国民党再次展示了国会第一大党的实力，这也为日后拉尼尔·维克勒马辛哈重回总理宝座奠定了非常重要的政治基础。

对拉尼尔·维克勒马辛哈的信任案通过的第二天，即12月13日，最高法院对于总统解散国会事宜作出的最终裁定成为打破这一"总理保卫战"僵局的决定性因素。最高法院依据宪法第十九次修正案裁定总统西里塞纳解散国会的决定违宪，认为总统无权根据自己的意愿解散国会，如果总统要在国会任期四年半之内解散国会，必须征得三分之二以上国会议员的同意。

基于最高法院的最终裁决，12月15日看守总理马欣达·拉贾帕克萨发表正式声明宣布辞去总理一职。马欣达·拉贾帕克萨表示此举是为了防止宪政危机进一步恶化，同时也是为了国家的稳定。之后，看守政府以及他的内阁也随之解散。马欣达·拉贾帕克萨的辞职为拉尼尔·维克勒马辛哈复任总理扫清了最后的障碍。

12月16日，时隔50天之后，拉尼尔·维克勒马辛哈向前不久免除他总理职务的总统西里塞纳宣誓，再次就任斯里兰卡总理一职。12月18日，在拉尼尔·维克勒马辛哈复任总理之后的首次国会会议中，经统一人民自由联盟提名，马欣达·拉贾帕克萨成功取代泰米尔全国联盟领导人出任反对党领袖一职。

自此，这场"总理门"政治风波以最高法院的裁决以及总统西里塞纳的妥协和让步而告终。虽然"总理之战"告一段落，但是未来斯里兰卡政坛的斗争将更加尖锐和复杂。拉尼尔·维克勒马辛哈领导的统一国民党政府如何重新组阁，他如何领导统一国民党重新赢得百姓的支持，总统西里塞纳领导的统一人民自由联盟与反对党领袖马欣达·拉贾帕克萨领导的斯里兰卡人民联盟如何进一步合作，总统如何平衡两个派系之间的力量等，是摆在斯里兰卡政坛"三巨头"面前的新问题与新挑战。

(三)总统解散国会事件

2018年10月26日"总理门"事件以及之后总统宣布国会暂时休会等相关举动在斯里兰卡政界产生了巨大的影响。其中，当事人拉尼尔·维克勒马辛哈领导的统一国民党的反应最为强烈和坚决。统一国民党强烈指责总统的这一做法违宪，并利用国会第一大党的优势以及自身与泰米尔和穆斯林政党之间的密切合作关系，与马欣达·拉贾帕克萨和总统及其领导的统一人民自由联盟展开公开的政治博弈。

随着国会中党派斗争日趋白热化，国内政治危机日益恶化。尤其是在国会议长、统一国民党副领袖卡鲁·贾亚苏里耶不配合、不服从总统相关命令的背景下，2018 年 11 月 9 日晚，斯里兰卡总统签署了一项关于解散国会的公告，宣布从当日午夜开始解散国会，并于 2019 年 1 月 5 日提前举行新一届国会选举。

原本"总理门"事件的合法性就已经存在很大的争议，解散国会事件更是将此次政治危机推向了顶峰。次日，统一国民党、人民解放阵线、泰米尔全国联盟等主要政党根据宪法第十九次修正案中有关解散国会的相关规定，正式向最高法院提交反对总统解散国会命令的请愿书，要求废止总统的这一违宪决定。根据宪法第十九次修正案，在本届国会任期未满 4 年半即 2020 年 2 月之前，总统不得提出解散国会的要求。

11 月 11 日，前国会议长卡鲁·贾亚苏里耶就总统提前解散国会发布了一份新闻声明，表示总统在本届国会任期未满四年半的情况下就提前解散议会，主要是为了阻止国会裁决其行为的合法性。11 月 13 日，斯里兰卡最高法院经审查后做出暂行裁定，中止总统日前签署的有关解散国会的公告，表示将于 2018 年 12 月 7 日公布最终裁定意见。

为了在国会解散期间建立相关工作机制，协商解决当下的严重政治危机，11 月 20 日，各政党最终达成共识，决定共同组建"国会代表委员会"，以便及时处理国会相关事务，保障国会各项工作正常运作。11 月 23 日，包含 12 名成员的"国会代表委员会"正式成立，其中包括统一人民自由联盟与统一全国阵线各 5 名成员，以及泰米尔全国联盟与人民解放阵线各 1 名成员。这一临时机构将在最高法院最终裁定公布之前代为处理国会相关事务。

12 月 13 日，最高法院对总统解散国会事宜做出最终裁定，认定总统西里塞纳解散国会的决定违宪。至此，10 月 26 日"总理门"事件后历时一个半月左右的宪政危机最终尘埃落定。这场政治闹剧源于"善政"联合政府内部统一国民党和斯里兰卡自由党之间不可调和的矛盾，尤其是总统西里塞纳和总理拉尼尔·维克勒马辛哈之间尖锐的政治斗争，加之人民解放阵线、穆斯林大会党、泰米尔全国联盟等其他主要政党以及斯里兰卡自由党内部马欣达·拉贾帕克萨派系等的影响，最终演变成一场波及全国并引起国际社会关注的严重政治危机。

此次政治危机最终以最高法院依据宪法第十九次修正案的相关条款判决总统解散国会的决定违宪收场，统一国民党及其领袖拉尼尔·维克勒马辛哈成功实现翻盘。虽然这次政治风波告一段落，但其余震远未结束。总统解散国会事件标志着"善政"联合政府主要合伙人统一国民党与斯里兰卡自由党彻底分道扬镳，其余政党不得不面对如何重新选择阵营的现实问题。此外，这一事件也必将对 2019~2020 年斯里兰卡新一届总统选举和国会选举以及未来国内政党政治格局产生深远的影响。

五　复活节连环爆炸恐怖袭击事件
及其对未来大选的影响

2019 年 4 月 21 日，斯里兰卡首都科伦坡等多地先后发生 8 次连环爆炸袭击事件，涉及至少 3 座教堂及 3 家五星级酒店。根据斯里兰卡官方媒体报道，爆炸袭击事件共造成 253 人遇难、485 人受伤，其中大部分死伤人员为泰米尔族天主教教徒。斯里兰卡当局表示爆炸事件由本地伊斯兰极端组织 NTJ（National Thowheed Jamath）在外部极端组织的协助下策划实施。

爆炸事件发生后，斯里兰卡立即进入紧急状态。总理拉尼尔·维克勒马辛哈对政府未能阻止连环爆炸袭击事件发生向斯里兰卡民众表示道歉，称政府对这起袭击事件承担集体责任。斯里兰卡国防部常秘与警察总长被指责在获得外部恐怖袭击预警信息的情况下未能有效地采取措施防止事件发生。但是，按照斯里兰卡政府惯例，总统兼任国防部部长，负责国家安全问题。因此，民众普遍认为，总统西里塞纳应该为此次连环爆炸恐怖袭击事件负主要责任，总理维克勒马辛哈所领导的政府负连带集体责任。

2016年央行腐败案触碰了斯里兰卡执政大忌之一——贪腐问题，严重影响了总统西里塞纳和总理维克勒马辛哈领导的联合执政政府的声誉和民众支持率。相比央行腐败案，此次连环爆炸恐怖袭击事件的社会影响力与破坏力更为巨大。此次爆炸袭击事件触碰了广大民众的底线——国家与社会安全问题，使民众对总统和总理领导下的政府更加失望，希望政府下台的呼声日益高涨。

此外，随着爆炸事件调查的不断深入，相关穆斯林政府部长、穆斯林商人等人员与恐怖组织和人员有染等情况被披露，导致穆斯林群体与主体民族僧伽罗族和第二大民族泰米尔族之间关系紧张。民众呼吁政府采取措施，希望涉事的政府部长立即停职，接受调查。迫于各方压力，涉事的穆斯林政府部长相继辞职。此举引起了穆斯林政党的不满，穆斯林政党成员通过从政府中集体辞职的方式表示抗议。

穆斯林政党成员集体辞职事件一定程度上引起了政府执政危

机，政府陷入两难境地，不久后多数辞职的穆斯林政党成员又陆续重新加入政府。至此，随着时间的推移，社会各界对事件的关注度有所下降，但是民众对政府的失望情绪有增无减，寻求政府变革的民意开始蔓延。

复活节连环爆炸恐怖袭击事件是政府在安全管理领域不作为与严重失职的结果，体现了政府执政能力的欠缺与不足。民众对于总统西里塞纳和总理维克勒马辛哈组合更加失望，希望政府尽快下台，尽快举行新一届总统大选和国会大选，这在一定程度上推动了下一届总统大选和国会大选的进程。爆炸事件处理过程中出现穆斯林群体与其他民族关系紧张与不信任的局面，一定程度上影响了穆斯林群体及其政党在未来大选中的选择与决定，增加了大选的复杂性与不确定性。

迫于民众、反对党等各方的压力，2019 年 7 月 22 日，斯里兰卡选举委员会主席表示新一届总统选举将在 2019 年 11 月 15 日至 12 月 7 日举行，具体选举通知将在 2019 年 9 月 15 日至 10 月 15 日正式发布。2019 年 9 月 18 日，斯里兰卡选举委员会发布相关选举通知，表示将于 2019 年 11 月 16 日举行总统大选，10 月 7 日开始正式接受总统人选提名。自此，斯里兰卡政坛正式进入新一轮大选时间，全社会的主要注意力从恐怖袭击事件转移到大选准备中，民众迫切希望通过大选表达民意。

随着新一届总统大选日子的临近，斯里兰卡政坛各大政党与政党联盟纷纷开始摩拳擦掌，酝酿并推选自己的候选人。斯里兰卡主要反对党之一——斯里兰卡人民阵线党于 2019 年 8 月中旬正式宣布前总统、反对党领袖马欣达·拉贾帕克萨的同胞兄弟——前国防部常秘戈塔巴雅·拉贾帕克萨出任总统候选人。如果戈塔巴雅·拉贾帕克萨竞选成功，马欣达·拉贾帕克萨将有望出任总理。9月26日，经过多轮党内协商，统一国民党最终决定提名该党副领袖，住房、建设与文化事务部部长萨吉特·普雷姆达萨担任总统候选人。

至此，本次总统大选两大主要阵营的总统候选人，即统一国民党总统候选人萨吉特·普雷姆达萨与斯里兰卡人民阵线党总统候选人戈塔巴雅·拉贾帕克萨正式亮相。斯里兰卡政界与社会各界普遍认为，此次总统大选将主要在戈塔巴雅·拉贾帕克萨与萨吉特·普雷姆达萨之间展开角逐。新一届总统大选将再次检验各政治势力的真正实力，并将对斯里兰卡未来五年甚至更长一段时间的政局与政党政治产生重大影响。

结　语

自2015年统一国民党与斯里兰卡自由党共同组成"善政"联合政府以来，斯里兰卡政坛首次出现了两党合作的新局面。统一国民党与斯里兰卡自由党虽然均为斯里兰卡历史最悠久、政治经验最丰富的政党，但是面对新局面与新挑战却举步维艰。最终，由于执政理念的差异以及党派利益纷争等因素，联合政府逐步走向决裂。

纵观斯里兰卡政党政治斗争与国内形势的变化，尤其是2018~2019年斯里兰卡政党政治格局的变化，我们可以对影响斯里兰卡政党政治斗争的深层次因素进行分析总结。

斯里兰卡是民主国家，实行民选与普选制度。民众基础与民众支持率是决定斯里兰卡政党政治格局的决定性因素。央行腐败案使"善政"政府颜面扫地,其成为斯里兰卡的众矢之的。在央行腐败案件后举行的 2018 年地方选举中,马欣达·拉贾帕克萨领导的斯里兰卡人民阵线党击败斯里兰卡两大主要政党赢得压倒性胜利,再次生动地体现了斯里兰卡民主政治中"水可载舟,亦可覆舟"的斗争法则。

泰米尔民族与穆斯林群体是除斯里兰卡主体民族——僧伽罗族以外最主要的少数民族或群体。僧伽罗人、泰米尔人和穆斯林的人数占斯总人口的比例约为 75%、15% 和 10%。三大族群均有对应的政党,旨在争取和维护自身的权力与利益。统一国民党与斯里兰卡自由党均基于僧伽罗族发展壮大,根据以往的选举经验,两者在僧伽罗族支持率方面相差不大。因此,谁能获得泰米尔人与穆斯林及其政党的支持,便更有机会赢得大选,掌控大局。因此,关键少数——"少数民族支持"是决定斯里兰卡政党政治格局的第二大因素。"总理门"事件中,处于劣势的统一国民党在泰米尔全国联盟的支持下最终击败总统西里塞纳与马欣达·拉贾帕克萨看守政府便是最好的例证。

此外,斯里兰卡在南亚地区的地理位置十分重要,同时也位于东西方交往的"十字路口"。世界上许多国家,甚至包括超级大国都较为关注斯里兰卡及其国内政党政治格局的变化。为了更好地维护自身利益,部分国家甚至试图通过某些方式对斯里兰卡局势进行一定程度的干预与影响。2015 年 1 月,在反对党统一国民党以及泰米尔和穆斯林政党的大力支持下,反对党共同总统候选人西里塞纳击败执政联盟候选人、时任总统拉贾帕克萨当选斯新一任总统,引起了美国、英国、日本、欧盟、印度等的密切关注。其中,相关各方关注斯里兰卡国内政局及其变化的出发点、方式方法等不尽相同。2018年10月26日"总理门"事件以来，美国、英国、欧盟、印度等都陆续表达了对斯里兰卡政治局势的关注以及对斯国内民主状况和宪政危机的担忧。泰米尔全国联盟还曾通过组织外国驻斯外交官举行会谈等方式邀请他们介入国内局势，协助解决国内的政治危机。① 由此可见，"百姓民意"和"少数民族支持"是影响斯里兰卡政党政治格局的两个主要内因，国际社会的影响是影响斯里兰卡政党政治格局的重要外因。

2019～2020年将是斯里兰卡政党政治史上的又一重要节点。新一届总统大选将于2019年11月16日举行，新一届国会大选也将于2020年上半年举行。随着大选的不断临近，斯里兰卡政坛局势日趋复杂，总统西里塞纳、总理维克勒马辛哈与反对党领袖、前总统拉贾帕克萨三方政治势力交织变动，充满变数。

统一国民党与斯里兰卡自由党已经从昔日的合作伙伴变为竞争对手，难以破镜重圆。虽然统一国民党依旧是国会第一大党，但是其议员席位没有超过国会半数，需要寻求其他政党共同组阁。对此，西里塞纳总统明确表示，不会让自己领导下的统一人民自由联盟再次与统一国民党组建联合政府，也不允许任何一名统一人民自由联盟的成员与统一国民党共同组阁。马欣达·拉贾帕克萨领导的斯里兰卡人民阵线党也表示会退出政府，不会与统一国民党合作组建新政府。由此可见，斯里兰卡自由党、斯里兰

---

① Sheain Fernandopulle, "TNA Urges Intervention of Diplomats to Solve Crisis Situation in SL," http://www.dailymirror.lk/article/TNA-urges-intervention-of-diplomats-to-solve-crisis-situation-in-SL-158654.html.

卡人民阵线党及其联盟已经将主要精力放到新一届总统大选与国会大选上，以图东山再起。

此外，宪政危机之后，泰米尔全国联盟、人民解放战线、穆斯林大会党等政党均暂时处于平稳发展状态，主要采取静观其变的策略，谋求利益最大化。但是，2019年4月复活节连环爆炸恐怖袭击事件后穆斯林群体与僧伽罗人、泰米尔人关系紧张，这一民族信任危机的出现增加了未来总统大选与国会大选的不确定性与复杂性。

经过2018~2019年的博弈，虽然未来一段时间内斯里兰卡政党政治格局已经初见端倪，但是由于拉尼尔·维克勒马辛哈及其领导的统一全国阵线、西里塞纳及其领导的统一人民自由联盟，以及反对党领袖、前总统马欣达·拉贾帕克萨及其领导的斯里兰卡人民阵线党三大政坛力量还处在不断变动、相互影响之中，未来斯里兰卡政治格局不可完全预测。上述三大政治力量中前两者的决裂为后两者的合作创造了有利条件，但是后两者在合作过程中也存在着如何真正摒弃前嫌实现破镜重圆、如何进行深度互信合作、如何对权力与利益进行合理分配等问题。

总而言之，未来斯里兰卡各政党与政治联盟之间，尤其是上述三大政治力量之间的博弈与较量将依旧激烈。政党政治格局依旧充满变数，有待各方拭目以待。

斯里兰卡斯政府经济改革的新举措

唐鹏琪

内容提要： 从 2015 年起，斯里兰卡经济增长逐年下降，出现了债务危机及货币贬值等问题，之后是外资流出，2018 年 10 月又爆发了严重的政治危机。2019 年 4 月，复活节爆炸袭击事件对斯里兰卡经济负面影响极大。斯里兰卡政府采取了一系列经济改革措施，一是税务改革，二是贸易改革，三是提出了"创业斯里兰卡"计划，四是发展斯里兰卡地方经济，五是借助大国的帮助，推动经济发展。笔者给斯里兰卡经济改革的政策建议是：第一，增加投资者信心；第二，重视 2019 年政府预算；第三，吸引外国直接投资；第四，解决腐败问题及对航运和货运实施自由化。

关键词： 经济改革　新举措　斯里兰卡

作者简介： 四川大学南亚研究所副研究员。

2015 年，统一国民党与统一人民自由联盟组成联合政府，西里塞纳担任总统，维克勒马辛哈出任总理。执政之初，总理维克勒马辛哈呼吁各党派团结一致，共同制定和落实国家发展计划，进一步推动国家经济社会发展。总统称新的统一政府将坚持走以亚洲为中心的中间发展道路，并将其作为国家的外交政策，其基石是开放和友好。经过4年的努力，联合政府依然面临重重困难。为了促进经济增长，改善民生，近年来，斯里兰卡政府采取了哪些改革措施？又还存在哪些问题？这是本文主要探讨的内容。

一 斯里兰卡联合政府面临的重重困难

(一)经济增长缓慢

斯里兰卡统计部门称，2015年斯里兰卡经济同比增长4.8%，2014年这一数据为4.9%。2015年（1~12月）国内生产总值达到8.622万亿斯里兰卡卢比（简称"卢比"），2014年国内生产总值为8.228万亿卢比，2015年较2014年增长4.8%。[①] 然而，官方数据显示，2018年第一季度斯里兰卡国内生产总值同比增长只有3.2%，按固定（2010年）价格计算国内生产总值为2.223856万亿卢比，2017年第一季度国内生产总值为2.154971万亿卢比。[②] 2018年第二季度，斯里兰卡国内生产总值同比增长3.7%。

2019年第一季度斯里兰卡经济同比增长3.7%，全年经济同比增长2.3%。进入2020年，主要受全球新冠肺炎疫情的影响，2020年第一季度斯里兰卡国内生产总值同比增长率估计为-1.6%。[③] 斯

---

① "Sri Lanka's Economy Grew 4.8-pct in 2015: Census Department," http：//www. lankabusinessonline. com/sri-lankas-economy-grew-4-8-pct-in-2015-census-department/.

② "Sri Lanka's GDP Grows by 3.2-pct in Q1 2018," http：//www.lankabusinessonline.com/sri-lanka-gdp-grows-by-3-2-pct-in-q1-2018/.

③ "Sri Lanka's GDP Contracts by 1.6% in 1Q 2020," https：//www.lankabusinessonline.com/sri-lankas-gdp-contracts-by-1-6-in-1q-2020/.

里兰卡经济增长率在南亚是比较低的。亚洲开发银行的报告称，南亚是全球经济增长最快的地区之一。由于外部需求的增加、商品价格的回暖以及国内有效的经济改革措施，亚洲2/3的国家的经济在复苏。该地区对世界经济增长的贡献率达到60%。据《2017年亚洲发展概览》统计的相关数据，2017年亚洲经济同比增长率将达到5.7%，略低于2016年的5.8%。[①]

(二)债务危机，货币贬值

一是债务占GDP的比例高。西里塞纳联合政府执政以来，国家的债务水平达到不可接受的地步。前任斯里兰卡中央银行行长称，斯里兰卡2017年的债务占GDP的比例为81%，而不是政府所公布的77.6%。[②]

二是外债负担重。由于发达经济体（主要是美国和欧洲）超低的利率，很多新兴经济体都有大量的外债。2017年，外债占GDP的比例，斯里兰卡高达59.6%，相比之下，土耳其为53.3%，阿根廷为36.7%，印度尼西亚为34.7%，巴基斯坦为27.2%，菲律宾为23.3%，印度为20.1%。[③] 2015年、2016年和2017年，斯里兰卡的外债负担大幅增加，达到6970亿卢比，政府需要提高卢比的收入，购买美元来支付外债。由于卢比贬值，2018年斯里兰卡所增

[①] "Asia to Deliver 60-pct of Global Growth, South Asia Fastest Growing: ADB," http://www.lankabusinessonline.com/asia-to-deliver-60-pct-of-global-growth-south-asia-fastest-growing-adb/.

[②] "Sri Lanka's Debt to GDP Ratio for 2017 is 81% Says AG Not 77.6% as Reported by Govt.," http://www.ft.lk/opinion/Sri-Lanka-s-debt-to-GDP-ratio-for-2017-is-81-says-AG-not-77-6-as-reported-by-Govt/14-657073.

[③] "Why Emerging Economies Worry about Exchange Rates," http://www.ft.lk/columns/Why-emerging-economies-worry-about-exchange-rates/4-657995.

加的外债负担将是非常高的。^① 所以，政府必须谨慎控制外币贷款的数量，以确保经济不会因政府偿还债务而不堪重负。然而，现政府在外国商业借贷方面却是完全不计后果的。从 2015 年 1 月至今，政府的外币贷款总额达到令人难以置信的 207 亿美元，细分如下：2015 年 1 月至今，发行斯里兰卡发展债券 82 亿美元；2015 年、2017 年和 2018 年发行主权债券 61 亿美元；2015 年和 2016 年与印度达成货币互换安排，涉及金额 22 亿美元；2016 年、2017 年和 2018 年通过国际银行安排的辛迪加贷款 27 亿美元；2016 年基金组织扩大基金机构，涉及金额 15 亿美元。^② 2020 年 4 月，穆迪投资者服务公司（Moody's Investors Service）在一次分析中表示，在全球新冠肺炎疫情暴发期间，斯里兰卡经济（B2 评级下调）正同时面临内部和外部冲击。据分析，资本外流、货币贬值，以及实际国内生产总值增长进一步放缓，都将增加斯里兰卡的债务负担、流动性限制和外债还本付息的成本。与此同时，斯里兰卡的信贷状况非常脆弱，因为针对大量即将到期的外债，斯里兰卡还本付息的准备金覆盖面很低，而且债务偿还能力非常弱。加之全球金融状况严重收紧，使斯里兰卡财政和外部状况进   步恶化。更高的融资成本、更大的赤字以及更加恶化的债务状况，将使斯里兰卡政府本已脆弱的财政状况雪上加霜。虽然政府已寻求多边和双边外部融资，然而，在 2020 年至 2025 年间，政府外债的还本付息额每年约为 40 亿

① "Collapse of Rupee and Yahapalana Govt.'s Economic Mismanagement: MR," http://www.lankabusinessonline.com/collapse-of-rupee-and-yahapalana-govt-s-economic-mismanagement-mr/.

② "Sri Lanka Debt Sustainability: Public Debt Rs8.9tn; Assets Rs1.1tn," http://www.lankabusinessonline.com/sri-lanka-debt-sustainability-public-debt-rs-8-9tn-but-assets-rs1-1tn/.

美元，加上更大的预算赤字，未来几年的财政赤字将增加到 GDP 的 8% 以上。考虑到更大的财政赤字，斯里兰卡的债务负担预计将上升到 GDP 的近 100%。①

三是公共债务大。到 2016 年 12 月 31 日，斯里兰卡公共债务为 8.9 万亿卢比，而资产却只有 1.1 万亿卢比，这个数字来自斯里兰卡审计总部。公共债务管理最新的报告称，造成这种情况的原因是借款不能有效地与投资活动保持同步，同时不能正确地计算由该投资活动而产生的资产。②

四是货币贬值。2018 年 9 月 20 日，因为斯里兰卡中央银行维持低利率，斯里兰卡卢比兑美元汇率收盘时触及 168.65/169.00 的历史新低，低于前一天的 167.10。③ 自从西里塞纳政府执政以来，卢比对美元一直在稳步贬值。这一趋势现在已经达到惊人的程度。2014 年底，卢比兑美元为 131 卢比兑换 1 美元，现在接近 170 卢比兑换 1 美元，并且其还在不断贬值。政府成员声称卢比贬值的原因是美元对其他货币升值。外债负担导致卢比贬值，而货币贬值反过来又进一步加重了斯里兰卡的债务负担。与此同时，卢比的迅速贬值剥夺了斯里兰卡从国际商品价格下跌中获益的机会。2018 年斯里兰卡燃料价格上涨了三倍，汽油是每升 149 卢比，柴油是每升 123 卢比。而同期国际市场上每桶原油却不到 80 美元。2008 年，当斯里兰

---

① "Global Coronavirus Outbreak Exacerbates Sri Lanka's Liquidity & External Risks: Moody's ," https: //www. lankabusinessonline. com/global-coronavirus-outbreak-exacerbates-sri-lankas-liquidity-external-risks-moodys/.

② "Sri Lanka Debt Sustainability: Public Debt Rs8. 9tn; Assets Rs1. 1tn," http: //www. lankabusinessonline. com/sri-lanka-debt-sustainability-public-debt-rs8-9tn-but-assets-rs1-1tn/.

③ "Sri Lanka's Rupee Hits Record Lows as Central Bank Hold Rates," http: //www. lankabusinessonline. com/sri-lankas-rupee-hits-record-lows-as-central-bank-hold-rates/.

卡以 97 美元一桶的高价购买原油时，当时汽油的价格为每升 120 卢比，柴油的价格为每升 70 卢比。目前，国际原油价格低，但斯里兰卡燃料价格高的原因是卢比兑美元贬值及政府对燃料收税。[①]

(三)外资流出

由于斯里兰卡政府沉重的债务负担，经济增长下滑，以及卢比不断贬值，外资不再看好斯里兰卡发展前景。2018 年，斯里兰卡股票和债券的净海外抛售金额接近 5 亿美元。资金外流又加剧了斯里兰卡货币贬值和外汇储备减少。斯里兰卡股票和政府证券的海外净卖出额为 827 亿卢比（合 4.86 亿美元）。其中，政府债券净流出 766 亿卢比，而科伦坡股市净流出 61 亿卢比。[②] 斯里兰卡卢比（LKR）汇率处于 1 美元兑 170 卢比的历史低点，而当地股市则处于低迷状态。斯里兰卡的资本市场受到了外部冲击的损害，新兴市场资金的外流导致这些国家货币和资本市场走弱。斯里兰卡的外汇储备已从 8 月底的近 86 亿美元减少到 9 月底的 72 亿美元。除股票价格下跌之外，科伦坡证券交易所的交易量已经枯竭，大多数日子里只有几百万美元的交易量。

(四) 2018年10月爆发严重的政治危机

斯里兰卡总统西里塞纳于 2018 年 10 月 26 日解除总理维克勒马辛哈的职务并任命新总理，但维克勒马辛哈拒绝卸任，强调总理

---

① "Sri Lanka Debt Sustainability: Public Debt Rs8.9tn; Assets Rs1.1tn," http://www.lankabusinessonline.com/sri-lanka-debt-sustainability-public-debt-rs8-9tn-but-assets-rs1-1tn/.

② "Net Foreign Outflows from Sri Lanka's Stock/Bond Markets Approach $ 500mn for 2018," http://www.lankabusinessonline.com/foreign-sales-of-sri-lankas-stocks-bonds-nears-500mn-for-2018/.

变更必须经议会投票通过。而西里塞纳随后宣布解散议会，并决定于 2019 年初提前举行议会选举。维克勒马辛哈联合其他党派以西里塞纳解散议会不具合法性为由上诉至最高法院。12 月 13 日，最高法院裁定，西里塞纳解散议会并提前举行议会选举的决定违宪。2018 年 12 月 16 日，斯里兰卡前总理、统一国民党领袖维克勒马辛哈向总统西里塞纳宣誓就任新一届政府总理，并于 12 月 20 日任命新一届内阁部长，从而结束了斯里兰卡持续近两个月的政治危机。此前，被西里塞纳临时任命为总理的斯前总统拉贾帕克萨已宣布辞职。随着维克勒马辛哈出任总理，持续近两个月的斯里兰卡总理之争暂告一段落。但是，由于政府内部矛盾未得到解决，拉贾帕克萨领导的反对党实力强劲，新政府执政将面临巨大困难，斯里兰卡政局仍隐含着危机。[①] 2009 年，斯里兰卡结束了长达 30 年的内战，并逐步恢复生产，积极进行经济建设，它希望成为印度洋上的经济、金融和物流中心，成为印度洋上的明珠。而复活节恐怖爆炸袭击事件让这个饱受战乱痛苦的国家重新陷入混乱，该事件对斯经济发展的负面影响极大。

(五) 复活节袭击对经济的负面影响

2019 年 4 月 21 日，斯里兰卡首都科伦坡连续发生 8 起重大连环爆炸袭击事件，造成至少 290 人死亡，超过 500 人受伤。此事件给斯里兰卡经济带来巨大的负面影响。本来斯里兰卡 GDP 增长就落后于南亚主要国家，2019 年第一季度，斯里兰卡的经济总量为

---

① 朱瑞卿、唐璐：《斯里兰卡政治拉锯战暂告段落但危机尚存》，人民网，http://world. people. com. cn/n1/2018/1217/c1002-30472027. html。

870 亿美元，同比增长 3.5%，而 2019 年南亚其他国家同期 GDP 增长率为 6%。在经济增长率方面，斯里兰卡与邻国印度、巴基斯坦和孟加拉国有明显差距。第二季度，斯里兰卡 GDP 的增长率可能是 -0.5%，原因是旅游业的衰退和零售业的混乱，而零售业产值占斯里兰卡经济总量的 30%以上。① 受连环爆炸袭击事件的影响，斯里兰卡许多公司陷入困境，许多旅馆已经关闭。另据报道，斯里兰卡旅游业的损失达 620 亿美元，但如果包括间接实体，这一数字将接近千亿美元。② 然而，令人痛心的是，袭击事件已过去近 60 天（两个月），没有人因谋杀 200 多条无辜生命和造成 500 多人受伤而受到指控。斯里兰卡中小企业商会主席罗汉·德席尔瓦称，今年 4 月发生的不幸事件对微型、小型和中型企业的打击最大。商会呼吁政府进行干预，以提振正在崩溃的斯里兰卡经济。这些企业的生产值占国内生产总值的 70%，其就业人数占全国就业总人数的近40%。③ 德席尔瓦还认为，酒店业、制衣业和其他相关部门等也直接或间接地依赖这些中小企业。5 月份，前往斯里兰卡的游客数量大幅减少了 70%，这主要是因为 4 月份 3 家旅游酒店和 3 座教堂被袭击后，游客因害怕遭受袭击而避开了该国。旅游促进局局长戈麦斯 6 月 4 日在科伦坡的一次新闻发布会上表示，上个月斯里兰卡的游客总数约为 3.7 万人，而 2018 年同期为 12.9 万人。当局希望这一数字有所改善，6 月份游客人数可以提高 30%~40%。

---

① "Sri Lankan Companies: Be Brilliant on Basics," http://www.ft.lk/columns/Sri-Lankan-companies--Be-brilliant-on-basics/4-680305.
② "Sri Lankan Companies: Be Brilliant on Basics," http://www.ft.lk/columns/Sri-Lankan-companies--Be-brilliant-on-basics/4-680305.
③ "Micro, SME Industries Worst Hit due to Easter Sunday Blasts," http://www.dailynews.lk/2019/06/14/finance/188305/micro-sme-industries-worst-hit-due-easter-sunday-blasts.

斯里兰卡是一个小国，这种爆炸袭击事件对它的影响是致命的。全球著名市场调研公司尼尔森提供的信息有助于人们理解斯里兰卡目前社会和经济的混乱。尼尔森每月对100多个国家的消费者和商界领袖的情绪进行分析，同时借鉴了世界其他地方类似的事件，比如美国的9·11恐怖袭击事件和欧洲的恐怖袭击事件，以说明本次连环爆炸袭击事件对斯里兰卡的影响。就美国和欧洲的商界领袖和消费者的反应而言，恐怖袭击事件确实使其信心水平有所下降，但在短时间内便有所回升。在两三个月内，基本消费习惯就已恢复正常。然而，就斯里兰卡的商业信心水平而言，在过去6个月里，该指数从约120%降至60%～65%，这是一个很大的跌幅。复活节连环爆炸袭击事件对其影响最大。同样，斯里兰卡消费者信心指数已降至2008年的水平。[①]

二　斯里兰卡政府采取的改革措施

2018年，斯里兰卡经历了非同寻常的一年，特别是最后一个季度爆发了政治危机。这对经济造成了冲击，使卢比币值迅速下跌，游客预订量下降，主权评级被调低。斯里兰卡正面临许多挑战——政治、社会和经济领域。为积极应对这些挑战，斯里兰卡需要找到适当的平衡。而继续推进经济改革是非常必要和关键的。改革的目的是解决已经出现的一系列问题，如经济增长下降、债务危机、卢比贬值、外资撤出等。

[①]　"Taking Sri Lanka Forward: Experts Share Insights," http://www.ft.lk/special-report/Taking-Sri-Lanka-forward-Experts-share-insights/22-679156.

(一)税务改革

世界银行在发布的 2018 年 6 月版的《斯里兰卡发展最新消息》中称，尽管中央政府债务占 GDP 的比例降至 77.6%，但与其他中等收入国家相比仍处于高位，并面临风险。[①] 为了保证正常发展，斯里兰卡将不得不进行财政整固，即进一步增加收入，为增长创造财政空间，支持公共投资等。具体推行以下税收政策：

一是旅游增值税退税。如果要找出斯里兰卡近年来表现特别好的一个行业，那就是旅游行业。旅游业的收入已经从 2009 年的 3.5 亿美元（战争高峰时期）增长到 2014 年的 24 亿美元。此后，这一增长趋势也持续到 2018 年，达到 44 亿美元。[②] 旅游业是斯里兰卡外汇收入最主要的来源之一。斯里兰卡最大的外汇收入来源——工人汇款，在全球大宗商品贸易繁荣和高原油价格的推动下，2014 年收入迅速增长至 70 亿美元，但从那时起到 2018 年，一直停滞在 70 亿美元的水平上。另一个主要的外汇收入来源——成衣，自 2014 年以来收入也停滞在 50 亿美元左右。其他主要的外汇收入来源，如茶叶、橡胶和信息技术/知识服务等，收入仍低于 20 亿美元。[③] 旅游增值税退税计划是 2018 年的一项预算提案。2018 年 9 月 11 日，财政和媒体部长曼格拉·萨马拉维拉在班达拉纳亚克国际机场

[①] "Sri Lanka's Outlook Remains Stable But Is Conditional on Reforms: World Bank," http://www.lankabusinessonline.com/sri-lankas-outlook-remains-stable-but-is-conditional-on-reforms-world-bank./

[②] "Tourism: From $ 4 b to $ 15 b," http://www.ft.lk/opinion/Tourism--From---4-b-to---15-b/14-672697.

[③] "Tourism: From $ 4 b to $ 15 b," http://www.ft.lk/opinion/Tourism--From---4-b-to---15-b/14-672697.

（Bandaranayake Internationations Airport）发表演讲时称："旅游增值税退税计划对于增强科伦坡作为旅游目的地的吸引力特别重要。"[1] 以往来斯里兰卡旅游的大多数游客倾向于绕过科伦坡前往首都以外的景点。但有了免税购物的机会，游客们将有更多的理由在科伦坡呆上一段时间。其他城市的发展经验表明，仅以购物为目的的游客往往比纯旅游的游客花费更多，而且他们在目的地停留的时间也往往比传统游客更长。

泰国和新加坡等邻国已成为区域性购物中心，而它们正是利用免增值税购物促进了这一进程。一年来，前往上述国家旅游的游客越来越多地以购物为唯一目的，因此，国际零售商对这些国家进行了大量投资。斯里兰卡在这些方面也有类似的潜力，特别是考虑到其在购物和零售方面拥有重要的旅游资产。

二是修改增值税、所得税和电信税。斯里兰卡总统、总理及财政和经济事务部长对斯里兰卡目前经济严重受挫表示关切。经济方面的挑战反映在过去3年来经济增长率一直较低以及人民生活成本不断上升上。2018年11月，斯里兰卡总理作为新任财政部长，已指示将实施一系列旨在振兴经济的举措，包括对增值税、所得税和电信税的改革。

三是减少农产品税收。为了减轻高昂的生活成本给当地民众带来的压力，同时保护当地农民的利益，斯里兰卡政府特规定，特种商品木豆的征税标准每公斤减少5卢比，鹰嘴豆每公斤减少5卢比，黑绿豆每公斤减少25卢比，小麦的征税标准也从现在每公斤减免6卢比改成每公斤减免9卢比，对糖征收的税将纳入特别商品

---

[1] "VAT Refund Scheme to Boost Tourism in Sri Lankas: Fin Min," http://www.lankabusinessonline.com/vat-refund-scheme-to-boost-tourism-in-sri-lankas-fin-min/.

税，每公斤减税 10 卢比。

四是免去农民小额贷款的利息，降低化肥价格，给从事农业业务的公司减税。恶劣的气候使农民失去生计，同时也使他们背上沉重的债务负担。为了减轻其影响，斯里兰卡政府规定，农民和小稻谷厂业主在过去 3 年内从所有商业银行获得的最多 5000 万卢比的贷款的利息和惩罚性利息将全部减免，并将由政府承担。稻谷的化肥价格将保持在每 50 公斤 500 卢比的水平上，其他作物的化肥价格从每 50 公斤 1500 卢比降至每 50 公斤 1000 卢比。目前，从事农业业务的公司的优惠所得税率为 14%；农业企业的个人收入所得税率也将从现有的 24% 减少到 14%，从而鼓励个体农业企业的发展。

五是降低燃料价格。鉴于燃料价格对社会各阶层，特别是运输、农业和渔业部门的影响，斯里兰卡政府规定，汽油每升将降低 10 卢比，柴油每升降低 7 卢比，润滑油包括用于三轮车和小型农业 2T 发动机的每升降 10 卢比。上述规定将从 2018 年 11 月 1 日午夜起生效。

六是降低所得税。14% 的优惠所得税率目前只适用于中小企业类别。政府出台新规定将这一税率扩大到提供专业服务的个人。因此，专业服务的所得税率将从 24% 降至 14%。此外，政府还规定，任何金融机构的储蓄和定期存款的利息免征所得税；为了鼓励当地企业家、专业人员和移徙工人将境外所获得的外汇收入汇入斯里兰卡，其汇款也将免征所得税。

七是提高增值税门槛。斯里兰卡政府将通过简化增值税，减轻高间接税给企业发展造成的不利影响。企业增值税门槛将从每年 1200 万卢比的营业额提高到 2400 万卢比。为了给小商户和中小企业提供福利，批发和零售部门的增值税门槛也将从每年 5000 万卢比的营业额提高到 1 亿卢比。进口锯木的增值税率将降至 5%，以支持本地建筑业的发展。进口面料免征增值税，从而为中小型服装制造商提供优惠。

八是降低电讯税。考虑到电讯服务的高税率，政府有意将 25% 的电讯税减至 15%。[①]

这些政策的目的是鼓励生产和简化税收制度。这或将对斯里兰卡家庭获得额外收入有帮助，拟议的税制改革也将鼓励民众汇款和储蓄。

(二) 贸易改革

首先，为了促进出口，国家制定了出口发展战略。2018 年 7 月，斯里兰卡政府在科伦坡公布了"国家出口战略（2018～2022）"，目的是提高出口部门的业务能力，同时提高贸易绩效和竞争力。斯里兰卡总理拉尼尔·维克勒马辛哈表示，斯里兰卡出口发展"五年计划"将有助于斯里兰卡成为本地区一个主要的出口中心，同时也希望到 2022 年斯里兰卡能获得 280 亿美元的出口收入。[②] 实施该出口战略的目的是增加出口、加强区域合作和创造就业机会。为了与斯里兰卡"2025 年远景规划"保持一致，国家贸易政策和出口政策是斯里兰卡贸易改革的关键。贸易改革的目标是使斯里兰卡成为服务亚洲及其更远地区的重要的贸易中心。但是，斯里兰卡没有

[①] "Finance Minister Introduces Changes to WHT, VAT, Income Tax, Telecom Levy," http://www.lankabusinessonline.com/finance-minister-introduces-changes-for-wht-vat-income-tax-telecom-levy/.

[②] "National Export Strategy: Sri Lanka Targets USD28Bn in Exports by 2022," http://www.lankabusinessonline.com/national-export-strategy-targets-usd28bn-in-exports-by-2022/.

充分利用进入国际市场的机会。在"普惠制+"的 6000 种商品中，斯里兰卡出口的商品不到 60 种。2018 年 9 月 14 日，斯里兰卡总理拉尼尔·维克勒马辛哈提请该国顶级商界领袖注意，他们没有充分利用进入国际市场的机会。"我们有'普惠制+'，我们可以出口 6000 种商品到那里，但是你能找到 60 种吗？"这是斯总理在科伦坡举行的由锡兰商会组织的斯里兰卡经济首脑会议上所说的话。① 斯里兰卡在外贸方面面临的第一个问题是该国出口的产品十分有限，主要有茶叶、服装和实心轮胎等。解决斯里兰卡出口的问题主要在于使出口产品多样化，这对斯里兰卡发展非常关键。斯里兰卡静态的出口结构无法推动贸易的发展、创新和多样化，20 多年来，其出口产品一直集中在服装、茶叶和橡胶制品上，且在全球贸易中所占的份额不断下降。②

其次，启动自由贸易谈判，促进投资。斯里兰卡和泰国于 2018 年 7 月 13 日正式宣布启动两国间拟议的自由贸易协定（FTA）谈判。第一轮谈判在科伦坡举行，泰国总理对斯里兰卡进行了正式访问。在贸易和投资方面，两国领导人重申承诺在 2020 年前将双边贸易额增加到 15 亿美元，同时实现贸易平衡。③ 双方还同意有必要加强两国之间的投资流动。

---

① "We are not Exporting at Least 60 Products under GSP+ List of 6,000 Items: PM," http://www.lankabusinessonline.com/we-are-not-exporting-at-least-60-products-under-gsp-list-of-6000-items-pm/.

② "Balancing China and India Partnerships and Diversifying Exports Key for Sri Lanka," http://www.lankabusinessonline.com/balancing-china-and-india-partnerships-and-diversifying-exports-key-for-sri-lanka/.

③ "Thai-Sri Lanka FTA Talks Launched; USD1.5bn Mutual Trade Expected by 2020," http://www.lankabusinessonline.com/thai-sri-lanka-fta-talks-launched-usd1-5bn-mutual-trade-expected-by-2020/.

另外，斯里兰卡与新加坡正在讨论超过 160 亿美元的投资项目。2018 年 7 月 16 日斯里兰卡投资局（BOI）称，新加坡将向斯里兰卡投资超过 160 亿美元，主要涉及斯里兰卡的制造业，这是自 2018 年 5 月 1 日斯里兰卡—新加坡自由贸易协定实施以来新加坡的首笔投资。斯里兰卡正准备从与新加坡的自由贸易协定中获益，目前两国正在讨论四个大型项目。其中最大的是在汉班托塔投资建设以出口为导向的炼油厂，涉及资金 148 亿美元；第二个项目是在亭可马里投资建设钢铁厂，涉及资金 10 亿美元；另外两个项目都将设在汉班托塔，涉及资金 2 亿美元的糖厂和 5000 万美元的面粉厂，其产品面向当地和出口市场。投资局称，这些投资计划正在评估中，一旦确定，将立即实施。①

再次，限制进口。斯里兰卡政府为了缓解卢比贬值的压力，限制议员、部委、国有部门雇员和其他人购买进口车辆，并决定从 2018 年 9 月 29 日午夜起暂时采取以下措施：一年内暂停向议员发放车辆许可证；暂停政府各部门、法定委员会、国有企业购买进口车辆，直至另行通知；六个月内暂停国有部门雇员以优惠许可证进口车辆；购买混合动力车辆的贷款金额与出价比率（LTV）将由 70∶30 修订为 50∶50；此外，对进口冰箱、空调、电视机、香水、手机，包括移动电话、洗衣机、鞋类和轮胎，实行 100% 现金保证金的要求。②

---

① "Sri Lanka-Singapore FTA: Over USD 16Bn Investment Projects under Discussion," http://www.lankabusinessonline.com/sri-lanka-singapre-fta-over-usd-16bn-investment-projects-under-discussion/.

② "Sri Lanka Restricts Vehicle Imports for MPs, Ministries, State Sector Employees & others," http://www.lankabusinessonline.com/govt-restricts-vehicle-imports-for-mps-ministries-state-sector-employees-others/.

最后，大力支持零售业发展，使斯里兰卡成为本区域购物目的地之一。随着斯里兰卡最近人均 GDP 突破 4000 美元，零售业的发展机会将越来越大。2018 年，来斯里兰卡的游客数量已突破 200 万人次，较上一年增长了 11.6%，这为零售业的大发展、大繁荣创造了新的机遇。① 斯里兰卡政府将提供全力支持，比如在班达拉奈克国际机场推出退税计划，以推动零售业、旅游业的蓬勃发展。零售业将成为斯里兰卡经济的重要支柱。2018 年 11 月，斯里兰卡一位高级官员表示，零售业是价值的创造者和经济增长的"催化剂"。在此环境下，零售商协会应运而生，其目标是利用有组织的零售业资源，建立一个共享平台，以促进未来零售业的创新、增长和全球拓展。斯里兰卡零售商协会雄心勃勃的目标是实现斯零售业的卓越发展，并努力使自己成为斯里兰卡零售业的代言人。目前，零售业的产值占斯里兰卡国内生产总值的 1/3，其就业人数占劳动力市场的 14%。零售业在斯里兰卡吸引了超过 2.5 亿人次的参与，而在线零售的点击率估计略低于 2%，但以每年 200% 的速度增长。②

(三)"创业斯里兰卡"计划

斯政府在 2017 年 11 月的预算中，提出了"创业斯里兰卡"计划，目的是建立一个新的企业家阶层。政府计划通过国有银行和私人银行支付 600 亿卢比给未来的企业家创业。另外，财政部已拨出

---

① "Govt. will Support Retail Sector to Make Sri Lanka a Regional Shopping Destination: Fin Min," http://www.lankabusinessonline.com/govt-will-support-retail-sector-to-make-sri-lanka-a-regional-shopping-destination-fin-min/.

② "Sri Lanka's Retail Industry to Be a Prominent and Important Pillar of the Economy," http://www.lankabusinessonline.com/sri-lankas-retail-industry-to-be-a-prominent-and-important-pillar-of-the-economy/.

52.5 亿卢比，用于对银行的利息补贴。这一计划为农业、渔业和中小型企业领域的青年企业家提供了 15 项不同的贷款计划，该项计划也包括记者和自营职业者。①

首先，鼓励本地企业家创业，让他们强大起来。为此，政府将为本地企业家提供优惠贷款。斯里兰卡总统认为，世界上每一个发达国家都通过发展当地工业实现自给自足。即使国家需要外国的最新知识、技术和咨询，政府也应该相信本国企业家的力量和经验。政府应给予他们最高水平的金融和非金融支持。2018 年 6 月，斯里兰卡总统迈特里帕拉·西里塞纳在科伦坡班达拉奈克（BMICH）举行的"斯里兰卡企业信贷计划"启动仪式上表示，政府在为企业家推出信贷计划时，所有相关机构也需要实施一项联合计划，为他们提供一个良好的市场和合理的价格。根据"斯里兰卡创业发展计划"，到 2019 年 4 月，斯财政部已经给 4.6673 万人发放 790 亿卢比的贷款。② 该贷款计划是在 2018 年 6 月 21 日启动的。雄心勃勃的 600 亿卢比的"创业斯里兰卡"计划旨在到 2020 年通过 16 项优惠贷款计划培养 10 万名企业家，并提供更多鼓励女性创业的奖励措施。

其次，为"创业斯里兰卡"计划打算培养的企业家实施培训。财政部将与中央银行官员一道，为"创业斯里兰卡"计划打算培养的所有新企业家开展培训。2018 年 8 月 16 日，财政部、中央银行和锡兰银行、人民银行、地区开发银行的行长们在加快落实

---

① "Enterprise Sri Lanka to Strengthen Local Entrepreneurs: President," http://www.lankabusinessonline.com/enterprise-sri-lanka-to-strengthen-local-entrepreneurs-president/.
② "Rs. 79000 Million Loans Disbursed under Enterprise SL Program," https://www.lankabusinessonline.com/rs-79000-million-loan-disbursed-under-enterprise-sl-program/.

"创业斯里兰卡"贷款计划的会议上通过了该培训计划。① 培训计划将侧重于让企业家了解如何在申请贷款之前制定业务计划，并将继续通过贷款过程协助他们。此外，企业家每月还将向财政部提交一份关于贷款支付情况的进度报告。会议还决定修订贷款机制，以容纳规模非常小的企业，并通过地方政府/部门秘书处简化企业登记手续。财政部、中央银行和国家银行也同意每月举行一次会议，讨论"创业斯里兰卡"计划的进展情况。

再次，斯里兰卡财政部为"创业斯里兰卡"计划开通专用热线。2018年10月25日，斯里兰卡财政部推出了一个呼叫中心和热线1925，以帮助企业家解决在"创业斯里兰卡"企业信贷计划下面临的问题。任何企业家都可以拨打专门的信息热线来提交他们的咨询、投诉和反馈。根据这一计划，迄今银行已向个人和企业提供了588.17亿卢比的贷款，涉及16个商业类别，其中包括自营企业家。② 财政部长称，政府希望在该计划实施后的第一年内，在为企业家提供免费担保的优惠贷款后，产生10万名企业家。

最后，为了促进中小企业的发展，政府将它们纳入正规部门，以解决其获得资金难的问题。2018年10月8日在科伦坡举行的亚太农村和农业信贷协会会议上，③ 斯里兰卡财政部长表示，政府的目标是将中小企业纳入官方部门，并建立硬性和软性基础设施框

① "Central Bank to Assist 'Enterprise Sri Lanka' Loan Programme with Training," http://www.lankabusinessonline.com/central-bank-to-assist-enterprise-sri-lanka-loan-programme-with-training/.
② "Finance Ministry Launches Dedicated Hotline for Enterprise Sri Lanka," http://www.lankabusinessonline.com/finance-ministry-launches-dedicated-hotline-for-enterprise-sri-lanka/.
③ "Sri Lanka to Integrate SMEs into Formal Sector to Facilitate Their Growth: Fin Min," http://www.lankabusinessonline.com/sri-lanka-to-integrate-smes-into-formal-sector-to-facilitate-their-growth-fin-min/.

架，以促进它们的发展。他认为，世界上每一个国家都已认识到中小企业在经济中的重要性，它是实现经济可持续增长的一种切实可行的工具。但是中小企业在创业和经营上却一直面临着困难。事实上，在世界各地进行的大多数调查中，获得资金难是中小企业面临的一个明显障碍，在斯里兰卡也是如此。为了解决此问题，斯里兰卡政府确认了中小企业的重要性，并启动了"创业斯里兰卡"计划，以消除其中的一些障碍，并尽量缩小斯里兰卡中小企业的资金缺口。政府正在采取措施，改善中小企业获得信贷和市场机会的环境，并鼓励用价值链将中小企业和大公司整合起来。斯里兰卡政府将鼓励以项目为基础的贷款，而不是以抵押品为基础的贷款，从而使企业在开办前期税收合理化，并鼓励研发机构与中小企业实现知识共享。"创业斯里兰卡"计划所针对的是中小企业中普遍存在的缺乏抵押品的问题。要解决青年失业的问题就要使年轻毕业生能够通过获得免息贷款来开办公司。其他有针对性的措施还包括通过"创业斯里兰卡"计划资助技术，使中小企业在其行业中具有更大的竞争力。包容性是本计划的一个显著特点。该计划旨在促进社会中往往处于不利地位的群体充分发展。例如，向妇女领导的企业和能力不同的企业提供优惠利率。斯里兰卡财政部长指出，自其成立以来，已有近 20000 家企业向参与的银行申请贷款，政府预计该数字将进一步增长。通过这些计划和相关的乘数效应，政府预计这将为斯里兰卡增加 100 万个新的就业机会。

(四)发展斯里兰卡地方经济

首先，在政治上、财政上，振兴地方政府并赋予地方政府权力。2018年7月9日，总理拉尼尔·维克勒马辛哈在新加坡举行的世界城市首脑会议、国际水周和清洁环境首脑会议上作了题为《未来的宜居和可持续城市：超越人类的挑战》的主旨发言。他表示，随着"大城市"和"全球互联互通"等概念的提出并发挥作用，斯里兰卡需要重新考虑其地方政府的结构。大城市管理中最大的问题是涉及各级政府部门。20世纪，许多国家的政治权力在中央政府、各省和地方政府之间分配，当时没有"大城市"和"全球互联互通"等概念。现在，在完全不同的环境下，中央政府需要在政治和财政上振兴地方政府，并赋予地方政府权力。斯里兰卡的长期发展目标是利用印度洋的战略位置，确保自身经济发展。为此，斯里兰卡发展的重点是西部大城市和两条覆盖900万人口的走廊。其中大型基础设施项目包括开发南部的科伦坡和汉班托塔港口。科伦坡港附近新填的土地未来计划作为离岸金融中心。四个经济特区将为工业的发展提供基础设施。2019年3月，汉班托塔地区启动了投资金额为38.5亿美元的炼油厂和水泥厂项目。总理拉尼尔·维克勒马辛哈表示，耗资38.5亿美元的炼油厂和水泥厂项目将为该地区和周边地区创造数千个就业机会。这个新建的炼油厂是自1968年以来斯里兰卡建立的第一个炼油厂，是新加坡和阿曼苏丹国共同投资的项目。①

其次，开发西部省，建设特大城市。西部省包括科伦坡和首都斯里·贾耶瓦德内普拉（Sri Jayewardenepura）。规划中的特大城市

---

① "USD3.85Bn Oil Refinery, Cement Plant Projects Launched in Sri Lanka's Hambantota," https://www.lankabusinessonline.com/usd3-85bn-oil-refinery-cement-plant-projects-launched-in-sri-lankas-hambantota/.

将是一个连接大城市的大都市，这里将有高架铁路、高架公路、多个互通的运输中心和 3 个液化天然气工厂。它将成为一个物流城市、森林城市和航空城市。斯政府的目标是通过实施污水和固体废弃物回收处理项目，开发生态地带和河流缓冲区来实现本地区最大的可居住性。特大城市计划是由斯巴纳·巨龙（Surbana Jurong）制定的，该计划正处于初步实施阶段。

再次，开发两条城市走廊。一条是沿着通往康提的里程为 134 公里的中央高速公路建设，另一条是沿长达 241 公里的南方高速公路建设。后者途经加勒，通往新建的汉班托塔港和马塔拉机场。南部走廊将包括 3 个大型生态旅游度假村，每个占地都达 2 平方公里以上，同时都有一个完全修复的加勒遗产要塞。汉班托塔港的发展蓝图也在规划之中。①

最后，开发大城市时，确保边缘化群体的利益。城市和大城市发展的特点是以私人投资为主导的财富创造，但这一经济进程往往排斥妇女、老年人、儿童、青年、残疾人和穷人等边缘化群体的利益和观点。因此，为了确保边缘化群体的利益，房屋政策应从重建、搬迁和合并三方面来设计。第一，在社区参与规划的情况下，将潜在价值不足的城市土地资产转化为更好的住房、商业和服务空间。第二，重新安置生活在易受自然灾害影响的土地上的社区，或者生活在需要进行基础设施开发的地区的社区。因此，建设宜居和可持续发展的城市需要与全球供应链、社会包容性以及获得新的生

---

① "Sri Lanka Needs to Politically, Financially Revitalize and Empower Local Governments: PM," http://www.lankabusinessonline.com/sri-lanka-needs-to-politically-financially-revitalize-and-empower-local-governments-pm/.

态系统服务相结合。

(五) 借助大国的帮助，推动经济发展

首先，美国国际发展机构——美国国际开发署资助的项目（斯里兰卡 100 家中型企业平台（SL@ 100））推动斯里兰卡私营部门的发展。斯里兰卡的中型企业在为下一阶段的增长做准备时面临许多挑战，例如依赖国内小市场获取收入，获得高质量商业发展服务的机会有限，以及无法获得各种形式的资本。斯里兰卡 100 家中型企业平台（SL@ 100）旨在通过在战略、营销、会计和金融、法律和技术/数据服务等领域提供高质量的咨询服务，帮助中型企业解决这些问题。斯里兰卡 100 家中型企业平台（SL@ 100）正在建立一个由可信赖的供应商和合作伙伴组成的生态系统，此生态系统将包括一般的商业利益组织，如行业机构、银行、商会、国家附属组织以及培训/专业技能建设机构等。

2020 年 9 月 24 日，该项目在科伦坡启动，项目重点是使斯里兰卡在独立 100 周年时（到 2048 年）成为一个高收入国家，推动中型企业的发展，实现公平和包容性的增长。这项计划由美国国际发展机构——美国国际开发署资助，并由管理咨询公司 Stax 管理。Stax 公司董事兼总经理称："虽然我们可能出生在一个发展中国家，但我们不需要继续生活在发展中国家。""作为一个民族，作为一个国家，我们具有难以置信的弹性。我们的中小企业主和企业家经受了许多风暴，才得以生存。"出席项目启动会议的还有美国驻斯里兰卡和马尔代夫大使阿莱娜·特普利茨和斯里兰卡区域合作国务部长巴拉苏里亚。特普利茨大使重申："这一纲领的目标是帮助私

营部门，以使它们全力推进雄心勃勃的增长计划，并将斯里兰卡的发展提高到一个新的水平。"特普利茨大使表示，过去几十年来，美国公司在斯里兰卡投资了3亿多美元，希望这一平台将为两国之间的互利贸易和投资创造更多机会。①

其次，斯里兰卡企业分析公司（Enterprise Analytics）与美国企业Acumatica合作，为斯中小企业提供企业资源规划（ERP）解决方案。Acumatica于2007年创立，总部位于美国华盛顿州。该公司业务主要面向中小企业，提供基于云端的ERP解决方案。ERP是由美国计算机技术咨询和评估集团（Gartner Group Inc）提出的一种供应链的管理思想。企业资源规划是指建立在信息技术基础上，以系统化的管理思想，为企业决策层及员工提供决策运营手段的管理平台。ERP系统支持离散型、流程型等混合制造环境，其应用范围已从制造业扩展到了零售业、服务业、银行业、电信业、政府机关和学校等事业部门。ERP通过融合数据库技术、图形用户界面、第四代查询语言、客户服务器结构、计算机辅助开发工具、可移植的开放系统等对企业资源进行有效的集成。2020年7月29日，斯里兰卡企业分析公司与Acumatica合作，将ERP解决方案推广到斯里兰卡日益壮大的中小企业部门。②

再次，同中国讨论经贸合作问题。2020年10月，为了加强睦邻友好关系，中国外交部促成了一个由中国共产党主要政治局委

---

① "'SriLanka @ 100' Launched to Boost Economic Prosperity through Mid-market Firms Growth," https：//www.lankabusinessonline.com/srilanka-100-launched-to-boost-economic-prosperity-through-growth-smes/.

② "Enterprise Analytics Ties up with Acumatica to Equip SMEs with ERP Solutions," https：//www.lankabusinessonline.com/enterprise-analytics-ties-up-with-acumatica-to-equip-smes-with-erp-solutions/.

员、中国国际开发合作署主席和中国外交部官员组成的高级别代表团访问斯里兰卡。代表团会见了戈塔巴亚·拉贾帕克萨总统和马欣达·拉贾帕克萨总理。外交部长迪内什·古纳瓦德纳、副部长贾亚纳特·科伦贝奇教授及其他政府要人出席了见面会并与中国代表团进行了交谈。会议上双方共同回顾了中国在斯里兰卡开展的直接投资项目，以及投资项目所发挥的重要作用，这些项目价值 30 多亿美元，迄今已创造了大量就业机会。在回顾双边贸易时，斯政府希望中国能为斯里兰卡商品进入中国市场提供市场准入，以实现中斯贸易平衡。①

最后，斯里兰卡计划从英国吸引外国直接投资。2020 年 8 月 26 日，斯里兰卡投资局（BOI）与驻科伦坡的英国高级专员讨论了从英国吸引更多外国直接投资（FDI）的可行性。这次会议的目的是向英国高级专员介绍斯里兰卡审计委员会目前采取的投资促进举措，并请英国高级专员提供援助，以便审计委员会有针对性地把潜在的英国公司选为目标公司。英国投资银行总干事希望促进英国和斯里兰卡之间的双边贸易，帮助斯里兰卡政府在东部省埃拉乌尔设立纺织/织物公园和在汉班托塔港（Hambantota）设立制药工业区。英国投资银行总干事还表示，英国投资银行很乐意安排一个论坛，让现有的英国投资者讨论悬而未决的问题，并鼓励他们扩大在斯里兰卡的业务和再投资。②

---

① "Sri Lanka and China Discuss Economic Revival and COVID-19 assistance," https://www.lankabusinessonline.com/sri-lanka-and-china-discuss-economic-revival-and-covid-19-assistance/.
② "BOI Discusses Strategies with British High Commissioner to Attract more FDI," https://www.lankabusinessonline.com/boi-discusses-strategies-with-british-high-commissioner-to-attract-more-fdi/.

三 斯里兰卡经济改革的政策建议

过去的 2018 年，斯里兰卡在经济改革方面采取了诸多措施，旨在增加收入，减轻负债压力，但在 10 月却出现了严重的政治危机。展望未来，在改革路上，斯里兰卡还将在哪些方面需要更进一步？

(一)增加投资者信心

经济要可持续增长，投资是关键，恢复投资者的信心是斯里兰卡政府当前的首要任务。保持政治稳定和政策的一贯性非常重要。2018 年 10 月 26 日，斯里兰卡总统西里塞纳解除总理维克勒马辛哈的职务，并任命前总统拉贾帕克萨为新总理。但维克勒马辛哈拒绝卸任，强调总理变更必须经议会投票通过。12 月 16 日，西里塞纳恢复维克勒马辛哈的总理职务，并于 20 日任命新一届内阁部长，从而结束了持续近两个月的政治危机。危机虽然结束了，但该事件表明，组成斯里兰卡联合政府的两党，由于执政理念不同，经常发生摩擦。此前，执政联盟内部就已出现持续长达数月的内斗。西里塞纳和维克勒马辛哈在经济政策和政府管理方面都存在分歧。总统西里塞纳和重新上台的总理维克勒马辛哈之间的矛盾并未因为政治危机结束而得到真正解决。就连西里塞纳本人也承认与维克勒马辛哈难以相处，而他再次任命维克勒马辛哈为总理，也仅是为了"尊重民主和议会传统"。如果两人未来不能妥善处理彼此之间以及各自党派之间的分歧，新政府的执政能力及效率将受到极大影响。因此，是否有稳定的政治环境对投资者的信心极为重要。

(二) 2019年政府预算的重要性

长期以来，自由党（SLFP）和统一国民党（UNP）之间关系紧张，双方经常互相指责。但实际上，没有任何一方真正努力促进斯里兰卡经济增长，创造更多就业机会，并为股市增加任何新财富。辛勤工作的斯里兰卡人希望看到他们的收入增加，希望政府扩大税收征收对象，而不对原有征税对象征收越来越多的税。斯里兰卡全国需要一种伟大的乐观精神，这样年轻人才能真正相信最光明的日子就在眼前。因此，斯里兰卡2019年预算必须以下列改革为基础。首先，结束开支浪费。斯里兰卡正被债务淹没，目前的财政道路是不可持续的。预算案必须做出艰难的选择，停止开支浪费，降低国家债务。其次，创造机会。预算案必须采取重要步骤，使更多青年人获得负担得起的、与就业有关的受教育的机会，从而使他们能够找到薪酬更高的工作，并最终获得一份有回报的职业。预算案应该提倡正式的学徒制，允许个人"边学边赚"。预算案亦应对学校的科学、科技、工程及数学教育做出重要投资，并支持学校及专科院校的职业及技术教育。① 斯里兰卡财政部表示，2019年预算将把公共收入增加到国内生产总值的17%，而资本支出限制在国内生产总值的3.5%作为政府的目标。政府还将把债务与国内生产总值的比率维持在70%的水平上，经常性开支将减少到国内生产

---

① "The Importance of the 2019 Government Budget，" http：//www.ft.lk/columns/The-importance-of-the-2019-Government-Budget/4-672872.

总值的 15%。① 此外，2019 年预算主要税收提案如下：斯里兰卡 2019 年预算估计总收入和赠款金额为 2.464 万亿卢比，而估计总支出为 3.149 万亿卢比。由此产生的 6850 亿卢比的预算赤字预计将由外国融资 550 亿卢比和国内融资 6300 亿卢比供资。所有所得税征收提案从 2019 年 4 月 1 日起生效。而增值税、国家建筑税（NBT）和经济服务费（ESC）征收提案于 2019 年 6 月 1 日起生效。而对进口商品征收的关税和财政税征收提案于 3 月 6 日起生效。② 同时，2019 年预算对包括斯里兰卡发展债券在内的主权债券实行新的所得税豁免，对符合 14% 优惠税率的公司的投资收入按 28% 征税，14% 的优惠税率仅适用于有资格享受优惠税率的活动的收入，但是，投资收入须缴纳 28% 的税。公寓楼住房增值税征收提案自 2019 年 4 月 1 日起实施。在基础设施项目上，主要建筑承包商将不受国家建筑税的限制，但与此同时将取消对生产香烟的企业国家建筑税的豁免。对于出口的商品或服务，企业可享受其营业额 0.25% 的经济服务费用优惠。博彩税及博彩征费将提高至 15%。护照费也将被修改。汽车的豪华税将按到岸价或制造商的价格征收。

(三) 吸引外国直接投资

显而易见，东亚、东南亚经济繁荣，原因之一就是巨额的外国

---

① "Sri Lanka Budget 2019: Targets Public Revenue to Increase 17-pct, Debt to GDP Down to 70-pct," http://www.lankabusinessonline.com/sri-lanka-budget-2019-targets-public-revenue-to-increase-17-pct-debt-to-gdp-down-to-70-pct/.

② "Sri Lanka Budget 2019: Overview of Key Taxation Proposals," https://www.lankabusinessonline.com/sri-lanka-budget-2019-overview-of-key-taxation-proposals/.

直接投资。根据联合国贸易和发展会议（UNCTAD）的数据，2016年，东亚、东南亚的主要国家和地区外国直接投资总额（单位：十亿美元）为：韩国185、中国香港1690.8、中国台湾75、泰国188.7、马来西亚121.6、新加坡1096.3，而同期斯里兰卡只有9.7。[①] 这是斯里兰卡经济落后的主要原因之一。像斯里兰卡这样的经济体需要外国直接投资以生产供出口的制成品和服务。97亿美元的外国直接投资主要集中在建筑业，而这个行业不生产可供贸易的商品和服务。显然，吸引外资是促进斯里兰卡经济发展的重要途径，那么怎样才能更好地吸引外资呢？

首先是要解决数据的清晰度和一致性的问题。目前，在斯里兰卡，外国直接投资数据有多种来源，这使国际投资界感到困惑。建议斯里兰卡中央银行、投资局和其他有关机构联合起来，建立一套统一的外国直接投资报告制度。

其次是数据收集数字化。目前，大多数外国直接投资数据都是通过斯里兰卡全国范围的书面调查收集的，当前迫切需要将数据采集过程数字化，以便能够使数字设备更广泛地渗透调查，并简化随后的分析。

再次是全面收集外资在斯里兰卡的投资情况。尽管制造业等行业在外国直接投资调查中具有代表性，但情况并不完整。为了更全面地了解在斯里兰卡的外国直接投资状况，有必要收集外国直接投资进入不具代表性的行业的情况，比如技术、外包等领域外国直接投资流入的数据。在这些领域，大部分可汇回的利润都被用于商业

---

① "Dire Need of Investment for Reaching Prosperity," http：//www.ft.lk/columns/Dire-need-of-investment-for-reaching-prosperity/4-656733.

扩张活动。

最后，但也很重要的是为外国直接投资建立一个专门的管理组织。与其有许多职能部委都负责与全球投资者接触，不如设立一个能够制定政策、发布指导方针、吸引投资者和管理外国直接投资流动的中央机构。第一，确保政策长期稳定。相关调查显示，有约59%的受访者认为，政策不稳定是开展业务的主要障碍。增值税率、进口税和经济战略的突然转变等，都容易向潜在投资者发出负面信号。当前迫切需要的是提供持续的稳定政策。第二，提高透明度和公司治理水平。公司治理、政府采购和透明度等领域的标准必须按照国际惯例修改。第三，制定财政激励措施，以便跨行业引进资本。为此，需要创新财政激励和赠款措施，以进一步刺激资本密集型行业和服务业的外国直接投资。第四，投资教育和职业培训，以满足行业需要，提高生产力。有调查显示，至少63%的受访者认为斯里兰卡优质劳动力短缺。然而，问题不一定是人力资源短缺，极有可能是没有充分开发劳动力和提高现有劳动力的生产力。①

(四) 解决腐败问题

斯里兰卡面临的另一个关键挑战是腐败。政府可以通过提高政策透明度和建立问责制来解决腐败问题，特别是在采购和投标方面。根据透明国际（TI）编制的2018年腐败感知指数（CPI），斯里兰卡在反腐方面未能取得进展，仍居第89位，这说明仍有改进

---

① "Recommendations for Positioning Sri Lanka as Attractive FDI Destination: AMCHAM/STAX," http://www.lankabusinessonline.com/recommendations-for-positioning-sri-lanka-as-attractive-fdi-destination-amcham-stax/.

的余地。腐败和政策缺乏透明度降低了投资者的信心。招标程序必须明确和透明，并毫不拖延地执行。① 政策要保持一贯性。在政治上，从来没有黑人或白人之分，或好或坏的情况。每个人都有自己的利益，但必须有一套妥协或协商一致的方法。政府一旦做出决定，就必须作为一项国家政策始终如一地推行或执行，而不能临时改变或不断修改。政府制定了规则，包括私营部门在内的所有人都必须遵守这些规则；如果有违规行为，就必须惩罚那些负有责任的人。在大多数民主国家，规则往往能够得到良好的执行，以确保这些规则得到遵守。腐败到处都有，但区别在于是否采取了适当的行动。因此，私营部门必须支持更强大的独立制度以及透明度、问责制和符合自身利益的道德行为。每个利益相关者都有责任。私营部门不能在政策适合它们的情况下呼喊政府的帮助，在它们不需要的时候游说政府不要干涉。良好和高效的治理对所有人都有帮助。

(五) 对航运和货运实施自由化

斯里兰卡应进一步向外国公司，特别是航运和货运公司开放其经济，应立即取消对这一领域 40% 的外资所有权的限制，正如该地区许多其他相互竞争的国家所做的那样。② 斯里兰卡的战略地理位置增强了其成为海上枢纽的潜力，这一优势可以通过自由化和不

---

① "Political Stability, Right Policies Can Boost Sri Lanka's Growth Beyond 5%: German Envoy," http://www.ft.lk/opinion/Political-stability--right-policies-can-boost--Sri-Lanka-s-growth-beyond-5---German-envoy/14-673172.

② "Political Stability, Right Policies Can Boost Sri Lanka's Growth Beyond 5%: German Envoy," http://www.ft.lk/opinion/Political-stability--right-policies-can-boost--Sri-Lanka-s-growth-beyond-5---German-envoy/14-673172.

保护既得利益更快地发挥。如果斯里兰卡不开放，其他竞争国家就会受益，这将使斯里兰卡失去机会。事实证明，航运业的自由化措施是有益的，推动斯里兰卡成为一个受欢迎的港口，可以为集装箱码头的发展带来急需的外国投资。为了保持竞争力，斯里兰卡需要允许外国投资进入航运和货运领域。在这种情况下，限制外资所有权没有任何经济意义。相反，自由化的失败会向国际商界发出错误的信号。航空服务自由化对于斯里兰卡来说就是一个成功的例子。自 2003 年以来，印度和斯里兰卡之间实行了航空服务自由化，其结果是运输成本降低了，客运和货运量都增加了。目前，斯里兰卡和印度之间每周有 147 个航班，自 2005 年以来，印度一直是斯里兰卡游客的最大来源地。印度游客人数从 2005 年的 11.3323 万人增至 2016 年的 35.6729 万人，增长了两倍多。[①]

结　语

2015 年，统一国民党与自由党组成联合政府，开始联合执政。但是 4 年过去了，联合政府仍然面临重重困难：经济增长令人失望，不到 4%；债台高筑，货币贬值；外资惶恐撤出；2018 年 10 月的政治危机更是给经济发展带来负面影响。过去一年，斯里兰卡政府采取了一系列改革措施。改革税制，促进出口，限制进口，支持本地企业家，促进中小企业的发展，大力发展斯里兰卡地方经

[①]　"Sri Lanka Has Potential to More Than Double It's Exports to South Asia Region：WB，" http：//www.lankabusinessonline.com/sri-lanka-has-potential-to-more-than-double-its-exports-to-south-asia-region-wb/.

济。这些措施有的已经初见成效，比如投资局在北部的投资项目达到 35 个，投资金额达到 464 亿卢比，为北部省的 837 名工人提供就业机会；① 斯里兰卡 2018 年 8 月出口收入增加，外汇储备达 86 亿美元；② 2018 年第三季度，斯里兰卡失业率为 4.1%；③ 2019 年第一季度，斯里兰卡 GDP 的增长率为 3.7%，全年经济增长 2.3%。进入 2020 年，由于受全球新冠肺炎疫情的影响，2020 年第一季度，斯里兰卡国内生产总值增长率估计为 -1.6%。要保持经济可持续增长，斯里兰卡政府还需精诚团结，解决腐败问题，维持国内政治稳定，保持政策的一致性和连贯性，以增强投资者信心，促进外国对斯的直接投资，使斯里兰卡真正成为印度洋上的一颗明珠。

① "Sri Lanka BoI Targets 35 Projects with Rs. 46.4Bn in Investments in the North," http://www.lankabusinessonline.com/sri-lanka-boi-targets-35-projects-with-rs-46-4bn-in-investments-in-the-north/.

② "Sri Lanka Export Income up in Aug 2018: Reserves at USD 8.6Bn," http://www.lankabusinessonline.com/sri-lanka-export-income-up-in-aug-2018-reserves-at-usd-8-6bn/.

③ "Sri Lanka Unemployment at 4.1-pct in Q3 2018," http://www.lankabusinessonline.com/sri-lanka-unemployment-at-4-1-pct-in-q3-2018/.

斯里兰卡传媒业的发展[*]

何明星

内容提要： 本文介绍了斯里兰卡的新闻出版管理机构、新闻出版行业的相关法律法规，以及斯里兰卡目前影响较大的报纸杂志、图书出版机构的基本概况，简要介绍了中国与斯里兰卡在出版传媒业领域交流合作的历史。从整体上看，斯里兰卡处于中国 20 世纪 90 年代末期的发展阶段，斯里兰卡作为"一带一路"的支点国家，两国传媒产业合作空间巨大。

关键词： 新闻　出版　合作　斯里兰卡

作者简介： 北京外国语大学国际新闻与传播学院教授。

斯里兰卡历史上属于英国殖民地，在很长时间里属于英国殖民统治者度假的海岛，比之印度大陆更早地接受了英国文化，因此在 1948 年独立之后其政治、经济、文化体制完整地继承了英国的传统。在政府方面，斯里兰卡建立了三权分立制度，立法、行政和司法权力分离并相互制约。多党选举制度使得执政党和在野党之间形成了相互监督机制。现行宪法于 1978 年 9 月 7 日生效，为斯里兰

---

* 原文发表于《出版发行研究》2016 年第 1 期，原题名为《斯里兰卡新闻出版业的现状以及与中国的合作空间》，本文有较大改动。

卡历史上第四部宪法。2010年9月，斯里兰卡议会通过了针对宪法第18条的修正案。宪法也赋予了人民言论、集会和出版等的自由。从国家法律机制的角度看，斯里兰卡新闻出版业享有较大的自由空间。在独立之后的六十余年里，斯里兰卡建立了基本的法律制度保障。再加上基础教育的普及和民众识字率较高等原因，斯里兰卡的传媒业一直保持了较好的发展势头，存在一大批读者群广泛、有社会影响力的报刊和新闻出版机构。

斯里兰卡与新中国的文化交流合作，从20世纪60年代开始一直到80年代末期，突出表现在冷战背景下中斯两国在图书出版领域的翻译发行合作，以毛泽东著作等新中国政治理论图书和僧伽罗文、泰米尔文的儿童图书的翻译出版最具代表性。在同时期，翻译出版的僧伽罗文、泰米尔文的新中国图书超过了200种，这是此前从未有过的历史记录。进入21世纪，在中国多项"走出去"政策的支持下，中斯文化领域合作薪火相传，在图书翻译合作、电影电视广播、汉语教育以及宗教人士往来等多个层面全方位展开，比20世纪60年代到80年代的新闻出版合作又有了进一步深化，具有全面性、广泛性的特点。

一 斯里兰卡传媒业的发展现状

(一)斯里兰卡的新闻出版管理机构

斯里兰卡的新闻出版业全面照搬英国管理方式。由于政党选举和内阁改组，管理新闻出版业的国家机构也曾经在不同历史时期发生过变化，但只是随着每一个执政党上台进行微调，总体管理框架没有变化。例如，在2005年至2015年之间，以自由党为主的统一人民自由联盟（United People's Freedom Alliance，UPFA）政府下设大众传媒和信息部（Ministry of Mass Media and Information），2017更名为大众传媒部（Ministry of Mass Media），部长更换为汉·卢旺维杰瓦丁（Hon. Ruwan Wijewardene），主管机构的职能没有特别变化，仍为对新闻、传播和出版事务进行监管。大众传媒部致力于"制定、促进、实施、监督和评估有关政策和战略，以建立以人为本，以发展为导向，自由和负责任的斯里兰卡媒体文化"。其下设机构和实体包括政府新闻信息局（Department of Government Information）、斯里兰卡媒体委员会（Sri Lanka Press Council）、斯里兰卡信息权利委员会（Right to Information Commission of Sri Lanka）、斯里兰卡电视公司（Sri Lanka Rubavahini Cooperation）、斯里兰卡独立电视网络公司（Sri Lanka Independent Television Network，ITN）、锡兰联合报业有限公司（Associated Newspapers of Ceylon Limited）、斯里兰卡广播公司（Sri Lanka Broadcasting Cooperation）和Selacine电视学院（Selacine Television Institute）等。2020年新一届执政党上台后，媒体委员会的人员有些调整，但报纸、电视、广播的管理部门和其业务的职责内容、范围没有大的改变。

目前大众传媒部下设的政府新闻信息局包含多个部门，与2015年之前相比没有变化。具体职能包括媒体资格认证（新闻从业人员资格认证）、特殊媒体管理（网络媒体）、出版（政府相关出版物管理）、研究和监控（对大众传媒实施监控管理）等。政府新闻信息局直接协调管理各类新闻媒体，因此在斯里兰卡新闻媒体生活中发挥重要作用。政府印刷局则是斯里兰卡官方的印刷和出版管理机构。斯里兰卡电视公司、独立电视网络公司和斯里兰卡广播公司则控制和管理斯里兰卡的主流电视台和广播电台。

对于纸媒报刊而言，最重要的管理机构是斯里兰卡媒体委员会。目前媒体委员会主席为古卡·瓦拉拉·班杜拉先生（Mr. Koggala Wellala Bandula）。斯里兰卡实行报刊注册制，即包括日报、周报、周刊和月刊等在内的各种报刊每年都必须在媒体委员会注册，并交纳一定注册费。日报为 5000 卢比，周报为 3000 卢比，其他月刊、双月刊等为 2000 卢比。这也是媒体委员会作为新闻媒体管理机构最重要的使命。通过年度注册，媒体委员会可以实现对报刊所有者、报刊发布内容的管理和控制。除了报刊注册，媒体委员会还接受和处理公众对报刊内容以及记者的投诉，并举办各类面向新闻从业人员的培训和研讨会。①

在图书出版方面，既有锡兰联合报业（ANCL）这样归大众传媒部管理的大型报业出版公司，也有不同行业归属的各类出版机构。例如，教育部下设教育出版局（Educational Publications Department），负责全国学校教材、教辅图书的出版发行；文化部下设僧伽罗词典办公室和僧伽罗百科全书办公室，负责各种僧伽罗语版辞书和百科全书的编纂和出版。斯里兰卡的出版机构成立了斯里兰卡图书出版商协会（Sri Lanka Book Publishers Association），其拥有一百多家会员单位，在图书出版行业规范和管理方面发挥重要作用。图书版权则由斯里兰卡国家知识产权局（Sri Lanka National Intellectual Property

---

① Sri Lanka Press Council, https：//www.slpc. lk/news-paper-registrations. html.

Office) 负责管理。

(二)斯里兰卡的新闻出版制度及法规

1973 年，斯里兰卡国会通过了《斯里兰卡媒体委员会法案》(*Sri Lanka Press Council Law*，以下简称《媒体委员会法案》)。[①] 该法案对媒体委员会这样一个新闻媒体监管机构的职能、运作模式以及对媒体的管控方式做出了具体规定。按照该法案，委员会成员包括议会改革和大众传媒部下属政府新闻信息局长以及其他六名由总统任命的成员。这六名成员中也包括由斯里兰卡记者协会推举的代表以及由新闻行业工会推举的代表等。根据法案，媒体委员会的职能包括保障媒体言论自由和维护媒体的职业标准，确保报刊媒体基于真实信息发表言论，确保新闻记者遵守媒体职业道德，协调新闻出版相关的各个行业，以及为政府提供新闻媒体监管建议等。

按照《媒体委员会法案》，委员会的重要职能还包括处理有关新闻、记者和报刊编辑的各种投诉，例如，有违公平公正的、违反职业道德的或扭曲事实的报道等。委员会可以要求新闻报刊更正错误报道，并惩处相关报刊的所有权人、印刷机构、出版机构、编辑或记者等。委员会对上述各种相关投诉的处理结果为最终决定，不得上诉至其他司法机构。委员会有权制定记者职业道德规范，研究报刊企业的股权结构，并制定规范以避免行业垄断，以及制定其他保障委员会适当履行责权的规定和规范。委员会在履行责权的过程中，被赋予等同于地方法院的权力。违反《媒体委员会法案》的

---

① "Sri Lanka Press Council Law," http://www.unesco.org/fileadmin/MULTIMEDIA/HQ/CI/1. %20Sri%20Lanka%20Press%20Council%20Act.pdf.

行为，包括对委员会决议发表不当言论、干涉委员会执法、拒绝委员会传唤等可以被视为有罪。《媒体委员会法案》还规定，委员会有权要求所有报纸刊物履行注册程序并支付相应的注册费。基于《媒体委员会法案》，斯里兰卡媒体委员会在各类报纸和刊物的注册、监管和规范等方面扮演着至关重要的角色。委员会成员直接由总统任命，并且在组织架构上归属议会改革和大众传媒部管理，因此这个职权范围宽泛的委员会成为政府对报刊杂志等新闻媒体实施管控的关键机构。

在图书版权方面，斯里兰卡议会在 2003 年通过了《知识产权法案第 36 号》（*Intellectual Property Act No. 36 of 2003*），对包括图书和音像制品在内的各种产品提出了版权保护细则。[①]

二 斯里兰卡主要传媒机构

斯里兰卡新闻报刊出版有着悠久的历史。早在 19 世纪初，其就已经开始以政府公报（Government Gazette）的形式公开发布各种公告和信息。斯里兰卡第一份正式的报纸出现在 1832 年，名为《科伦坡日志》（*Colombo Journal*），其后如《观察家报》（*Observer*）和《锡兰时报》（*Ceylon Times*）等著名的报纸也陆续创刊。从英国殖民时期开始，斯里兰卡报刊出版也经过了大约 200 年的发展历程，到现在其种类、数量和发行规模都取得了长足进步。根据斯里兰卡媒体委员会主席班杜拉先生的介绍，截至 2015 年，斯里

---

① "Intellectual Property Act," No. 36 of 2003, http://www.nipo.gov.lk/act.htm.

兰卡包含日报、周报、月刊、双月刊等在内的各类注册媒体总数量为 600 多家。[①]

(一)主要报刊出版机构

斯里兰卡有几十种面向全国发行的报纸杂志，包括各类日报、周报、周刊和月刊。在这些报刊中，最具影响力的十余种报刊主要归属于几家大型的报刊出版和发行企业。其中既有因拥有政府背景而实力雄厚的国有企业，也有历史悠久、群众基础良好的私营公司，如锡兰联合报业有限公司、维杰耶报业有限公司和乌帕里报业有限公司等。

1. 锡兰联合报业有限公司 (ANCL)

斯里兰卡最富盛名的出版机构是锡兰联合报业有限公司 (Associated Newspapers of Ceylon Limited, ANCL)。这家在斯里兰卡最有影响力的出版机构成立于英国殖民后期的 1926 年，又以 "Lake House" 的名称而广为人知。锡兰联合报业有限公司最初是一家私人运营公司。20 世纪 70 年代自由党执政时期，斯里兰卡曾经历大规模的资产国有化。锡兰联合报业有限公司也在那一时期被收归国有。现在，这家企业拥有十余种主流日报和周报，包括《每日新闻》(Daily News)、《星期天观察家报》(Sunday Observer)、《太阳报》(Dinamina) 和《宝石报》(Silumina) 等。报刊出版语言包括僧伽罗语、泰米尔语和英语。[②]

---

① 2015 年由中国出版促进会主办了第一届 "'一带一路'新闻出版业高端来华培训班"，班杜拉先生曾经是培训班的学员。——笔者注
② https://www.media.gov.lk/institutions/1/associated-newspapers-of-ceylon-ltd.

2. 维杰耶报业有限公司（WNL）

维杰耶报业有限公司（Wijeya Newspapers Limited，WNL）成立于 20 世纪 80 年代中期，前身是维杰耶出版有限公司（WPL）。其旗下拥有多家全国性报纸，包括《星期天时报》（*Sunday Times*）、《兰卡岛报》（*Lankadeepa*）、《今日报》（*Ada*）和《每日镜报》（*Daily Mirror*）等。①

3. 乌帕里报业有限公司（UNL）

乌帕里报业有限公司（Upali Newspapers Limited，UNL）创建于 1981 年，拥有面向斯里兰卡全国发行的且影响广泛的报纸，包括僧伽罗语版《岛报》（*Divaina*）及英文版《岛报》（*The Island*）。这两份报纸都有星期天专版。僧伽罗语版《星期天岛报》（*Sunday Divaina*）的发行量每期超过 30 万份，英文版《星期天岛报》（*Sunday Island*）的发行量每期也超过 10 万份，在斯里兰卡属于读者群广泛的重要报纸。除了上述报纸，乌帕里报业有限公司还出版一些深受一般读者欢迎的杂志，包括《新女性》（*Navaliya*）以及科普周刊《科学知识》（*Vidusara*）等。②

(二) 主要出版机构

斯里兰卡出版业主要继承了英国殖民地时期的发展和经营模式，相关出版机构的高层管理人员差不多都有英国高校的学历。目前在斯里兰卡图书出版商协会注册的出版机构有 100 多家。截至 2019 年，具有一定规模并每年能够出版图书达到 100 种以上的约

---

① https：//www.wijeyanewspapers.lk.
② https：//sri-lanka.mom-rsf.org/en/owners/companies/detail/company//upali-newspapers-pvt.

有 10 家，如贾亚扣迪（Dayawansa Jayakody）、帕汗（Pahan）、邵瑞亚（Sooriya）、提可芮（Tikiri）等。^①其中还有一些规模较大的出版机构，如高德戈兄弟公司（S. Godage and Brothers），其图书出版覆盖各个学科领域，并拥有全国性的图书零售网络。此外，还包括专业图书出版机构，比如专门负责教育类图书出版的教育出版局（Educational Publications Department）和专门负责佛教图书出版的佛教出版协会（Buddhist Publication Society）等。

斯里兰卡出版机构成立了行业组织——斯里兰卡图书出版商协会。协会定期组织两种重要书展，包括科伦坡国际书展（Colombo International Book Fair）和康提书展（Kandy Book Fair）。科伦坡国际书展已经连续举行 17 届，吸引了包括中国在内的世界各国图书出版机构参展。现在，科伦坡国际书展已经成为南亚地区最有影响力的书展之一。

1. 高德戈兄弟公司

高德戈兄弟公司是斯里兰卡集图书印刷、出版、分销和零售于一身的大型图书公司。其出版部门为高德戈国际出版公司（Godage International Publishers），出版范围涵盖教材、学术著作、文学作品、儿童读物和经典译著等，是斯里兰卡首屈一指的图书出版机构。高德戈兄弟公司成立于 1959 年，其创始人斯里苏玛那·高德戈（Sirisumana Godage）在斯里兰卡出版业颇具影响力。由于该公司出版物数量在斯里兰卡保持领先以及公司对斯里兰卡出版业尤其是文学作品出版所做出的卓越贡献，斯里苏玛那·高德戈从 19 世

---

① https：//www.bookfair.lk/BookPublishers.

纪 80 年代开始连续 20 年荣获国家文学奖（State Literary Award）。①

高德戈兄弟公司以图书印刷起家，业务遍布图书出版的上游和下游产业，在主要城市都有图书零售网点。该公司网站显示，截至 2019 年，公司书店数量与之前相比有所减少，主要集中在科伦坡等中心城市。为了继续扩大公司在图书出版业的影响，高德戈兄弟公司不但在斯里兰卡国内大力发展业务，还致力于拓展国际合作，以帮助斯里兰卡成为南亚地区的图书交易中心。随着网络零售业务在世界很多地区的普及和流行，高德戈兄弟公司还建立了完善的在线图书零售网络。现在，高德戈兄弟公司每年出版图书超过 1000 种，领跑斯里兰卡出版界。从 1959 年成立至今，公司已经累计出版图书近 20000 种。②

2. 萨拉萨维（Sarasavi）公司

萨拉萨维公司成立于 1949 年，是斯里兰卡大型图书业集团公司，业务范围包括图书销售、出版、储运、进口、分销和零售，在图书出版和零售等领域都有专门的子公司。萨拉萨维出版公司（Sarasavi Publishers）是萨拉萨维集团的一个子公司，也是斯里兰卡大型出版机构之一。萨拉萨维公司的图书销售网络由萨拉萨维书店有限公司（Sarasavi Bookshop Ltd）负责。其在全国主要城市都有图书储运和零售网点，并多次获得斯里兰卡最佳书店评选奖项。截至 2019 年，萨拉萨维公司在网上零售的新书超过 100 种。图书销售网点主要集中在科伦坡、康提（Kandy）、马塔拉（Matara）、加姆珀哈（Gampaha）等大城市。③

---

① https：//www. kbooks. lk/godage_publishers.

② Sachidra Mahendra，"Godage，Book Giant，"*Daily News*，Feb. 24th 2014.

③ https：//www. sarasavi. lk/sarasavi-publishers.，

3. 古那塞纳 (M. D. Gunasena)出版公司

古那塞纳出版公司创立于 1913 年，至今已有超过百年的悠久历史。公司创始人古那塞纳从英国殖民时期就开始经营图书印刷、出版和零售业务。到斯里兰卡独立后的 20 世纪 50 年代，古那塞纳出版公司已经发展成为斯里兰卡文学和教育领域最有影响力的出版机构之一。其徽标为手捧书卷的古诗人坐像，在斯里兰卡已成为优质文学出版物的象征。现在，古那塞纳出版公司每年出版图书 400 多种，其业务范围包括在线图书销售，图书印刷、出版和连锁销售等。[①] 古那塞纳出版公司拥有目前斯里兰卡较为先进的印刷设备，能够提供胶印、数字排版印刷等服务，印刷收入已成为该公司的一个主要利润来源。[②]

4. 教育出版局 (EPD)

斯里兰卡教育出版局专门负责全国学校教材、教参、词典、辅助读物和教学音像产品的出版工作。斯里兰卡政府正在实施"免费教材计划"（Free Textbook Scheme），致力于为全国中小学生免费提供所有义务教育阶段的教材和教学用书。教育出版局是这一计划的实施单位，服务对象是斯里兰卡数以百万的学生。斯里兰卡教育出版局正在致力于教材数字化工作，希望实现所有中小学教材在线下载。斯里兰卡教育出版局网站数据显示，截至 2019 年上半年，斯里兰卡能够在网上下载的各类儿童教科书有 500 多种，其中英语教材有 100 多种，其余都是僧伽罗文的教材。[③]

5. 佛教出版协会 (BPS)

斯里兰卡作为世界范围内重要的南传佛教国家，佛教文化在社

---

① https://mdgunasena.com/.

② https://mdgunasena.com.

③ https://www.edupub.gov.lk/.

会生活中影响最大。其突出表现在斯里兰卡佛教出版物的种类和数量十分丰富。佛教出版协会成立于 1958 年，拥有会员数量众多，是斯里兰卡集中出版、发行佛教相关出版物的机构。其出版物包括佛教基础读物、巴利三藏经译介、佛教哲学和思想经典作品等。除了佛教图书出版业务，该机构还设有专门的佛教书店，提供关于佛教思想、哲学、伦理和历史的各种书籍。除了佛教出版协会，斯里兰卡还有很多佛教主题出版物的出版机构，包括智慧出版公司（Wisdom Publications）和巴利经文协会（Pali Text Society）等。

三　新中国与斯里兰卡的新闻出版合作

斯里兰卡与中国新闻出版界的交往，自新中国成立之后不久就已经开始。特别是中苏论战公开化之后，新中国与斯里兰卡加快了新闻出版合作的步伐。这主要体现在 1967 年由两国外文局共同主持的新中国书刊僧伽罗文、泰米尔文的翻译出版方面。

在这次合作中，翻译出版图书种类最多的一家机构是普拉加出版社（Praja Publishers）。该出版社最初由斯中友协创办，总部设在科伦坡。负责人古纳瓦达纳夫人（Mrs Theja Gunawadhena）是斯里兰卡社会知名的左派民族主义人士，与 1956 年当选斯里兰卡总理的自由党领袖所罗门·班达拉奈克先生一样，是斯里兰卡的民族独立运动领导人之一。在 1970 年至 1977 年班达拉奈克夫人执政期间，古纳瓦达纳夫人曾担任斯里兰卡驻巴基斯坦大使。此后该出版社的历任经理分别为库马拉（Nnanda kumara，原斯里兰卡共产党员，僧伽罗文水平较高，后在中国驻斯大使馆帮助中方翻译毛泽东著作、新闻公报等）、苏德曼（Sudharman De. Silva，原斯里兰卡共产党员，曾于1965年随团访华）、萨维曼（Savimon Urugodawatta，原斯中友协秘书长、古纳瓦达纳夫人秘书，曾于1972年、1978年两次访华）。

普拉加出版社于1963年5月在中方的支持下在科伦坡创办。其不仅有独立的销售门市，还有一个印刷厂。1964年5月印刷厂建成后，开始对外营业；同年11月书店门市建成。随后，普拉加出版社一边建设一边着手开展翻译出版业务，进展速度很快。

值得特别一提的是，普拉加出版社的印刷厂在中方最初支持的时候印刷设备比较陈旧，而当时斯里兰卡没有印刷设备生产厂家，无法找到零配件，故经常需要修理。于是在1964年10月，普拉加出版社与中方经协商后决定，由外文局重新订购一台CJH型对开平板印刷机、一台VAP型回转凸版印刷机和一台WSP—2型装订机，对这个印刷厂进行升级改造。经时任国务院副总理李先念批准同意，印刷机器在1965年1月运抵斯里兰卡，并参加在科伦坡举行的中国工业展览会，会后机器以贸易方式卖给普拉加出版社。与印刷设备同时交付的还有英文铅字字模等共计31600个，印刷设备当时价值2.7万元人民币，折合当时的斯里兰卡卢比52万。根据相关史料记载，中方还特别为普拉加出版社生产加工了泰米尔文的字模。① 连设备加上字模，这是一笔不小的投资。但是印刷厂在建设的过程中受到了斯里兰卡当局的限制。印刷机器设备在港口滞留了一年的时间。直到1965年底经过多方协调，这个印刷厂才真正建成并投入使用。建成后，普拉加出版社印刷厂是当时斯里兰

① 中国印刷技术协会编《中国印刷年鉴1981》，印刷工业出版社，1982，第87页。

卡设备质量最好的印刷厂。①

普拉加出版社在 1964 年至 1978 年间共翻译出版了 55 种僧伽罗文版的新中国图书，其中有 2 种以斯里兰卡黎明书店（Aruna Prakasakayo）的名义翻译出版。除僧伽罗文版的图书外，普拉加出版社还翻译出版了 26 种泰米尔文版的图书。

黎明书店其实是由普拉加出版社更名而来。亲西方的斯里兰卡统一国民党（United National Party）于 1965 年至 1970 年执政。其在执政期间打压左派，查封了一批具有社会主义倾向的书店和出版机构，抓捕了一批左派人士，制造了"四五"事件。普拉加出版社为了避免受到政治迫害，不得已更名为黎明书店，继续开展中国书刊的翻译出版工作。

僧伽罗文的译者，除上文提到的普拉加出版社的经理、原斯里兰卡共产党员库马拉之外，均由当地长期从事翻译且文字水平较高、理解中国、对华友好的人士担任。如根据中方档案记载，其中一个译者名为贾亚科迪（Dharmapuga Jayakedy），四十多岁，为斯里兰卡僧伽罗文日报——《每日报》（*Daily News*）的特约记者，曾经加入斯里兰卡共产党，并代表斯里兰卡出席在印度克拉拉邦召开的南亚农民工作大会，后因参加农民运动被捕入狱。他曾经访问过中国，长期阅读中国出版的英文报刊，对于中国有一定了解。

僧伽罗文、泰米尔文版的毛泽东著作，是根据当时斯里兰卡、印度等南亚国家的形势需要，在征求了中方的意见后，由普拉加出版社、黎明书店、雅尔书店等左派组织的出版机构自主选择翻译出

---

① 中国国际图书贸易总公司编《同业概况：亚洲分册》（对外发行基本资料），第 98~101 页。

版的。凡是经中方同意翻译出版的图书差不多都进入了中方统计的数据，而由斯里兰卡方面自行翻译出版的图书就没有纳入中方的统计数据。如1968年6月22日，《人民日报》就刊发了这样一则消息："新华社报道：毛泽东的著作《为争取千百万群众进入抗日民族统一战线而斗争》等最近被译成僧伽罗文、泰米尔文，由斯里兰卡共产党的《劳工报》印成单行本出版，受到斯里兰卡革命人民的热烈欢迎。"[①] 显然《为争取千百万群众进入抗日民族统一战线而斗争》是斯里兰卡共产党自己翻译出版的，中方没有将其统计在僧伽罗文、泰米尔文版的毛泽东著作品种数据里面。

除上文提到的普拉加出版社之外，翻译出版中文图书的出版机构还有斯里兰卡的雅尔书店（Yarl Book House）。该书店原为斯里兰卡共产党创办，负责人为潘那亚（R. Poniah），他曾在苏联塔斯社驻斯里兰卡办事处做泰米尔文翻译。1964年1月6日与中方联系后，雅尔书店愿意以中方图书的英文版为底本，将中文图书翻译成泰米尔文版，并在斯里兰卡、印度北部地区发行。此后潘那亚翻译出版了一批泰米尔文版的中国书刊，其中包括《论共产党员的修养》等。但是根据中方档案的统计，经雅尔书店翻译出版的泰米尔文版的毛泽东著作有7种。20世纪60年代，斯里兰卡能够进行泰米尔文图书刊物印刷的只有一家泰米尔文印刷厂，且经常被印刷泰米尔文报纸等业务占用。为了减少成本支出，潘那亚于1964年8月向中方提出，由中方支付3万卢比建立一个小型的泰米尔文印刷所。此事由于投入巨大没有实施。

---

① 张树军主编《图文共和国年轮2：1960—1969》，河北人民出版社，2009，第1160页。

普拉加出版社除对毛泽东著作等政治理论图书进行翻译出版外，还在 1964 年计划将一批中方的儿童文学读物翻译成僧伽罗文、泰米尔文，并在斯里兰卡出版，计划发行数量为 5000 册。1964 年 4 月 9 日，普拉加出版社提供给中方的书目为《孔雀东南飞》《为了六十一个阶级弟兄》《鲁班学艺》《鸡毛信》《屈原》《美丽的牵牛花》《小羊和狼》《姑娘和八哥鸟》《蜜蜂与蚯蚓》《帽子的秘密》《骄傲的将军》《美丽的树叶》《猴子捞月亮》等 13 种。但是这个项目直到 1980 年才真正启动，由中国外文局下属专门出版儿童图书的出版社——海豚出版社与斯里兰卡黎明书店合作，翻译队伍由北京外国语学院（今天的北京外国语大学）僧伽罗语教研室、中国国际广播电台僧伽罗语工作组共同承担，牵头人为在北京外国语学院任教、来自斯里兰卡的僧伽罗语专家李拉博士（Dr. sivipalaleedaratna），合作翻译出版的僧伽罗文图书均由斯里兰卡黎明书店包销。与此前对毛泽东著作进行翻译出版不同的是，这是一个完全面向市场发行的项目。该项目自 1980 年开始一直持续到 1990 年，累计出版相关图书达 40 多种。中方儿童图书特色鲜明的东方文化风格，受到斯里兰卡读者的欢迎，每种图书都能够销售 1 万册以上，有的超过 2.5 万册，截至 1989 年，相关图书销售数量已经超过 55 万册。该项目 1988 年、1989 年的贸易额分别为 9402 美元、24746 美元。毛泽东著作等政治理论图书与文学艺术图书、儿童图书的组合，英文与僧伽罗文、泰米尔文的搭配，使得中国图书在斯里兰卡取得了良好的传播效果。①

---

① 中国国际图书贸易总公司编《同业概况：亚洲分册》（对外发行基本资料），第 109～110 页。

改革开放之后，中国与斯里兰卡的文化交往呈现全面、多元的特点。在文化演艺、展览展示以及佛教交往等领域，表现最为突出的是佛教界的人员往来。而在新闻出版业交往方面，双方以参加彼此举办的国际书展为主。如 21 世纪以来，斯里兰卡每年都有出版商参加北京国际书展，中国也每年定期组团参加斯里兰卡的科伦坡国际书展。2014～2015 年中国分别派员参加了科伦坡第 15 届、第 16 届国际书展。在 2015 年的科伦坡国际书展上，中国作为主宾国共展览展示了 6000 多种中国优秀图书，集中反映了中国的文明史、文化史、科技史，以及中斯多层次文化交流的轨迹。活动期间，中国作家阿来、徐则臣等与斯里兰卡作家进行了面对面交流。2015～2018 年，斯里兰卡大众媒体部、斯里兰卡出版商协会、斯里兰卡媒体委员会都派员参加了由中国外文局、中华出版促进会、中国出版集团等相关单位组织的新闻出版交流活动。

结　语

综上所述，斯里兰卡传媒业全面继承了英国殖民时期的管理制度和行业规范，因此深受西方传媒舆论的影响。由于本国国内经济总量的限制，一些世界知名的西方跨国传媒集团均在斯里兰卡设有分支机构，有的是单独设立，有的是印度机构代管。受到西方政治选举制度的影响，斯里兰卡传媒业的基础设施发展参差不齐。在席卷全世界的数字革命、载体革命的变迁中，由于自身投资能力有限，斯里兰卡没有出现影响较大的传媒业集团。目前斯里兰卡的新闻出版业的发展水平大体相当于中国 20 世纪 90 年代的水平。

在政治上,斯里兰卡是实施"一带一路"倡议的支点国家。在经济上,中国在斯里兰卡的投资主要集中在港口交通、高速公路、土地连片开发等领域。在文化领域,中国与斯里兰卡的合作力度亟需加强。通过总结和吸收 20 世纪 60 年代至 80 年代双方在图书翻译出版方面的合作经验,可拓展如下合作空间:

一是斯里兰卡主流报纸、期刊以及图书仍然以传统纸介出版为主,期刊封面虽然能够彩色印刷,但印刷精度不高,套色不准,油墨质量也很差。这显示出斯里兰卡的印刷工业水平还比较低。在笔者对斯里兰卡媒体部进行调研时,斯里兰卡最大的印刷工业集团总裁明确提出需要中国的印刷机械、印刷技术以及印刷人才。

二是斯里兰卡的新闻出版业处于数字化的前期,主流图书、报纸、期刊的出版尚未进入数字化时代。大量的纸介文献档案不仅需要数字化,而且需要进一步进行整理加工及开发利用。以前文提到的锡兰联合报业有限公司为例,该报业集团存储了约 200 年的纸介档案,保守估计在 10 万页以上,但保存环境极为简单,亟需进行数字化。该报业集团总裁向笔者表示需要中国同行的指导与合作。再如作为佛教国家,斯里兰卡信众遍布大街小巷,但佛教图书出版却停留在纸介传播阶段,一些可随时供寺庙下载、播放的佛教图书、音乐十分罕见。这为中国相关企业提供了发展机遇。

总之,斯里兰卡与中国新闻出版业之间存在着巨大的合作空间。中国新闻出版界完全可以借助"一带一路"倡议实施的契机,输出数字化、产业化的经验,提升双方在新闻出版领域的合作水平。

斯里兰卡会否再陷"猛虎"悲剧？

谢晓宁

内容摘要： 世界上因民族矛盾而引发剧烈冲突的例子有很多。这些例子的一个共同特点就是民族矛盾爆发初期由于种种原因不能及时化解，以致升级为誓不两立的对抗性矛盾，演变成分裂国家的武装冲突甚至是连续多年的内战。斯里兰卡政府与泰米尔伊拉姆猛虎解放组织（简称"泰米尔猛虎组织"，Liberation Tigers of Tamil Eelam）的冲突就是一个典型的例子。2018 年初，斯里兰卡僧伽罗人与穆斯林族群的冲突不断发酵，打破了斯里兰卡内战后多年的平静。斯里兰卡会否再陷"猛虎"悲剧？本文将对比分析僧伽罗人与泰米尔人、僧伽罗人与穆斯林族群之间产生矛盾与冲突的原因，探讨斯里兰卡实现和平稳定的路径。

关键词： 僧伽罗　泰米尔　穆斯林　民族冲突　斯里兰卡

作者简介： 北京外国语大学区域与全球治理高等研究院教师，北京外国语大学国际关系与区域研究专业博士候选人。

2018 年 2 月，在斯里兰卡中部康提（Kandy）地区，一名僧伽罗人被 4 名穆斯林袭击，后医治无效身亡，由此引发了大规模的暴力冲突。3 月 6 日，总统西里塞纳（Sirisena）宣布在康提实行宵禁，全国进入紧急状态，以应对中央省部分地区持续数日的暴力事件引发的紧张局面。紧急状态令的颁布，立即引发国际社会的广泛关注。这是自 2009 年斯里兰卡内战结束以来政府首次宣布国家进入紧急状态。僧伽罗人与穆斯林族群的冲突是否会持续蔓延甚至升级，斯里兰卡是否会再发生当年僧伽罗人与泰米尔人因民族矛盾冲突而引发的"内战"悲剧？

一 僧伽罗人与泰米尔人的矛盾与冲突

斯里兰卡人口数量为 2141.3 万（2020 年）①，僧伽罗人和泰米尔人分别占比约为 70% 和 12%。僧伽罗人与泰米尔人的民族矛盾在历史上由来已久，两族间积怨颇深。

(一)僧伽罗人与泰米尔人的历史矛盾

从 1505 年至 1948 年，斯里兰卡先后被葡萄牙、荷兰、英国殖民统治。统治期间它们对斯里兰卡的两大民族——僧伽罗人和泰米尔人采取"分而治之"的策略，这使得泰米尔人等少数民族在政治、文化教育等方面得到了比僧伽罗人更好的政策和待遇，从而导致两大民族之间的矛盾不断累积加剧。1948 年斯里兰卡独立之后，僧伽罗人开始掌握政权，优惠政策开始向僧伽罗人倾斜，原本具有优势地位的泰米尔人感受到了歧视并逐渐开始表现不满。他们在争夺自身权利的过程中，与僧伽罗人的矛盾不断激化，诉求手段从非

---

① 数据来自联合国统计库：http://data.un.org/en/iso/lk.html。

暴力的议会斗争转向激进的暴力斗争。"在斯里兰卡政府偏袒僧伽罗人政策的刺激下，20 世纪 70 年代初，不甘心的泰米尔人成立了'泰米尔联合解放阵线'（Tamil United Liberation Front）组织。"①1972 年开始，在被泰米尔联合解放阵线视为反泰米尔人的宪法出台后，斯里兰卡北部贾夫纳半岛的暴力活动开始升级。在泰米尔联合解放阵线发展的过程中，一个由激进的年轻人组成的军事组织"泰米尔新虎"（Tamil New Tigers，TNT）诞生了。

(二)"泰米尔猛虎组织"的覆亡

1976 年 5 月 5 日，泰米尔新虎更名为"泰米尔伊拉姆猛虎解放组织"，主要目标是为泰米尔人建立一个独立的"伊拉姆国"，领导人是维鲁比莱·普拉巴卡兰。

从它的发展轨迹来看，在与斯里兰卡政府对抗的过程中，其从开始走向覆亡大致可以分为三个阶段。

"第一阶段（1976～1986）为非法暴力活动与合法政治活动相结合阶段。"② 泰米尔猛虎组织采取了非法暴力活动与合法政治活动并举的策略，从最初的十几人发展为强有力的反政府武装组织，其间制造了震惊世界的"贾夫纳事件"（1983 年 7 月 23 日），于 1984 年 4 月成立了反政府联盟，并通过这一联盟逐渐建立起自己的国际联系渠道。③

第二阶段（1987～2000）为泰米尔猛虎组织控制贾夫纳半岛阶

---

① 曹兴：《僧泰冲突与"猛虎"组织》，《世界民族》2002 年第 6 期，第 40 页。
② 张家栋、龚健：《从猛虎组织的覆亡看反叛乱战略》，《现代国际关系》2009 年第 9 期，第 12 页。
③ 张家栋、龚健：《从猛虎组织的覆亡看反叛乱战略》，《现代国际关系》2009 年第 9 期，第 12 页。

段。在这个阶段，泰米尔猛虎组织不断扩大阵营，兼并了 20 多个泰米尔组织，同时也消灭了一些与自己政治主张不一致的泰米尔组织。其在 1987 年组建的"黑虎"（Black Tigers）组织，成为泰米尔猛虎组织实施自杀性恐怖袭击的一支武装队伍。该组织制造了大量恐怖袭击，给斯里兰卡社会稳定造成了严重影响。[1] 1998 年 1 月，因泰米尔猛虎组织试图炸毁古都康提市（Candy）著名的佛牙庙，斯政府宣布泰米尔猛虎组织为非法组织。2004 年，泰米尔猛虎组织经过与斯政府 10 余年的争战后，占领了"大象通道"（Elephant Pass），控制了位于斯里兰卡北部的贾夫纳半岛。[2]

第三阶段（2001~2009）为放弃独立建国主张继而覆灭阶段。泰米尔猛虎组织的恐怖行径愈发猛烈，其实施的民族清洗政策使其逐渐失去了国际社会的支持。由此斯里兰卡政府加大了"打虎"力度，泰米尔猛虎组织受到前所未有的重创，只能放弃独立建国的主张，在贾夫纳地区实施自治。自 2002 年 2 月与斯政府签订停火协议，2003 年提议成立过渡自治政权之后，泰米尔猛虎组织再也没有实施过大规模进攻性行动。[3] 2009 年 5 月 18 日，泰米尔猛虎组织最高领导人维鲁比莱·普拉巴卡兰被斯政府军击毙，标志着泰米尔猛虎组织的彻底覆灭，持续近 30 年的斯里兰卡内战就此告一段落。

---

① 张家栋、龚健：《从猛虎组织的覆亡看反叛乱战略》，《现代国际关系》2009 年第 9 期，第 13 页。

② 张家栋、龚健：《从猛虎组织的覆亡看反叛乱战略》，《现代国际关系》2009 年第 9 期，第 12 页。

③ 张家栋、龚健：《从猛虎组织的覆亡看反叛乱战略》，《现代国际关系》2009 年第 9 期，第 13 页。

（三）"泰米尔猛虎组织"覆灭的主要原因

"泰米尔猛虎组织曾被西方世界认为是不可战胜的反政府武装，但最终，斯里兰卡政府获得了军事胜利"①，不过也付出了2.3万名官兵生命和千亿美元的高昂代价。② 其原因是多方面的，主要原因有两个。

1. 前总统马欣达·拉贾帕克萨政府"坚决打虎"政策

2005年马欣达·拉贾帕克萨上台后，把消灭泰米尔猛虎组织作为任期内的首要任务，下定决心结束内战。在2008年斯政府单方面退出停火协议之后，他曾多次公开表示，政府不会再次与猛虎组织实现停火，泰米尔猛虎组织必须放下武器，无条件向政府军投降。③ 可见其"打虎"决心之大。同时，斯里兰卡政府吸取了20多年与"猛虎"的斗争经验和教训，统筹谋划，最终取得了成功。其得力措施主要有以下四点。

第一，在政治上，注意区分泰米尔民众和泰米尔猛虎组织的极端恐怖分子，并切断他们之间的联系。④ 在军事行动期间，斯政府特别注意保护泰米尔平民，防止其成为内战的无辜牺牲品。同时，通过舆论宣传，争取民众对斯政府军事行动的理解，特别是争取泰米尔民

---

① 张家栋、龚健：《从猛虎组织的覆亡看反叛乱战略》，《现代国际关系》2009年第9期，第14页。

② 樊守政：《斯里兰卡反恐战略评析》，警用装备网，http://www.cpspew.com/szxl/sjfx/2010/0617/4MMDAwMDE4NDI4Mg.html。

③ 《斯总统敦促猛虎组织无条件投降 否则全军覆没》，环球网，https://mil.huanqiu.com/article/9CaKrnJlxag。

④ 张家栋、龚健：《从猛虎组织的覆亡看反叛乱战略》，《现代国际关系》2009年第9期，第15页。

众的支持。此外，斯政府还对泰米尔猛虎组织的内部采取分化策略，成功撬动其二号人物，为最终击败猛虎组织创造了有利条件。①

第二，在军事上，斯里兰卡政府在军队规模和武器装备上都进行了大力提升和改善。通过大规模征兵，斯里兰卡政府军规模达到40万人。同时，政府花费数亿美元用于培训作战部队，②加上大规模的国际采购，如购买较为先进的战斗机等，大幅度升级武器装备，使得斯里兰卡政府军在作战中处于绝对优势地位。而泰米尔猛虎组织由于得不到国际援助，原有武器难以对抗政府军，双方实力差距越来越大，以致节节败退。

第三，在战略战术上，斯里兰卡政府吸取了以往失利的教训，并进行认真有效的谋划。③斯里兰卡政府军拉长战线，开辟战场，使用陆海空"三位一体"的打击方式，同时各军种相互配合，精准打击，使得泰米尔猛虎组织在关键的军事要道、海上补给线、后勤基地上接连失守。④在最后的总反攻阶段，斯政府军共击毙泰米尔猛虎组织武装分子超过2.2万人，为近30年的流血冲突划上了句号。⑤

第四，在争取国际社会支持方面，斯政府努力斡旋各方，争取重要国家和组织的理解和支持。同时在"9·11"事件的大背景下，斯政府通过国际舆论最大限度孤立泰米尔猛虎组织，⑥在一定

① 张家栋、龚健：《从猛虎组织的覆亡看反叛乱战略》，《现代国际关系》2009年第9期，第15页。
② 时宏远：《斯里兰卡扳倒"猛虎"》，《世界知识》2009年第11期，第43页。
③ 时宏远：《斯里兰卡扳倒"猛虎"》，《世界知识》2009年第11期，第42页。
④ 时宏远：《斯里兰卡扳倒"猛虎"》，《世界知识》2009年第11期，第43页。
⑤ 王瑾、孙毅、钟振：《打虎30载　斯里兰卡内战结束》，《兵器知识》2009年第9期，第23页。
⑥ 时宏远：《斯里兰卡扳倒"猛虎"》，《世界知识》2009年第11期，第43页。

程度上切断了其从国际社会获取各方面资源的渠道。外交上最大的成果莫过于美国将泰米尔猛虎组织列为恐怖主义组织，并要求其放弃暴力与政府和谈。"截至2009年1月，共有32个国家和国际组织将泰米尔猛虎组织列为恐怖组织。这些外交成就有效地从源头切断了其从国际社会获得资金和武器的主要渠道。"[1]

2. 泰米尔猛虎组织的暴力恐怖行为使其逐渐失去国际社会的支持与同情

泰米尔猛虎组织用残酷的方式先后对穆斯林和僧伽罗人进行种族清洗，这使其失去了合法性和国际同情。在控制斯里兰卡北部贾夫纳半岛以后，泰米尔猛虎组织为达到建立"泰米尔王国"的目的，驱逐穆斯林，残害僧伽罗人，实施反人类的种族清洗政策。

种族清洗政策的实施在20世纪90年代达到高潮，大批穆斯林被残害，上万个穆斯林家庭被迫离开泰米尔猛虎组织控制区，这使其国际形象受到严重影响。其使用残酷手段实施恐怖行动，更是引起国际社会的普遍不满。"泰米尔猛虎组织是当代恐怖活动的代表，不仅招募儿童从事暴力活动，还发明了自杀腰带，并为世界很多恐怖组织所效仿。"[2] 其对印度总理拉吉夫·甘地（Rajiv Gandhi）、斯里兰卡总统普雷马达萨（Ranasinghe Premadasa）等数十名政要实施的刺杀行动，更是震惊了国际社会。种种行径使其逐渐失去了国际社会的支持与同情。

---

[1] 张家栋、龚健：《从猛虎组织的覆亡看反叛乱战略》，《现代国际关系》2009年第9期，第15页。

[2] 张家栋、龚健：《从猛虎组织的覆亡看反叛乱战略》，《现代国际关系》2009年第9期，第15页。

二 僧伽罗人与穆斯林族群的矛盾与冲突

在斯里兰卡的人口中，僧伽罗族与摩尔族分别占 74.9% 和 9.2%。公民中信奉佛教和伊斯兰教的人数占比分别为 70.2% 和 9.7%。摩尔族是斯里兰卡穆斯林的主要构成族群。也就是说，穆斯林在斯里兰卡是第三大族群，其人数接近泰米尔人（绝大多数信奉印度教），但远远少于僧伽罗人。

（一）僧伽罗人与穆斯林的历史冲突

斯里兰卡民族矛盾的焦点主要集中在僧伽罗人和泰米尔人之间。僧伽罗人与穆斯林族群之间发生的冲突鲜被关注。

经过佛教复兴运动和 20 世纪初佛教禁酒运动，僧伽罗人逐渐构建起了共同的宗教—民族身份认同。维护僧伽罗人文化和宗教的运动不断涌现。[1] 历史上，僧伽罗人与穆斯林发生的最大规模的冲突是在英国殖民统治时期。1915 年，双方在康提暴发的冲突导致 100 多人死亡，几百人受伤。[2]

1948 年斯里兰卡独立以来，僧伽罗人与穆斯林之间也时有冲突发生。"其中以 1976 年普特拉姆（Puttalam）冲突、1982 年加勒（Galle）冲突和 2001 年玛沃内拉（Mawanella）冲突最为激烈。"[3]

---

[1] 《亲历斯里兰卡族群冲突"紧急状态"：佛教极端主义的来龙去脉》，搜狐网，https://www.sohu.com/a/225533397_260616。

[2] 佟加蒙：《斯里兰卡族群冲突的政治背景》，《世界知识》2018 年第 7 期，第 28~29 页。

[3] 何演：《暗流的裂口："猛虎"之后，斯里兰卡为何再陷民族冲突困境？》，澎湃新闻，https://baijiahao.baidu.com/s? id=1594989636251232004&wfr=spider&for=pc。

但是这些冲突持续时间都不长，而且都能被政府及时控制。

僧伽罗人和穆斯林之间还有一次规模比较大的暴力冲突事件发生在2014年。一名僧伽罗僧侣在西南部城市阿鲁特伽摩遭到了穆斯林的袭击，之后此事件引发了大规模游行示威和族群对抗。[①]

双方最近一次大规模冲突就发生在2018年2月，地点也是在康提。起因是几名穆斯林袭击了一名僧伽罗卡车司机并致其死亡。随后僧伽罗人开始报复性反击。由于事件持续发酵，斯政府3月6日表示，已在康提地区部署约1000名警察和200名士兵维持治安。但上述措施仍未能及时且有效地控制局面，政府被迫在康提实施宵禁并宣布全国进入紧急状态。

(二)僧伽罗人与穆斯林矛盾产生的原因

1.政治因素

回顾以往的典型事件，1915年和2014年的暴力冲突都具有浓厚的政治色彩。[②] 殖民时期冲突暴发的原因主要是英国政府采取"分而治之"的殖民策略和手段，妄图通过分化斯里兰卡来达到控制整个国家的目的。2014年的冲突，也明显反映了各政治力量的鲜明立场。执政党与反对党各自庇护一方，而当时的大背景正是时任总统拉贾帕克萨寻求史无前例的第三次连任。[③]

而2018年的骚乱事件，或许也与斯里兰卡2019年大选有着千丝万缕的联系。在2月的地方选举中，前总统拉贾帕克萨领导的人

---

① 佟加蒙：《斯里兰卡族群冲突的政治背景》，《世界知识》2018年第7期，第28~29页。
② 佟加蒙：《斯里兰卡族群冲突的政治背景》，《世界知识》2018年第7期，第28~29页。
③ 佟加蒙：《斯里兰卡族群冲突的政治背景》，《世界知识》2018年第7期，第28~29页。

民阵线党取得压倒性胜利，远超竞争对手统一国民党和统一人民自由联盟。同时，斯里兰卡联合政府的步调出现了混乱，内阁改组的传闻也甚嚣尘上。现政府并没有在骚乱发生的第一时间及时处理解决好上述问题，以致暴力事件蔓延升级，随后政府更是启动了全国紧急状态。这毫无疑问意味着地方执法和行政管理出现了巨大的漏洞和失误。

2. 政策因素

斯里兰卡独立后，长期受压制的僧伽罗人上台执政，开始奉行"大僧伽罗主义"，在语言使用、教育、就业、宗教信仰等方面推行许多利于自己的政策。[①] 如通过"僧伽罗语唯一"的法案和《共和国宪法》，使僧伽罗语成为唯一官方语言；在招生上给予僧伽罗人更多优惠政策；在就业上突出僧伽罗语的重要性等。这些政策使得穆斯林族群和泰米尔人的利益受到了限制和损害，实际上加剧了民族间的矛盾冲突。[②]

3. 宗教因素

僧伽罗人与穆斯林族群之间暴发冲突或发生暴力事件的主要原因是佛教徒认为伊斯兰教的兴起是对佛教的一种威胁。[③] 斯里兰卡独立伊始，由于佛教民族主义的大肆传播和影响，佛教地位达到新高。掌握政权的僧伽罗人过分渲染佛教民族主义，打击压制其他宗教，这在一个多民族、多宗教的国家中，特别容易激化其固有的民

---

① 程芳：《斯里兰卡内战对我国处理民族问题的启示》，《云南社会主义学院学报》2009 年第 4 期，第 51 页。

② 程芳：《斯里兰卡内战对我国处理民族问题的启示》，《云南社会主义学院学报》2009 年第 4 期，第 51 页。

③ James John Stewart，"Muslim-Buddhist Conflict in Contemporary Sri Lanka," *South Asia Research*，November 2014.

族矛盾，破坏社会安全与稳定。

4. 人口结构及社会阶层因素

僧伽罗人、泰米尔人根据宗教和民族所属关系而形成聚居区的现象并不明显，而人口构成相对复杂的穆斯林族群却不同，聚居区在全国各地都有分布。相关人口数据预测结果显示，到 2040 年，斯里兰卡总人数将达到 2700 万，其中穆斯林数量将达到 500 万。这样僧伽罗人数量占比将从 75% 下降至 70%，穆斯林数量比例将上升至 18%。人口数量的增长不仅在一定程度上改变人口结构，同时也带来资源分配问题。随着穆斯林数量的快速增长，穆斯林族群将需要更多的社会资源，如食品、卫生、住房、教育等，同时也需要更多的土地修建清真寺。而对于国土面积有限、人口密度较大的斯里兰卡来说，这都是引发民族矛盾的导火索。[1]

从社会阶层来说，最早的穆斯林族群分散在全国很多地区，并且都能与僧伽罗人和平相处，他们中大多从事商业活动。直到英国殖民时期，受到"分而治之"政策的影响，两族之间开始产生分歧，尤其在经济资源的分配上。而双方产生矛盾时，穆斯林的商业活动通常都会首先受到攻击和破坏。[2]

三 斯里兰卡还有"猛虎"吗?

斯里兰卡是个民族矛盾比较尖锐的国家，这些矛盾包括僧伽罗

---

① Tilak Samaranayaka, "Understanding the Causes of the Sinhala-Muslim Conflict in Sri Lanka," *Colombo Telegraph*, May 5, 2013.

② Tilak Samaranayaka, "Understanding the Causes of the Sinhala-Muslim Conflict in Sri Lanka," *Colombo Telegraph*, May 5, 2013.

人与泰米尔人的矛盾和僧伽罗人与穆斯林族群的矛盾。僧伽罗人与泰米尔人的矛盾持续时间长、波及范围广，最终引发内战，消耗了国家大量人力、物力、财力，极大程度上迟缓了国家发展速度。战后近十年，泰米尔猛虎组织是否已经消灭殆尽？近期导致政府发布国家紧急状态的僧伽罗人与穆斯林族群之间的冲突，是否会引发国内出现下一只"猛虎"？

(一)泰米尔猛虎组织是否还存在威胁

1.潜在风险仍然存在

据斯里兰卡内政部2017年发布的《国家政策及信息说明——斯里兰卡：泰米尔分裂主义》(*Country Policy and Information Note*,*Sri Lanka：Tamil Separatism*)，"斯里兰卡政府对泰米尔猛虎组织担忧的焦点已经转移。泰米尔猛虎组织已经被消灭殆尽，自内战结束之后，国内没有发生过恐怖袭击事件"①。从官方发布的信息可以看出，泰米尔猛虎组织的武装力量确实已经被全部剿灭，国内的恐怖组织已经被彻底消灭。

但是，分裂主义的挑战和潜在风险仍然存在。一方面，泰米尔猛虎组织的残余以及新的暴力分裂组织，比如泰米尔人民解放军(People's Liberation Army)等还仍然有再次发展成恐怖主义组织的潜在风险，需要时刻警惕，防止它们在斯里兰卡境内挑起事端引发内战。②另一方面，泰米尔族在海外有数十万的散居者，分布在印

---

① Home Office, *Country Policy and Information Note*, *Sri Lanka：Tamil Separatism*, Version 5.0, 2017, p. 6.
② Home Office, *Country Policy and Information Note*, *Sri Lanka：Tamil Separatism*, Version 5.0, 2017, p. 6.

度、英国、美国、加拿大等地。他们之中还活跃着一些资金雄厚的跨国组织，它们对泰米尔猛虎组织有着比较暧昧的态度，这对斯里兰卡的安全与稳定构成威胁。分裂主义在国外的势力有可能成为斯里兰卡政府新的挑战。[①]

内战结束后，斯里兰卡政府在处理战争造成的人道主义灾难方面，曾一度受到国际社会的谴责。战后遗留的各种问题仍然是斯里兰卡政府需要持续关注和解决的。联合国相关数据显示，战后在收留营地注册登记的因战火逃离家园的斯里兰卡人的数量为22万。[②]帮助这些流离失所的公民重建家园是一项长期的工作，不仅要妥善处理他们目前遇到的现实问题，尤其是在被国际社会广泛指责的泰米尔人拘留营问题上，斯政府如没有妥善处理，则有可能使得泰米尔人再次使用暴力手段。同时，更需要用发展的眼光帮助他们在医疗、教育、就业等方面获得改善。这需要政府做长远而细致的规划，妥善处理战后问题。2019年"4·21"恐怖袭击再次给斯政府敲响警钟。斯里兰卡现任总统戈塔巴雅·拉贾帕克萨（Gotabhaya Rajapaksa）指出："恐怖主义已经改变了形式，它将（仍然）成为斯里兰卡的一个挑战。"[③]

2. 政府积极出台政策修复民族关系

自2015年上台以来，西里塞纳政府积极推进社会和民族公平公正，努力平衡僧伽罗人和泰米尔人之间的关系，对冲突根源给予足

---

① 李捷、王培培：《"后猛虎时代"斯里兰卡反分裂形势及民族关系分析》，《南亚研究季刊》2010年第2期，第29页。

② 《关注斯里兰卡人道主义局势》，http：//www.un.org/zh/focus/srilanka/action.shtml。

③ "Rajapaksa Win Reshapes Political Scene," *China Daily*, http：//www.chinadaily.com.cn/kindle/2019-11/19/content_37524036.htm.

够重视，出台了一系列政策。如推动实施权力下放政策，成立独立委员会（特别是恢复斯里兰卡人权机构的合法性和独立性），用于监督司法、警局、选举、人权和检察院，并且重建一个修宪咨询机构；着手启动修宪程序，其中包括在宪法里规定僧伽罗语和泰米尔语为官方语言，为泰米尔人争取更多权利以及推进民主保护。西里塞纳表示，更多的被军队控制的居民区和土地将被解除；所有因战争罪被逮捕的人将移交法院进行公平审判；为被禁止在斯里兰卡境内活动而离散在国外的泰米尔散居组织正名，目前已有8个组织被承认，再也不会受到斯里兰卡政府的驱逐；针对曾经参战的泰米尔人，政府帮助他们平反，恢复公民身份；复审防恐行动（Prevention of Terrorism Act，PTA）案件并释放被羁押的无罪人员。[①]

总的来说，僧伽罗人和泰米尔人之间的关系在朝着好的方向发展，但要彻底处理好两者之间的关系，斯里兰卡还有很长一段路要走。

(二)新的"猛虎"是否会出现？

1.国内冲突已基本平复

内战前，与僧伽罗人和泰米尔人之间的冲突相比，僧伽罗人和穆斯林族群之间的冲突数量较少，也并未受到过多关注。内战之后，泰米尔分裂分子几乎被消灭殆尽，但国内的暴力冲突始终没有停止，冲突更多地转向了其他群体（穆斯林族群）。[②] 近十年来，

[①] Home Office, *Country Policy and Information Note*, *Sri Lanka*：*Tamil Separatism*, Version 5.0, 2017, pp.6-7, 18.

[②] James John Stewart, "Muslim-Buddhist Conflict in Contemporary Sri Lanka," *South Asia Research*, November 2014.

僧伽罗人与穆斯林族群发生的冲突中最激烈的要属 2018 年 3 月这一次。很明显，斯里兰卡政府起初并没有敏感地捕捉到两族之间存在的矛盾和引发冲突和暴力的潜在因素。同时，这次冲突也显示出斯里兰卡政府对目前的状况缺乏了解，没有做任何预防措施。[①] 从目前的状况看，2018 年 3 月 18 日，紧急状态得以解除，国内恢复平静。斯里兰卡政府用 12 天的紧急状态最大程度地压制住了此次暴力冲突的蔓延，暴乱得以平息。可以说本次冲突是给斯里兰卡政府在处理民族与宗教问题方面敲响的又一次警钟。

从历史的角度看，泰米尔人与僧伽罗人之间的民族矛盾可以追溯到公元 5 世纪，但双方之间真正的矛盾则是 1976 年泰米尔人因不满僧伽罗人执政的政府颁布的法律而要求自治。在长达七八年的时间里，当时的政府既不允许泰米尔人自治，又不采取有效措施化解两者之间的矛盾，以致养 "虎" 为患，直至 1983 年内战爆发。显而易见，当时的斯里兰卡政府犯了一个未在萌芽状态化解民族矛盾从而付出 26 年惨烈内战代价的历史性错误。针对 2018 年 3 月冲突事件本身，斯里兰卡政府至少逮捕了相关挑事人员 81 人，同时也做出补偿受害者家庭的承诺。在这一点上，虽然斯里兰卡经历了紧急状态和宵禁，但总体来说政府已经控制住了局势，并做出了处理，2018～2019 年国内形势基本恢复平静。

从行动组织上看，泰米尔猛虎组织曾一度是世界上最强大的反政府武装，也是全球唯一拥有海陆空三军的游击队。印度、美国、英国、加拿大以及欧盟等 32 个国家和国际组织先后将其定

---

① N. S. Venkataraman, "How to Prevent Next Emergency in Sri Lanka," Sri Lanka Guardian, https：//www.slguardian.org/how-to-prevent-next-emergency-in-sri-lanka/.

性为恐怖组织，列入恐怖组织名单。① 目前，斯里兰卡的穆斯林族群相对低调，他们之中还没有能够发展成恐怖暴力组织的组织。

从族群诉求来看，当时泰米尔人的诉求是独立，其原因是权利不平等，得不到公平的社会资源和待遇，但根本原因是国家民族政策的不公。从这一点看，僧伽罗人与泰米尔人的矛盾和僧伽罗人与穆斯林族群的矛盾是相似的。各族群之间天平偏向任何一方，都容易引发矛盾和冲突，这也是斯里兰卡历史上不断出现种族、宗教冲突的根源。

2. 把握民族、宗教间的平衡是国家稳定的核心

"僧伽罗人与穆斯林族群的问题正是民族问题与宗教问题的结合，相互影响、相互渗透。"② 宗教问题的敏感性和复杂性常常会引发棘手的政治和社会问题，产生牵一发而动全身的效果。在一个多民族、多元宗教并存的国度，强行建立一元宗教文化结构，必然会伤害到其他民族的情感，并产生负面效应，③ 带来很多不稳定的因素。

2018 年僧伽罗人与穆斯林族群之间暴发暴力冲突，其根本原因是宗教之间的不平衡。④ 虽然此次暴乱冲突平息了，一直到 2019 年，大规模的冲突几乎没有再出现，但此事件所引发的僧伽罗人和

---

① "Liberation Tigers of Tamil Eelam," http：//en. wikipedia. org/wiki/Liberation_Tigers _of_Tamil_Eelam#Proscription_as_a_terrorist_group.

② 张春霞、蒲晓刚：《境外宗教渗透与新疆意识形态安全》，《新疆社会科学》2010 年第 1 期，第 66 页。

③ 程芳：《斯里兰卡内战对我国处理民族问题的启示》，《云南社会主义学院学报》2009 年第 4 期，第 51 页。

④ N. S. Venkataraman, "How to Prevent Next Emergency in Sri Lanka," Sri Lanka Guardian, https：//www. slguardian. org/how-to-prevent-next-emergency-in-sri-lanka/.

穆斯林族群之间的仇恨情绪也许并不会很快消散。尤其是 2019 年的"4·21"恐怖袭击事件，虽然没有任何一家恐怖组织宣布对此事件负责，但是外界普遍认为，本次袭击很可能是中东地区泛伊斯兰势力对外"溢出"的结果，该事件使得僧伽罗人与穆斯林族群之间的民族关系愈合之路更加艰难。除此之外，僧伽罗佛教极端组织仇视非佛教民族，并且认为近年来穆斯林族群无论从人口增长还是伊斯兰教的兴起上来说，对僧伽罗人都构成了威胁。

从发展的角度看，妥善处理民族、宗教矛盾是从根本上解决问题的关键，保持好民族、宗教间的平衡是国家和平稳定发展的基础。在这种情况下，斯里兰卡政府应立即采取相关措施。在具体事件上，应尽快成立调查委员会，调查分析事件发生的具体原因并制定预防机制，同时采取特殊措施去平衡目前两族之间的不平衡状况，从根本上切断一切能诱发冲突的因素，使民族、宗教矛盾在萌芽状态下就能化解。同时，尽快推动经济建设，缩小民族之间发展水平上的差距，提高人民生活水平，为民族间的团结创造有利条件和坚强保障，进而推动国家的和平、稳定与发展。[1] 可以说，虽然斯里兰卡"旧虎"已除，但防患"新虎"诞生之路并不平坦。

---

① 程芳：《斯里兰卡内战对我国处理民族问题的启示》，《云南社会主义学院学报》2009 年第 4 期，第 54 页。

外 交 篇

斯里兰卡与印度关系的曲折发展

龙兴春

内容提要：斯里兰卡作为印度洋北部的岛国，与印度在种族、历史、宗教、文化、语言、政治、经济等方面有着密切的关系。斯印两国自独立到20世纪70年代末都保持着良好密切的关系，两国都主张维护民族独立、不结盟等原则。80年代后期，因为印度介入斯里兰卡泰米尔问题，斯印两国关系进入波动期。随着泰米尔猛虎组织被彻底消灭，斯印关系回到友好发展状态，特别是在莫迪政府"周边优先"的外交战略的指引下，印度在政治、经济、军事和文化等方面加强了对斯里兰卡的影响。本文通过梳理分析斯里兰卡和印度关系的发展历程，帮助读者更加了解南亚小国与印度之间错综复杂的历史关系。

关键词：斯印关系发展　斯里兰卡　印度

作者简介：四川外国语大学国际关系学院教授。

斯里兰卡是一个位于印度洋北部的岛国，与印度隔马纳尔湾（Gulf of Mannar）和保克海峡（Palk Strait）相望。除了地理上的接近，印度和斯里兰卡有2500多年的交往历史，两国在历史、种族、宗教、语言、文化、政治、经济等方面都有非常紧密的联系。斯里兰卡两大主体民族——僧伽罗人和泰米尔人均发源于印度。约公元前5世纪，僧伽罗人的祖先从印度迁入斯里兰卡，跟当地原住民逐渐融合形成了僧伽罗人，僧伽罗语也源于印度雅利安语系（Indo-Aryan language）。公元前2世纪左右，居住在印度南部的泰米尔人逐渐迁入斯里兰卡居住，这部分泰米尔人的后代和僧伽罗人构成斯里兰卡两大原住民群体。英国对印度和斯里兰卡殖民统治后，在斯里兰卡开发种植园，1850年开始从印度南部的泰米尔纳德地区引入泰米尔劳工，他们的后代成为斯里兰卡的新移民。大约在公元前3世纪，印度的佛教由阿育王之子摩哂陀（Mahinda）传入斯里兰卡，直到今天佛教仍然是斯里兰卡最重要的宗教。

近代，印度和斯里兰卡都曾遭受英国殖民统治，两国民众曾一起反抗英国人。由著名的印度领导人钱德拉·鲍斯（Subhash Chandra Bose）领导的印度国民军中就有很多斯里兰卡人。印度和斯里兰卡分别于 1947 年和 1948 年获得独立。独立后，两国面临相似的境遇。首先，在国内要去殖民化，塑造国家认同，捍卫独立成果。其次，要发展经济，用经济独立巩固政治独立。最后，在英国的军事力量退出后，印度和斯里兰卡都要靠自己的力量保卫国家安全，而印度取代英国为弱小的斯里兰卡提供安全保障。斯里兰卡积极地参与印度倡导的亚非会议和不结盟运动，与印度一道抗击西方殖民者在印度洋地区的影响力。因此，从独立到 20 世纪 70 年代，斯里兰卡都和印度保持着非常密切的关系，但进入70 年代后期，由于斯里兰卡泰米尔问题的出现，印斯两国关系进入波动期。

一　泰米尔问题与印斯关系

(一)斯里兰卡的泰米尔问题

斯里兰卡独立后，占总人口 75% 左右的僧伽罗人成为国家的主体。政府奉行对僧伽罗人更有利的政策，通过了很多歧视占总人口少数的泰米尔人的政策。

首先，不承认英国殖民统治期间因开发种植园而从印度南部引入的泰米尔人拥有斯里兰卡公民资格。斯里兰卡现有的泰米尔人中，除一部分来自原来已经在斯里兰卡生活了两千多年的泰米尔人外，还有一部分是英国在斯里兰卡建立殖民统治后，由于大规模发展橡胶等种植产业，从印度南部泰米尔纳德地区引进的种植园工人。斯里兰卡独立后，只承认原来世代居住在斯里兰卡的泰米尔人拥有本国公民资格，认为英国从印度南部新引进的泰米尔劳工及他们的后代是英国对斯里兰卡殖民和侵略的象征，拒绝给予他们斯里兰卡公民资格，从而使占斯里兰卡总人口5%的70万泰米尔人成为无国籍者。这项政策不但遭到新泰米尔人的强烈反对，原住泰米尔人也持反对意见。对原住泰米尔人来讲，一方面本民族在斯里兰卡本来就处于少数地位，如果遣返新泰米尔人，泰米尔人在斯里兰卡将处于更加不利的地位；另一方面是在操作层面，本来就很难准确识别原住泰米尔人和新泰米尔人，加上他们之间通婚产生的大量后代，使这一工作难上加难。虽然斯里兰卡政府未能强制遣返新泰米尔人，但是由于不给予他们公民资格，这部分泰米尔人在斯里兰卡处于不利地位。

其次，斯里兰卡政府把僧伽罗语作为唯一的官方语言，英语作为工作语言之一，同时拒绝泰米尔人把泰米尔语列为官方语言的要求。这项政策意味着泰米尔人必须要学习僧伽罗语才能跟僧伽罗人竞争，从而使泰米尔人在斯里兰卡公务员考试、教育、经济和社会生活等各方面都处于不利地位。同时，如果单一语言政策被长期推行，就很可能让泰米尔人失去他们的文化传统和民族特性，最终被僧伽罗人同化。

斯里兰卡政府优待多数民族僧伽罗人、歧视少数民族泰米尔人的政策激起了泰米尔人的反对和反抗，泰米尔人和斯里兰卡政府及僧伽罗人的矛盾逐渐恶化。随后，泰米尔人提出要在斯里兰卡北部和东部泰米尔人聚居区实行自治的要求。20世纪70年代初，他们又进一步提出建立独立的泰米尔人国家的主张。泰米尔人的反抗运动早期是和平抗议，后来逐步演变为流血冲突。1976年，泰米尔人中部分激进分子建立"泰米尔伊拉姆猛虎解放组织",意图通过武装斗争实现独立建国的目标。该组织经常发动暗杀和游击战等袭击斯里兰卡政府官员、军队和僧伽罗平民,造成大量人员伤亡。1983年7月,泰米尔猛虎组织在北部贾夫纳半岛地区向斯里兰卡政府军发动较大规模袭击,导致13名政府军士兵死亡,随后政府军对泰米尔武装组织实施报复性军事打击。同时在首都科伦坡和全国多地引发僧伽罗人和泰米尔人的种族暴力冲突,在个别地方甚至出现种族屠杀和种族清洗。该冲突过程中有大约3000人被杀,致使大量泰米尔人从两族混居区逃向泰米尔人占多数地区,这就是"第一次伊拉姆战争"(1983~1987),同时也标志着斯里兰卡内战正式爆发。泰米尔武装组织用汽车炸弹、手提箱炸弹和地雷等攻击斯里兰卡政府军队和僧伽罗平民。冲突不仅发生在泰米尔武装组织和斯里兰卡政府军之间,也发生在泰米尔温和派和激进派之间。

战争爆发后,时任印度政府总理拉吉夫·甘地表示愿意从中调停,但斯里兰卡政府并不信任印度,因为有证据显示泰米尔武装人员正是在印度南部接受军事训练,从印度政府那里得到武器支持。斯里兰卡军队还在北部保克海峡搜捕印度渔船,以防止印度向泰米尔武装组织输送武器。印度政府既想通过支持泰米尔武装组织牵制斯里兰卡,又担心激发本国南部泰米尔人的分离主义。

(二)印度的泰米尔问题

早在英殖民统治时期,印度南部泰米尔人就发起了反对婆罗门统治的"德拉维达运动"(Dravidian Movement)。他们主张种姓平等，反对婆罗门特权，鼓励跨种姓和跨宗教通婚。在争取独立的过程中，他们还反对"北印度中心主义"，担心脱离英国殖民统治后，又被北印度和婆罗门领导的国大党统治。巴基斯坦建国运动也激发了泰米尔人建立一个"德拉维达斯坦国"的热情。印度独立前夕，国大党人就主张在非印地语地区强制推行印地语教育，把印地语作为印度的官方语言。独立后的印度继续在泰米尔人地区强制推行印地语，受到泰米尔人的反对。随后印度联邦政府同意15年内把英语作为中央和地方邦之间交流的工作语言，到1967年再次允许英语继续承担这一功能，直到2006年泰米尔纳德邦议会通过法案，规定泰米尔语为邦的官方语言。虽然印度南部泰米尔分离活动并没有造成太大的影响，但以建立"泰米尔纳德共和国"为目标的泰米尔人组织一直存在，并且与斯里兰卡的泰米尔分离主义存在联系。泰米尔民族主义者的目标是建立一个包括斯里兰卡北部泰米尔人和印度南部泰米尔人的统一的泰米尔人国家。随着斯里兰卡泰米尔分离武装运动声势的日益高涨，并受到印度南部泰米尔人的广泛支持，印度政府担心出现连锁反应，触发本国泰米尔人的分离主义情绪。同时，由于不信任印度，斯里兰卡转而向巴基斯坦寻求帮忙，巴基斯坦向斯里兰卡提供武器装备，还为斯里兰卡训练军事人员，派出军事顾问。老对手巴基斯坦介入斯里兰卡事务让南亚霸主印度颜面尽失，严重不安。因此，印度政府认为有必要介入斯里兰卡事务，帮助斯里兰卡平息泰米尔分离运动。[1]

---

[1] Lucian W. Pye and S. P. Cohen, "India: Emerging Power," *Foreign Affairs*, Vol. 81, No. 1, 2003, p. 226.

(三)印度对斯里兰卡的干预

1987 年 7 月 29 日，印度总理拉吉夫·甘地访问科伦坡，同斯里兰卡总统贾亚瓦德纳（Jayewardene）签署《关于在斯里兰卡建立和平与正常状态的协议》（简称《协议》）。[①] 根据该《协议》，斯政府军与泰米尔反政府武装于 7 月 31 日停火，泰米尔反政府武装 5 天内放下武器，斯政府军返回营地；泰米尔人占多数的北方省和东方省当年底以前合并，建立一个统一的、经选举产生的省级委员会并实行半自治；双方期望维护斯里兰卡的统一、主权和领土完整；承认斯里兰卡是由僧伽罗人、泰米尔人、穆斯林和伯格人等共同组成的多民族多语言的多元社会，将泰米尔语和僧伽罗语、英语一样规定为斯里兰卡官方语言；印度政府将在实施《协议》方面"提供帮助"，保证该地区"不被用来从事损害斯里兰卡统一、领土完整和国家安全的活动"；印度海军将配合斯里兰卡海军，以阻止泰米尔分离武装活动危及斯里兰卡。《协定》附件规定，"如有需要，可由斯里兰卡总统邀请印度派遣一支维持和平部队（IPKF），以保证停火的实施"。

《协议》签署的第二天，印度就立即向斯里兰卡北部地区部署了 6000 多人的部队，负责监督停火和解除泰米尔武装组织的武器。虽然大多数泰米尔武装组织愿意放下武器，寻求通过和平方式解决矛盾，但泰米尔猛虎组织拒绝解除武装。1987 年 10 月，当印度维和部队开始限制泰米尔猛虎组织的活动范围，并试图强制解除其武

---

① 马加力：《印斯和平协议的前前后后》，《南亚研究季刊》1988 年第 3 期，第 57 页。

装时遭到反抗，双方首先在贾夫纳地区发生武装冲突。这样，斯里兰卡局势就演变为印度维和部队和泰米尔猛虎组织之间的武装冲突，印度军队在斯里兰卡的任务也由维和变成镇压泰米尔猛虎组织。除了通过游击战袭击印度军队，泰米尔猛虎组织还派出女人和儿童对印度军队实施自杀式炸弹袭击。冲突共造成印度维和部队262 人死亡、927 人受伤，但即使如此还是没能让泰米尔猛虎组织屈服。由于局势失控，冲突范围扩大，1987 年底印度维和部队增加到 5 万人，到 1988 年中期，部队规模又增加到 10 万人。[①]

在之后两年多的冲突中，印度维和部队付出了 1200 多人死亡、[②] 数千人受伤的惨重代价，虽然击毙了大量泰米尔猛虎组织的武装人员，但无法完成原定的目标。1989 年 1 月，斯里兰卡新总统拉纳辛哈·普雷马达萨（Ranasinghe Premadasa）上台，相比前总统贾亚瓦德纳，普雷马达萨根本不欢迎印度军队在斯里兰卡的存在和行动。他认为，印度军队非但不能解除泰米尔武装组织的武器，反而会导致更多的武装冲突，大量印度军队的存在是对斯里兰卡主权和安全的威胁。于是，普雷马达萨致力于让印度军队撤出斯里兰卡，然后由斯里兰卡人自己解决泰米尔人的武装组织的问题。1989 年 7 月 28 日，印度维和部队开始撤离斯里兰卡，印度总理维什瓦纳特·普拉塔普·辛格（Vishwanath Pratap Singh）1989 年 12 月上台后加快了撤军步伐，到 1990 年 3 月印度军队全部撤出斯里兰卡。

1991 年 5 月 21 日，印度前总理拉吉夫·甘地在泰米尔纳德邦

---

① S. Sondhi, "Makers of India's Foreign Policy: Raja Ram Mohun Roy to Yashwant Sinha J. N. Dixit," *India Quarterly A Journal of International Affairs*, Vol. 60, No. 3, 2004, pp. 266-269.

② P. A. Ghost, *Ethnic Conflict in Sri Lanka and Role of India Peace Keeping Force*, New Delhi: A. P. H. Publishing Corporation, 1999, p. 145.

参与竞选活动时被泰米尔猛虎组织一名女成员以自杀式炸弹袭击的方式炸死，印度政府随即宣布泰米尔猛虎组织为恐怖组织。印度政府一方面宣称支持斯里兰卡政府打击恐怖主义势力，维护国家主权和领土完整；但另一方面又对斯里兰卡泰米尔人的处境表示深度关切，强调他们的权利和福祉不应该因为对泰米尔猛虎组织的敌意而受到损害，主张斯里兰卡政府和泰米尔人通过和平谈判的方式解决矛盾。但印度情报机构——研究与分析局（RAW）一直与泰米尔猛虎组织保持着秘密联系，印度南部泰米尔纳德邦的一些地方政府、政党、非政府组织也一直向泰米尔猛虎组织等斯里兰卡反政府组织提供各种支持和庇护，这成为印度牵制斯里兰卡的手段。

之后，斯里兰卡政府与泰米尔猛虎组织之间一直处于打打谈谈的状态。期间虽然双方也达成过停火协议与和平协议，但这些协议都没能得到遵守和执行。2005年11月18日，自由党领袖马欣达·拉贾帕克萨（Mahinda Rajapaksa）当选为斯里兰卡总统，他对泰米尔猛虎组织持强硬态度，反对前政府与泰米尔猛虎组织达成的停火协议，反对国家实行联邦制，主张实行单一体制，决定用武力解决泰米尔猛虎组织妄图分裂国家的问题。

2007年，斯里兰卡政府军加强对泰米尔猛虎组织非法武装的打击力度，并取得节节胜利。2008年，拉贾帕克萨政府废除了双方2002年签署的停火协议，向泰米尔猛虎组织控制的地区发动全面军事进攻。2009年5月，斯里兰卡政府军把泰米尔猛虎组织武装人员压缩到斯里兰卡东北部一个很小的区域内。斯里兰卡总统拉贾帕克萨于5月14日宣布将在48小时内彻底"伏虎"。5月18日，斯里兰卡政府军打死了泰米尔猛虎组织最高首领普拉巴卡兰，随后残余人员向斯政府军投降，泰米尔猛虎组织被彻底消灭。这标志着持续26年造成10多万人死亡的斯里兰卡内战正式结束。[①]

二 2009年内战结束后的印斯关系

斯里兰卡内战的结束，应该说扫清了印斯关系发展的主要障碍，印度本可以在斯里兰卡战后民族和解与国家重建中发挥重要作用，然而，受到印度国内政党政治的影响，印斯之间仍然矛盾不断。印度南部泰米尔纳德邦的地方政党——德拉维达进步联盟（DMK）是印度执政的团结进步联盟（UPA）的重要成员，在印度人民院占有18个席位，该党对斯泰米尔人的同情和支持迫使印度中央政府对斯里兰卡采取较强硬的立场。

2012年3月22日，联合国人权理事会讨论了关于斯里兰卡内战中政府军严重侵犯人权的问题，通过了谴责斯里兰卡的决议。印度是投赞成票的24个国家之一。

2013年3月21日，联合国人权事务理事会在日内瓦通过了由美国等西方国家提出的针对斯里兰卡人权状况的决议，谴责斯里兰卡政府军在打击泰米尔猛虎组织的过程中严重侵犯人权，指控斯里兰卡军队在内战期间犯有滥杀平民等战争罪行，要求进行国际调查。印度在表决时投了赞成票，印度代表称斯里兰卡应有效和及时地执行决议中所有建议，同时对侵犯人权和杀害平民的指控进行独立的、可信的调查。斯里兰卡政府对此表示强烈不满，指责该决议

[①] S. Destradi, "India and Sri Lanka's Civil War: The Failure of Regional Conflict Management in South Asia," *Asian Survey*, Vol. 52, No. 3, 2012, pp. 595-616.

是要侮辱斯里兰卡，充满了政治偏见。斯里兰卡驻联合国人权理事会代表称，该理事会在表决前未就决议内容与斯里兰卡方面进行任何磋商，决议的有关内容也忽视了当前斯里兰卡国内的民族和解进程，该决议完全无法接受。

2013 年 11 月，英联邦政府首脑会议在斯里兰卡举行。由于印度泰米尔政党和人权团体的坚决反对，印度总理曼莫汗·辛格取消了原本前往斯里兰卡出席会议的行程，理由是斯政府在内战中"对泰米尔人犯下战争罪行"，改由印度外交部长库尔希德代表印度出席此次峰会。

印度政府因为被国内泰米尔政党施加压力，在联合国人权理事会采取了追随西方的立场，这引起斯里兰卡政府的强烈不满，斯里兰卡社会对印度的敌意不断上升。斯里兰卡政府一方面努力争取印度改变立场和政策，另一方面积极发展跟中国和巴基斯坦的友好合作关系。在拉贾帕克萨总统第二任期，巴基斯坦成为斯里兰卡重要的安全合作伙伴，中国成为斯里兰卡最大的外来投资者和重要的贸易伙伴。印度舆论批评正是印度政府的所做所为将斯里兰卡推向了中国和巴基斯坦，并希望印度政府反思和调整其对斯政策。

2014 年 3 月 27 日，美国再次在联合国人权理事会提出关于"斯里兰卡的和解、问责制和人权"的动议。联合国人权理事会以 23 票赞成、12 票反对和 12 票弃权，通过了美国提出的针对斯里兰卡人权状况的决议。印度反对让国际机构参与斯里兰卡内战的调查，以决议的存在可能阻碍斯里兰卡民族和解努力为由投了弃权票。

斯里兰卡内战结束后，印度向斯里兰卡北部遭战争破坏的地区提供人道主义援助。2008 年至 2012 年的五年间，印度累计向斯里兰卡提供了14.53亿美元的援助，其中22%为无偿援助，78%为贷款。① 印度提供的援建项目包括科伦坡—马塔拉铁路改造项目，一家有150个床位的医院，多个职业技术培训中心、社会学习中心等。

拉贾帕克萨政府积极对华合作政策引起印度强烈不满。在斯里兰卡内战中，中国始终支持斯里兰卡政府维护国家主权和领土完整。斯里兰卡内战结束后，中国多次在联合国人权理事会和安理会表示反对西方国家借人权干涉斯里兰卡内政。除了提供人道和经济发展援助，中国政府和金融机构还向斯里兰卡提供优惠贷款和商业贷款。此外，中国企业还加大对斯里兰卡的投资力度，参与了汉班托塔港、普特拉姆燃煤电站、南部高速公路、莫勒格哈坎达水库、科伦坡港口城和莲花电视塔等多个斯里兰卡大型基础设施项目的建设，为斯里兰卡的重建和经济发展做出了重大贡献。尽管拉贾帕克萨总统竭力谋求改善与印度的关系，为此他曾于2014年5月到新德里出席莫迪总理的就职典礼，但印度对中斯友好合作关系表示担忧，指责拉贾帕克萨总统过分亲华。

印度政府在与斯里兰卡等南亚邻国外交中的失利，成为国内反对党攻击的靶子。在2014年的印度大选中，莫迪领导的印度人民党在其竞选纲领中提出了"周边优先"（Neighbour Fist）的外交政策，表示执政后要调整曼莫汗·辛格政府的外交政策，会高度重视周边外交。②

---

① "India Second Largest Development Aid Giver to Sri Lanka," *The Economic Times*, https://economictimes. indiatimes. com/news/economy/foreign-trade/india-second-largest-development-aid-giver-to-sri-lanka/articleshow/20153561. cms? utm _ source = contentofinterest&utm _ medium = text&utm_campaign = cppst.

② P. Chattopadhyay, "The Politics of India's Neighbourhood Policy in South Asia," *South Asian Survey*, Vol. 18, No. 1, 2011, pp. 93-108.

三　莫迪一西里塞纳执政后的印斯关系

斯里兰卡宪法规定总统任期为六年。拉贾帕克萨于 2005 年首次当选总统，并且凭借 2009 年消灭泰米尔猛虎组织的声望在 2010 年提前举行的总统选举中赢得连任。2014 年，拉贾帕克萨领导的执政联盟的支持率虽然有下降趋势，但在当年 3 月和 9 月举行的两次省议会选举中均赢得多数席位。在反对党的压力下，拉贾帕克萨仍然对自己赢得选举有信心，于是决定提前一年，即 2015 年 1 月举行总统选举。出乎意料的是，2014 年 11 月，拉贾帕克萨政府卫生部长、斯里兰卡自由党总书记西里塞纳突然宣布辞职，并被推举为反对党的共同候选人，对拉贾帕克萨形成强有力的挑战。特别是泰米尔政党和选民一边倒地反对拉贾帕克萨，从而使胜利的天平向西里塞纳倾斜。2015 年 1 月 9 日，斯里兰卡选举委员会宣布，反对党共同候选人西里塞纳在总统选举中以 51.28% 的得票率获胜，当选斯里兰卡新任总统。印度总理莫迪当天即致电西里塞纳，祝贺他赢得总统选举，表示印度将继续支持斯里兰卡的和平和经济发展。

相互间矛盾重重的各反对党能够迅速整合，并推选执政党重要领导人西里塞纳为共同候选人，完成如此高难度的工作，国际分析人士和舆论普遍认为印度在背后发挥了重要作用。从西里塞纳总统上台后的亲印政策和行为看，这种分析是有道理的。总的来看，在莫迪和西里塞纳执政期间，斯里兰卡和印度的关系较以往有了显著的改善和发展。

（一）高层往来频繁

2015 年 1 月 9 日，西里塞纳宣誓就任斯里兰卡总统，[①] 提名统一国民党领袖维克勒马辛哈为政府总理。西里塞纳在竞选期间就批评拉贾帕克萨总统过分亲华，主张要加强与印度的关系，这为莫迪改善印度与斯里兰卡的关系创造了条件。西里塞纳就任总统刚刚一个月便应邀于 2 月 15 日访问印度。为配合西里塞纳总统访印，印斯双方互相释放善意，斯里兰卡释放了扣留的 86 艘印度渔船，印度则释放了扣留的 24 艘斯里兰卡渔船和 6 名渔民。

西里塞纳访印期间两国签署的 4 份协议分别涉及核能合作、文化合作、建立那烂陀大学和农业合作。其中，敏感的核能合作是最大的成果。根据协议，印度将为斯里兰卡建设首个核反应堆并提供技能培训。西里塞纳希望印度当年 3 月在日内瓦举行的联合国人权理事会会议上不要支持西方国家提出的关于指责斯军队在内战期间涉嫌侵犯人权的决议。访印期间，西里塞纳还访问了佛教四大圣地之一的菩提伽耶。

2015 年 3 月 5 日，斯里兰卡政府叫停了由中国企业投资建设的科伦坡港口城项目。该工程项目由中国交通建设集团共投资 14 亿美元，于 2014 年 9 月 17 日在中国国家主席习近平和斯里兰卡总统拉贾帕克萨共同见证下开工。西里塞纳上台后，斯里兰卡政府对前政府批准的一些项目进行了全面审查，其中不仅包括中国公司的项目，还包括澳大利亚、伊朗等国以及斯里兰卡本国的一些项目，

[①] DeVotta, "A Win for Democracy in Sri Lanka," *J Democr*, 2016.

但中国公司投资的科伦坡港口城项目是最大的一个。西里塞纳政府叫停中国企业投资建设的工程项目的行为，一方面是为了打击和清算前总统拉贾帕克萨（西里塞纳总统曾指控拉贾帕克萨及前政府高官腐败）；另一方面也是向印度表明，在中国和印度之间，新政府更加亲近印度。有媒体报道印方曾就科伦坡港口城项目向西里塞纳总统施加压力。经中方多次交涉，并在中国企业与斯政府谈判达成协议的情况下，该项目直到 2016 年 9 月才复工。

印度总理莫迪首次访问斯里兰卡。2015 年 3 月 13 日，印度总理莫迪回访斯里兰卡。临行前，莫迪发推特表示，"我将非常愉快地访问斯里兰卡，相信此访会使印斯关系在未来几年更强大"。13 日早上，莫迪抵达科伦坡，斯里兰卡总理维克勒马辛哈亲自到机场迎接，这也是 1987 年以来印度总理首次访问斯里兰卡。随后斯里兰卡总统西里塞纳和总理维克勒马辛哈共同为莫迪举行欢迎仪式，并分别与莫迪举行了会谈。

莫迪在斯里兰卡议会发表演讲，代表 12.5 亿印度人民向斯里兰卡人民表达问候。在本次演讲中，他指出"印斯虽然没有陆地边界，但却是关系最紧密的邻居"，希望双方的贸易、投资、技术、观念和民众可以跨越边界自由往来。莫迪在对斯里兰卡商界人士发表演讲时强调，两国在基础设施、能源、传统手工艺、现代制造业、旅游业和服务业等多个领域合作潜力巨大。

莫迪还专门到访斯里兰卡摩诃菩提会（Maha Bodhi Society），与僧侣们进行交流，莫迪高度称赞佛教在印斯文化关系中所发挥的重要作用。莫迪还向印度维和部队烈士致哀，称赞他们为实现斯里兰卡和平做出了巨大的牺牲。莫迪还会见了斯里兰卡反对党领导人、泰米尔全国联盟领导人以及前总统库马拉通加。

随后，莫迪还专程到访斯里兰卡泰米尔人聚居的贾夫纳地区。除了呼吁珍惜和平，莫迪还向当地民众移交了一个由印度援建的住房工程项目。印度在斯北部地区共为泰米尔人援建了 25000 套住房。

2015 年 9 月 6 日，斯里兰卡总理维克勒马辛哈首次外事出访也选择到印度。斯里兰卡总统西里塞纳于 2016 年 5 月再次访问印度，除了首都新德里，他还参观了乌贾因（Ujjain）和桑吉（Sanchi）两地的佛教遗址。

2016 年 10 月 15 日至 17 日，斯里兰卡总统西里塞纳前往印度果阿参加金砖国家—环孟加拉湾经济技术合作组织（BIMSTEC）对话峰会。西里塞纳总统于 2016 年 11 月 6 日至 7 日前往印度新德里参加世界卫生组织（WHO）《烟草控制框架公约》第七届缔约方会议（COP7）。

2017 年 4 月 25 日至 29 日，斯里兰卡总理维克勒马辛哈对印度进行了为期 4 天的工作访问。双方重点讨论了印度参与开发斯里兰卡东部亭可马里港的问题，印度还对开发斯北部坎克桑图赖港有浓厚的兴趣。

2017 年 5 月 11 日至 12 日，莫迪任期内第二次访问斯里兰卡，并作为主宾出席了国际卫塞节（International Vesak Day）庆祝活动。莫迪还出席了位于斯中南部城市迪克亚的印度援建医院的落成仪式。莫迪还参观了当地的一座寺庙，这说明印度用宗教拉近与斯里兰卡民众距离的意图十分明显。双方还讨论了印度企业参与开发和经营斯里兰卡东部具有战略意义的亭可马里港的问题，印方获得了亭可马里港内 73~99 号储油罐的共用权。接待完莫迪，斯里兰卡总理维克勒马辛哈立即赴中国参加 5 月 13 日至 14 日在北京举行的第一届"一带一路"国际合作高峰论坛。为此，随行的斯里兰卡特别任务部部长专门就斯里兰卡与中国和印度的关系发表谈话，"印度是我们的兄弟，中国是我们的朋友，我们与印度有着地理和历史上的连结，两者都是我们的朋友，我们不愿意看到一个必须在中印间选边站的世界"。

2018 年 10 月 18 日至 20 日，斯里兰卡总理维克勒马辛哈对印度进行了为期 3 天的正式访问，除了与莫迪总理举行会谈，他还会见了印度外交部长斯瓦拉吉（Sushma Swaraj）和内政部长辛格（Rajnath Sing）。

印度因素引发斯里兰卡政治危机。2018 年 10 月 26 日，维克勒马辛哈访印回国不到一周，斯里兰卡总统西里塞纳突然宣布解除维克勒马辛哈的总理职务，并解散内阁，任命反对党领袖拉贾帕克萨为政府总理。维克勒马辛哈将西里塞纳这一行动称为"政变"，声明自己所在的政党仍然在国会占多数，自己会继续行使总理一职，并拒绝搬出总理府。这样，斯里兰卡同时出现两个总理，引发严重的政治危机。

西里塞纳与维克勒马辛哈之间的矛盾由来已久。西里塞纳表示之所以解除维克勒马辛哈的总理职务是因为后者提倡的"自由主义"的政治理念与斯国情不符，尤其是在饱受争议的中央银行国债发行案中，维克勒马辛哈被指责给国家造成了 6500 万美元的损失。西里塞纳还指责维克勒马辛哈及其领导的政府对一起刺杀他的案件调查不力。印度被认为是引发这次政治危机的导火索。10 月中旬，维克勒马辛哈希望将斯里兰卡东部亭可马里港开发项目交予印度，遭到西里塞纳反对。维克勒马辛哈此前访印时，莫迪曾抱怨斯里兰卡政府对印度投资的基建项目故意拖延审批时间。虽然西里塞纳和维克勒马辛哈都坚持斯里兰卡要奉行平衡的外交战略，主张积极发展跟印度的关系，但相比之下，维克勒马辛哈及其领导的统一国民党更亲近印度。

斯里兰卡政治危机发生后，美国表示"对斯里兰卡议会解散的消息深感关切，议会解散将进一步加深该国政治危机"。美国认为，民主政体和程序应当受到尊重，以确保斯里兰卡的稳定和繁荣；英国表示，"英国呼吁各方维护宪法，尊重民主制度和程序"；欧盟表示，希望斯里兰卡能够"通过宪法迅速、和平地解决当前危机"。时任中国外交部发言人陆慷表示，"中国一贯坚持不干涉内政原则。斯里兰卡局势出现的情况是斯内部事务，我们相信斯里兰卡政府、政党和人民有智慧和能力处理好。中方真诚希望斯里兰卡有关各方通过对话协商解决分歧，维护好国家稳定和发展"。[①]但国际社会最关注的还是南亚大国印度的反应。时任印度外交部发言人库马尔表示，"印度密切关注斯里兰卡的政治发展，我们希望民主价值与宪法程序获得尊重"。表面上看，印度政府态度中立，并没有明确表示支持或反对对立中的任何一方，但印度媒体几乎一边倒地支持维克勒马辛哈，它们担心拉贾帕克萨上台将促使斯里兰卡"亲中疏印"。

斯里兰卡政治危机僵持近两个月，最后总统西里塞纳不得不做

---

① 《2018年10月29日外交部发言人陆慷主持例行记者会》，中华人民共和国外交部网站，https：//www.fmprc.gov.cn/fyrbt_673021/jzhsl_673025/201810/t20181029_5416778.shtml。

出妥协，12 月 15 日新任命的总理拉贾帕克萨辞职，16 日西里塞纳同意维克勒马辛哈恢复总理职务。西里塞纳为何最后做出妥协？一方面，他曾公开表示，"当我按照民族主义原则行事，不屈服于外国势力，也不被它们的威胁吓倒时，外国势力就成为一种挑战。旧帝国主义的阴影挡住了我们的去路"，但是他并没有明确说明"外国势力和外来压力"来自何方。可以肯定的是，在整个危机过程中，他确实受到了强大的外来压力。另一方面，斯里兰卡多数反对党、国会、法院等几乎都反对西里塞纳的决定，支持维克勒马辛哈恢复职务，如果没有外力的介入，单凭维克勒马辛哈本人的力量是无法做到的。分析人士认为，从能力和意愿看，西里塞纳背后的外来压力只能来自印度。

2019 年 4 月 21 日上午，斯里兰卡首都科伦坡发生 8 起恐怖爆炸袭击事件，共造成 300 多人死亡、500 余人受伤。斯里兰卡总理维克勒马辛哈接受印度新德里电视台（NDTV）记者采访时表示，"印度情报机关曾事先警告斯里兰卡情报人员斯里兰卡即将发生恐怖袭击，但斯方没有正确利用这一情报，这是一个严重的错误"。印度总理莫迪在推特上发文表示，"强烈谴责发生在斯里兰卡的恐怖爆炸袭击，我们地区不容许有这样暴虐的行为，印度和斯里兰卡人民坚定地站在一起，向遇难者家属和伤员致以慰问"。

2019 年 5 月莫迪成功连任印度总理，在访问马尔代夫回程的途中顺道对斯里兰卡进行了几个小时的短暂访问。他是斯里兰卡遭受恐怖袭击后第一个到访的外国领导人。除会见斯里兰卡总统西里塞纳和总理维克勒马辛哈外，莫迪还跟前总统拉贾帕克萨见面。莫迪还前往斯里兰卡连环爆炸案发生地之一的圣安东尼教堂，向事件中遇难的受害者们表示了深切哀悼并献上了鲜花。莫迪说，"斯里兰卡在我心中有特殊的地位，我向斯里兰卡的兄弟姐妹们保证，印度将永远和你们站在一起，支持你们的发展进步"。

印度总理莫迪五年中三次访问斯里兰卡，这在印斯关系史上是空前的。斯里兰卡总统和总理到访印度更加频繁。除了双边访问，印度和斯里兰卡领导人还多次在国际多边场合举行会晤，两国部长级的互访更多。从双边高层往来看，可以说印斯关系达到了历史上的最好水平。这一方面反映出在莫迪政府"周边优先"的外交战略的引领下印度对斯里兰卡的高度重视，另一方面也是近年来在中国和斯里兰卡关系快速发展的情况下，印度担忧其影响力下降的被动反应。

(二)经济关系

斯里兰卡和印度有着长期而持久的经济关系。印度是斯里兰卡最大的经济合作伙伴和贸易伙伴。两国于1998年就签订了自由贸易协定，并于2000年生效，极大地促进了双边贸易的发展。

2018年，印度与斯里兰卡双边贸易额为49.3亿美元，其中印度向斯里兰卡出口41.6亿美元，斯里兰卡向印度出口7.67亿美元。[①] 斯里兰卡向印度出口的商品主要有基础油（base oil）、家禽饲料（poultry feeds）、槟榔、纸张和纸板、胡椒粉、点火布线组（ignition wiring sets）、铜丝、大理石、石灰华和雪花石膏等。印度向斯里兰卡出口的商品主要有天然气、汽油和柴油、摩托车、药

---

① 印度驻斯里兰卡高级专员公署，https://hcicolombo.gov.in/Economic_Trade_Engagement。

品、硅酸盐水泥、金属半成品、武器、燃料、水泥熟料、煤油型喷气燃料等。

截至 2018 年，印度是斯里兰卡主要的外来投资者之一，累计对斯里兰卡投资 12.39 亿美元。[①] 投资涉及多个领域，主要有石油、零售、IT、金融服务、房地产、电信、酒店和旅游业、银行、食品生产、金属制品、轮胎、水泥、玻璃制造、基础设施（铁路、电站和供水）等。近年来，印度对斯里兰卡的投资力度不断加大，出现了一些大型投资项目。2018 年 7 月，斯里兰卡民航管理部批准印度机场管理局（Airports Authority of India，AAI）以约 3 亿美元的价格取得汉班托塔马特拉—拉贾帕克萨国际机场（Mattala Rajapaksa International Airport）的 40 年经营权。2019 年 3 月，印度雅阁集团与阿曼石油和天然气部签署了一项价值 38.5 亿美元的协议，双方计划在斯里兰卡汉班托塔建一家占地 2.37 平方公里、日产 20 万桶成品油的炼油厂。如果该项目能够成功实施，将是斯里兰卡史上最大的外国直接投资项目。

旅游业是斯里兰卡重要的支柱产业之一。印度是斯里兰卡国际游客的最大来源国。2018 年 1~12 月，入境斯里兰卡的印度游客达到 42.5 万人，约占斯里兰卡所有外来游客人数的 18.2%。斯里兰卡则是印度第十大国际游客来源地。2018 年，入境印度的斯里兰卡游客人数达 12 万之多。[②]

发展援助。斯里兰卡是印度发展援助的主要接受国之一。截至 2018 年，印度累计向斯里兰卡提供了 30 亿美元的发展援助，其中

[①] 印度驻斯里兰卡高级专员公署，https：//hcicolombo.gov.in/Economic_Trade_Engagement。
[②] 印度驻斯里兰卡高级专员公署，https：//hcicolombo.gov.in/Economic_Trade_Engagement。

5.6 亿美元为无偿援助。在斯里兰卡被战争破坏的地区修建 50000 套住房，是印度政府援助斯里兰卡的旗舰项目，也是印度政府最大的对外援助项目。由印度政府援建的、一座以泰戈尔名字命名的、可以容纳 1500 人的大礼堂于 2018 年 10 月在卢胡纳大学（University of Ruhuna）建成并交付使用，这是目前斯里兰卡大学中最大的学术礼堂。2017 年 6 月，印度进出口银行向斯里兰卡提供了 3.18 亿美元的优惠贷款，帮助斯里兰卡购买 160 节客车车厢。印度政府还为斯里兰卡急救服务系统提供资助，帮助斯里兰卡采购救护车，进行医务人员培训等。2019 年 7 月，印度政府又承诺向斯里兰卡提供 9100 万美元，用于升级科伦坡到贾夫纳的铁路。

印斯渔业纠纷。历史因素致使印度和斯里兰卡在保克海峡（Palk Strait）和马纳尔湾（Mannar Gulf）未能划定海上边界。[①] 由于两国渔民经常进入争议海域或对方领海开展捕捞作业，两国渔民常被对方海上执法部门抓捕，渔船也常被扣押或没收。双方渔业争端、摩擦事件时有发生。虽然印斯两国政府多次谈判，达成了一些临时性协议，但都没能真正解决两国的渔业纠纷。为了寻求永久性解决方案，印度农业和农民事务部与斯里兰渔业和水产资源部之间建立了联合工作组（JWG）。部长级的联合工作组于 2016 年举行了三轮会议，2017 年又举行了两轮会议。双方重点讨论了两国海警联合巡逻、建立海警热线电话、引入有效的渔船追踪系统，以及释放被捕的渔民和被扣押的渔船等议题。但两国至今仍然没能达成解决纷争的永久性协议。

---

① S. Keethaponcalan, *The Indian Factor in the Peace Process and Conflict Resolution in Sri Lanka*, Taylor and Francis, 2010.

(三) 文化关系

1977 年，印度和斯里兰卡就文化合作签署协议。两国还于 1998 年共同建立了"印度—斯里兰卡基金会"，旨在通过民间交流促进科学技术、教育和文化合作以及两国青年一代的联系。印度在科伦坡建立了印度文化中心，为斯里兰卡人提供印度音乐、舞蹈、印地语和瑜伽等课程。印度政府每年提供 710 个奖学金名额，资助斯里兰卡学生在印度和本国学习，同时为斯里兰卡国民提供 400 个专业技术培训名额。2015 年，首届国际瑜伽节在科伦坡高尔菲斯海滨广场举行，2000 多名瑜伽爱好者参与了本次活动。之后每年国际瑜伽节，斯里兰卡都要举行相关活动。

斯里兰卡与美国的关系 (2018~2019)

徐　亮

内容提要： 自斯里兰卡独立以来，斯里兰卡与美国重视发展两国友好关系。进入 21 世纪，两国重申致力于加强接触并采取相互支持的政策。2018 年是斯美建交 70 周年，双方政府高层都将对方视为"世世代代的朋友"，两国关系得到进一步加强。两国在政治和安全领域的合作尤其引人注目，在地区和国际事务方面相互支持；双方在经济贸易方面呈现政府推动的态势，双边贸易额连年增长，同时美国加强了对斯的社会扶持工作；双方在农业、医疗科技、减灾等领域有一定程度的合作，并在教育、文化、旅游方面开展务实合作，可以说斯里兰卡从斯美关系互动中受益匪浅。虽然受斯里兰卡国内安全因素影响，两国关系的发展并不是一帆风顺，但是斯美关系在很多领域仍有广阔的合作空间。

关键词： 政治关系　经贸合作　文化交流　斯里兰卡　美国

作者简介： 北京第二外国语学院政党外交学院副教授。

1948 年斯里兰卡独立后，美国是第一批承认斯里兰卡的国家之一。美国也是斯里兰卡主要的援助国和最大的贸易伙伴。进入

21世纪，两国重申致力于加强接触，并采取相互支持的政策。2004年底，斯里兰卡遭遇海啸灾难后，美国在斯里兰卡救灾和灾后重建中发挥了积极作用。2018年是美国和斯里兰卡建交70周年，两国政府开展了一系列的纪念活动。政府高层对彼此定位很高，都视对方为"世世代代的朋友"①，两国关系得到进一步加强。

两国在政治和安全领域的合作尤其引人注目，在地区和国际事务方面相互支持；双方在经济贸易方面呈现政府推动的态势，双边贸易额连年增长，同时美国加强了对斯的社会扶持工作；双方在农业、医疗科技、减灾等领域有一定程度的合作，并在教育、文化、旅游方面开展务实合作，可以说斯里兰卡从斯美关系互动中受益匪浅。2019年上半年，②受斯里兰卡国内严峻的安全形势的影响，美国在斯里兰卡的活动明显减少。美使馆多次发布旅游警示、示威警报和安全警告，并在研判形势之后采取了闭馆等措施以防不测。这些措施和警告对两国关系造成了一些负面影响。例如，2019年6月，美国国务卿蓬佩奥以"不可避免的日程安排冲突"为由取消了访问斯里兰卡的计划。这说明两国关系的发展并不是一帆风顺，斯里兰卡国内安全局势对两国关系的发展影响较大。

一 政治、安全与地区国际事务

2015年选举后，斯里兰卡政府强调它与美国同为"民主国

---

① Olivia Miller, "Sri Lanka-Americans," https://www.everyculture.com/multi/Sr-Z/Sri-Lankan-Americans.html.

② 受写作时间的影响，本文采用的事件截止到2019年9月30日。

家"① 的身份。双方建立了伙伴关系对话机制，为建立稳定的政治与安全合作关系奠定了牢固的机制基础，由此双方在政治、安全与地区、国际事务领域开展了广泛合作。2018 年 5 月 29 日至 30 日，美国众议院军事委员会主席、众议员麦克·索恩贝里率领众议院两党代表团访斯。10 月 11 日，美国国务院南亚和中亚事务局首席副助理秘书长艾力思·威尔斯访斯。这些官员的访问凸显了美国国会两党对斯里兰卡的广泛支持。麦克·索恩贝里是来自得克萨斯州的老牌共和党人，其言论在一定程度上反映了总统和执政的共和党的意志。由于特朗普的南亚政策处于调整期且特朗普专注于美国优先，2018 年双方互动大多数发生在多边场合。2018 年，美斯两国互动的频率比 2016～2017 年略有下降，但双方更注重落实 2018 年之前达成的协议和约定，两国合作更加务实。双方领导人更是在众多场合共同强调了两国关系的重要性，并表示 2018 年双方致力于扩大和加强互利伙伴关系。

(一) 政治领域

斯里兰卡同美国建立了一定的对话合作机制，其核心是伙伴关系对话。自 2016 年 2 月双方举行首次伙伴关系对话以来，斯美双边关系取得了实质性进展。美国在执法、禁毒、反恐方面同斯展开合作，并建立美国财政部和司法部合作项目，帮助斯里兰卡应对财政和债务的挑战，加强斯里兰卡的法治建设并提高透明度。

---

① "U. S. Policy toward South Asia," https：//2001-2009. state. gov/p/sca/rls/rm/2005/47892. htm.

政治方面，斯里兰卡同美国保持频繁的高层交往，双方进行了几次重要的官方互访，包括美国高级代表团访问斯里兰卡以及斯里兰卡总统、国会议长、财政和传媒部长等对美国的访问。2012年2月，美国负责南亚和中亚事务的助理国务卿罗伯特·布莱克访斯。5月，斯里兰卡外长加米尼·拉克什曼·佩里斯访美。11月，美国负责南亚和中亚事务的助卿帮办詹姆斯·阿勒斯访斯。2013年1月，美国负责南亚和中亚事务的助卿帮办詹姆斯·摩尔，负责民主、人权、劳工事务的助卿帮办简·齐摩曼和国防部副部长助理维克拉姆·辛格访斯。2014年1月，美国负责南亚和中亚事务的助理国务卿妮莎·比斯瓦尔访斯。2015年2月，斯外长萨马拉维访美。5月，美国国务卿克里访斯。2016年2月，斯外长萨马拉维拉访美。2017年11月，美国国务院副国务卿小托马斯·A.香农访斯。这些访问都取得了一定的成果。

在这些互访中，斯里兰卡强调斯政府致力于加强民主，巩固民主制度，彰显善政、法治、司法、和解及问责的决心。美国欢迎斯里兰卡在宪法改革、归还安全部队占有的私人土地以及建立一个独立的常设失踪人员办公室等方面取得的进展。双方的互访颇为密切。2016年7月12日，美国负责南亚和中亚事务的助理国务卿妮莎·比斯瓦尔和负责民主、人权和劳工事务的助理国务卿汤姆·马林诺夫斯基访问斯里兰卡。2017年11月6日，斯外交部长卡里亚瓦萨姆与美国副国务卿小托马斯·A.香农举行会谈。双方签定了《斯里兰卡外交部和美国国务院关于斯里兰卡与美国伙伴关系对话的联合声明》，目的是"共享对民主的承诺"①，这是两国历史上第二次伙伴关系对话。伙伴关系对话巩固了双方在政治领域的交流机制，便利了美斯两国就更广泛的重要问题和合作领域进行讨论。香农是美国特朗普政府时期访问斯里兰卡的官员中级别最高的，举行伙伴关系对话表明两国政府在更广泛领域加强合作的意愿。② 除了行政机构，两国议会之间也展开了广泛的合作。2016 年 9 月 14 日，斯里兰卡议会和美国众议院启动了一项合作协议，以加强这两个立法机构之间的伙伴关系。进入2018 年，双方在延续原有关系的同时，致力于加强合作，并通过定期接触，从最广泛的意义上加强双边关系。美斯两国政府于2019 年 5 月 16 日在华盛顿特区举行的第三次美国—斯里兰卡伙伴关系对话会议上发表了联合声明。两国政府都重申了双边关系的重要性，认为这种关系牢牢扎根于民主国家的共同价值观，同时双方将共同努力，致力于进一步加强伙伴关系。美国重申特朗普总统的声明，即美国支持斯里兰卡打击恐怖主义并支持斯里兰卡在 4 月21 日恐怖袭击事件发生后所做的反恐努力。斯里兰卡对美国的支持，包括美国的多方面援助表示赞赏。美国和斯里兰卡决心通过维护以规则为基础的秩序，共同促进和平与安全，确保印度洋和太平洋的安全，确保国际法律和规范得到尊重，并同意继续采取联合举措，加强安全合作和互惠互利的经济合作。斯里兰卡欢迎美国协助

---

① "Joint Statement from the Ministry of Foreign Affairs of Sri Lanka and the U. S. Department of State on the Sri Lanka-United States Partnership Dialogue," http：//slembassyusa. org/sri-lanka-us-relations/joint-statement-from-the-ministry-of-foreign-affairs-of-sri-lanka-and-the-u-s-department-of-state-on-the-sri-lanka-united-states-partnership-dialogue-november-6-2017/.

② Thomas A. Shannon, "Remarks to Media by Foreign Secretary Prasad Kariyawasam Following Talks with US Under Secretary of State for Political Affairs," http：//slembassyusa. org/sri-lanka-us-relations/.

斯里兰卡监管其领海，打击走私和其他非法活动。两国政府都欢迎正在进行的双边安全部门合作，包括美国支持斯里兰卡的排雷工作，两国展开联合军事行动，美国协助斯里兰卡进行军官人权知识培训，以及美国船只、军事官员访问斯里兰卡等。美国和斯里兰卡同意扩大军事合作。斯里兰卡政府承诺将致力于加强民主巩固、善政、法治等工作。美国鼓励斯里兰卡履行这些承诺。美国和斯里兰卡政府表示支持双方建立强有力的经济伙伴关系和进行基于公平互惠原则的双边贸易。

（二）安全领域

斯里兰卡与美国在防务领域的交流与合作不断向前发展，开展了形式多样的交流活动。2018年，斯美两国安全部门继续深化原有合作，美国继续参与斯里兰卡的民族和解进程，帮助斯里兰卡改进司法体系。美国在排雷、联合军事行动、军官人权知识培训以及船只和军事官员访问方面加强了与斯里兰卡的合作。斯里兰卡和美国都对ISIS等恐怖组织对全球安全构成的严重威胁表示了共同的关切。双方在朝鲜核计划对国际和平与安全构成的威胁方面重申了共同的立场，强调了联合国所有会员国对朝鲜施压的重要性，并强调联合国安理会的各项决议应得到充分执行。

美国海军陆战队帮助斯里兰卡建立了自己的海军陆战队。斯里兰卡非常乐见这些合作取得的成绩，认为军事合作将对双边和区域战略安全利益产生有利的影响。2016年，美国海军舰队4次访问斯里兰卡，访问期间接待了斯里兰卡高级政府官员，并参与训练斯里兰卡海军的项目。2017年3月，美国海军军舰"福尔河"号抵达汉班托塔，由此汉班托塔成为 2017 年太平洋伙伴关系访问的第一站。2016 年 11 月，美国太平洋司令部司令哈里斯称，美国海军想知道斯里兰卡附近的国际水域发生了什么，无论是合法的商业活动还是诸如毒品走私、人口贩卖和恐怖主义等非法活动。[①] 哈里斯 2017 年 1 月表示，美国已经与印度共享印度洋情报。美国虽然与斯里兰卡的关系远非深厚，但加强与该国的关系似乎是美国追求的长期目标，其中"关键是情报共享"[②]。2017 年 11 月美国宣布，向斯里兰卡海军提供第二艘美国海岸警卫队快艇，这标志着两国关系的加强和美国与斯里兰卡军事合作的加深。美国的意图是帮助斯里兰卡更有效地管理其海岸线和专属经济区，并保护其贸易通道和通信线路。两国都承认加强军事合作能够对双边和区域战略安全利益产生积极影响，具体合作方式包括美国海军陆战队帮助斯里兰卡建立自己的海军陆战队，斯里兰卡军方向美国专业军事院校派遣学习人员，以及举行双边军事演习和船舶互访等。两国高级军事官员还签定了相应的协议。美国主导的第 26 届"环太平洋"军演（RIMPAC）于 2018 年 6 月 27 日至 8 月 2 日在夏威夷群岛到加利福尼亚南方海域附近举行，有 4 个国家是第一次受邀参加"环太平洋"军演，其中一个就是斯里兰卡。2018 年 8 月，美国国务院以对外军事资助的名义拨款 3900 万美元给斯里兰卡。对于具体用途，美国驻斯里兰卡大使馆称，"期待与斯里兰卡政府讨论如何使用这笔资金帮助其实施

[①] Matthew L. Schehl, "'Pride of the Pacific' Trains New Sri Lankan Marine Corps," https://www.marinecorpstimes.com/news/your-marine-corps/2016/12/04/pride-of-the-pacific-trains-new-sri-lankan-marine-corps/.

[②] Erik Slavin, "Island Nation in Indian Ocean Now a Big Draw for US, China," https://www.stripes.com/news/island-nation-in-indian-ocean-now-a-big-draw-for-us-china-1.459606.

'孟加拉湾计划'，并为斯里兰卡提供人道主义援助和开展灾害应对等重点培训项目"①。2018年8月28日，美国海军军舰"安克雷奇"号与斯里兰卡海军军舰"苏兰尼米拉"号在海上进行联合演习。这次演习旨在提高每个船员对军事知识的掌握能力，并加强各种航海技能的训练，双方认为这些技能对于在一个自由开放的印度洋—太平洋地区进行航海作业至关重要。2018年10月8日至12日，美国国务院武器移除和削减办公室代表团访问斯里兰卡，考察美国资助的排雷项目的进展情况，并会见该项目的一些受益者。该项目是价值近6亿卢比（约合350万美元）的援助项目的一部分。2018年12月，美航母"斯坦尼斯"号前往斯里兰卡进行战备修整，这是32年来第一艘访问斯里兰卡的美国海军航母。美国海军军舰"拉什莫尔"号于2018年12月21日抵达科伦坡港，并对斯里兰卡进行友好访问。该军舰的到访受到了斯里兰卡海军的欢迎。一艘美国海岸警卫队的舰艇于2019年5月12日从夏威夷出发，并于42天后抵达科伦坡。该舰艇于2018年8月27日在夏威夷举行的交接仪式上被正式移交给斯里兰卡海军。仪式结束后，斯里兰卡对该船进行改装和升级，同时斯里兰卡船员参加了相关技能培训。

两国尽管在安全和军事领域保持了合作的势头，但也存在着一些分歧。斯里兰卡不愿意配合美国对抗中国，希望和美国在对华政策上保持距离。例如，2018年10月，美国副总统彭斯在演讲中无端指责中国，污蔑中国在斯里兰卡建造军事基地。斯里兰卡总理进行了反驳并声称这是该政府的一贯立场。2017年3月4日，斯里

---

① Erik Slavin, "Island Nation in Indian Ocean Now a Big Draw for US, China," https://www. stripes. com/news/island-nation-in-indian-ocean-now-a-big-draw-for-us-china-1. 459606.

兰卡举行了庆祝空军成立 66 周年阅兵式，中国运-8 和美国 C-130K 军用运输机同时出现。这反映出斯里兰卡并不想在中美之间选边站的心态。

自 2002 年以来，美国已提供超过 95 亿卢比（约合 5600 万美元）用于清除斯里兰卡国土上的地雷。2019 年 6 月初，美国国务院负责政治军事事务的助理部长率团访问斯里兰卡，与斯方讨论安全合作并评估美国资助的排雷项目的进展情况。美国官员认为，"美国很自豪能够与斯里兰卡进行合作，从而实现到 2020 年斯里兰卡无地雷的目标。地雷清除项目只是美国与斯里兰卡安全伙伴关系促进所有斯里兰卡人安全的一个方面"，"特朗普总统的印太战略强调了主权国家共同努力推进共同利益的重要性。我们尊重斯里兰卡的主权和独立，并期待继续推动双边合作"。[①]

美国对斯里兰卡安全事务的帮助受到全球安全局势的影响，如果安全局势恶化，其效果也会大打折扣。2019 年 4 月 21 日，斯里兰卡首都科伦坡等地的 4 家酒店、3 处教堂和 1 处住宅区接连发生 8 起爆炸，造成 300 多人死亡。4 月 24 日，美国驻斯里兰卡使领馆以及斯里兰卡境内的所有美国企业驻地关闭三日，公民紧急求助服务保持开通。面对这样的局势，美国的安全援助未起到实质作用。

(三) 地区与国际事务

在地区事务中，双方相互支持对方的核心利益与诉求。在美国

---

① "U. S. Department of State Assistant Secretary for Political-Military Affairs Highlights 970 Million Rupees for Mine Clearance," https://lk.usembassy.gov/u-s-department-of-state-assistant-secretary-for-political-military-affairs-highlights-970-million-rupees-for-mine-clearance/.

的对话伙伴中，斯里兰卡被美国认定为"民主国家的一员"①。斯里兰卡现政府认同美国"建立一个自由开放的印度洋—太平洋地区"的主张，表示愿意和美国一起促进世界各地的和平与稳定。美国和斯里兰卡一致认为，印度洋地区的安全、稳定和繁荣应通过"基于规则的秩序"得到保障，这将确保所有享有全球共同利益的国家尊重国际法律和规范。斯里兰卡强调，作为一个岛国，它需要建立海上能力，以便有效地管理自己的边界，保护自己的海洋资源。斯里兰卡同美国共同推动南亚合作进程，双方在地区论坛等多边场合进行了良好的合作。在美国推行南亚政策的进程中，斯里兰卡现政府坚定地支持美国在世界上的主导地位。②

在国际事务中，双方也表现出一定的合作关系。美国对斯里兰卡于2017年3月支持美国主导的一项联合国人权理事会决议表达了欣赏和感激。斯里兰卡向美国重申了自己致力于促进民族和解、保障人权、追求持久和平与繁荣的立场。美国表示支持斯里兰卡履行联合国人权理事会有关决议中商定的承诺，如寻求真相与公正、对受害者进行赔偿等。③ 美国国际开发署协助斯里兰卡政府履行这些承诺。美国政府官员参加了在斯里兰卡举行的

---

① "The Scarring of Democracy in Sri Lanka," https：//www.usnews.com/news/best-countries/articles/2018-11-08/commentary-sri-lankas-constitutional-crisis-and-the-threat-to-its-democracy.

② "Joint Statement from the Ministry of Foreign Affairs of Sri Lanka and the U.S. Department of State on the Sri Lanka-United States Partnership Dialogue," http：//slembassyusa.org/sri-lanka-us-relations/joint-statement-from-the-ministry-of-foreign-affairs-of-sri-lanka-and-the-u-s-department-of-state-on-the-sri-lanka-united-states-partnership-dialogue-november-6-2017/.

③ "Ambassador Alice Wells Principal Deputy Assistant Secretary for South and Central Asia Remarks at Indian Ocean Conference in Colombo October 11, 2018," https：//lk.usembassy.gov/ambassador-alice-wells-principal-deputy-assistant-secretary-for-south-and-central-asia-remarks-at-indian-ocean-conference-in-colombo-october-11-2018/.

印度洋区域会议之后表态说，这对美国来说是一种鼓舞，因为美国参与了促进印太区域安全、稳定、透明和经济合作的联合倡议。①

二　经贸与社会扶持

美斯两国在 2018 年进一步加深了经贸与社会关系。从双边层面来看，双方加强了投资和贸易往来。美国表示支持斯里兰卡通过贸易、投资、外国援助与全球利益攸关方建立直接伙伴关系。美国仍致力于与斯里兰卡建立强有力的经济伙伴关系和稳固的贸易关系。从地区层次来看，美国支持斯里兰卡于 2017 年 8 月至 9 月主办印度洋区域会议，并同意双方将继续采取联合行动加强印度洋—太平洋区域的安全合作和经济合作。美国支持斯里兰卡发展成为亚洲的贸易和投资中心，斯里兰卡希望通过自由和开放的海洋将东盟、印度、中东和非洲之间的"贸易流"连接起来，这被美斯双方认为是该地区发展的关键。

(一)经贸领域

两国建立了稳定的经贸合作机制。美国和斯里兰卡于 2002 年 7 月 25 日在华盛顿特区签署的《贸易和投资框架协议》（TIFA）为两国政府提供了一个理想的平台，使双方能够就彼此感兴趣的领

---

① "Remarks of Acting Assistant Secretary of State for South and Central Asian Affairs Alice G. Wells on Indo-Pacific Regional Architecture," https：//lk. usembassy. gov/remarks-acting-assistant-secretary-state-south-central-asian-affairs-alice-g-wells-indo-pacific-regional-architecture/.

域开展更密切的对话。2016 年 9 月 1 日，在斯里兰卡科伦坡举行了美国—斯里兰卡 TIFA 理事会闭门会议。2017 年 4 月 28 日，斯里兰卡发展战略和国际贸易部长马利克·萨马威克拉马率领斯里兰卡代表团参加了在华盛顿举行的第 12 届美国—斯里兰卡 TIFA理事会会议，该会议通过了一项旨在促进双边贸易和投资的突破性行动计划。两国政府认识到斯里兰卡具有成为美国更强大的贸易和投资伙伴的潜力。上述行动计划旨在在五年内实现设定的目标，具体包括将斯里兰卡的贸易和投资体制升级为世界级标准体制；提高斯里兰卡出口产品的竞争力；开发新市场，尤其是利用好斯里兰卡的区位优势；促使斯里兰卡成为区域服务中心；促进美国和斯里兰卡商界实现更大的互动；更充分地利用美国的关税优惠政策；加强对工人权利的保护，加强道德实践和促进环境可持续发展，尤其是在斯里兰卡的成品服装制造领域；进行教育改革，使其更适应企业的需要；增强社会各部门的作用，特别是在动员妇女参加商业和贸易活动方面。

两国贸易关系发展迅速。2018 年美国仍然是斯里兰卡产品最大的出口目的地。与 2011 年相比，2017 年斯里兰卡对美国的出口实现了 35.8% 的惊人增长，达到 29 亿美元。2017 年，斯里兰卡从美国进口 8.11 亿美元，而斯里兰卡和美国的贸易总额保持在 37 亿美元的水平（见表 1）。[①]

---

① "Trade Relations between Sri Lanka and the U.S," http：//slembassyusa.org/trade/trade-relations-between-sri-lanka-and-the-us/.

表1 2010～2017年美斯双边贸易情况

单位：百万美元

年份	斯里兰卡出口	斯里兰卡进口	贸易差额
2010	1765	178	1587
2011	2145	307	1838
2012	2114	224	1890
2013	2497	353	2144
2014	2720	493	2227
2015	2800	471	2329
2016	2810	540	2270
2017	2912	811	2101

资料来源："Trade Relations between Sri Lanka and the U.S，" http：//slembassyusa.org/trade/trade-relations-between-sri-lanka-and-the-us/。

两国不断拓展贸易和投资领域，开展新的合作形式，拓宽合作渠道。2018年3月1日，美国与斯里兰卡讨论增加美国对斯里兰卡出口的措施。2018年8月30日，美国驻斯大使馆与斯工商机构签署谅解备忘录，计划在马塔拉开设一个新的美国商贸点。2018年9月20日，由首席运营官乔纳森·纳什率领的美国千年挑战公司（MCC）代表团访问斯里兰卡，继续推进拟议的MCC协定（一个大规模的五年期赠款计划）。2018年10月3日至5日，海外私人投资公司（OPIC）执行副总裁大卫·波希根和其他美国政府官员访问了斯里兰卡，旨在促进扩大美国在斯的投资，以推动斯里兰卡经济增长。

美国特朗普政府对斯里兰卡的经贸政策可以说是格外宽容。2018年7月至8月，美国先后对加拿大、日本、德国等强国"开刀"，还把首批目标对准了亚太地区的 25 个国家，考虑启动对"普惠制"的重新审核，并考虑取消对 120 多个发展中国家的优惠措施，但斯里兰卡未被列入其中。特朗普还向斯里兰卡提供了3900 万美元的军事援助。2018 年 11 月 13 日，美国商务部为来自孟加拉国、印度和斯里兰卡的美国公司和外交官员组织的印度洋—太平洋商务网络接待会在美国华盛顿特区举行。美国商务部率领的贸易代表团于 2019 年 5 月访问印度、斯里兰卡和孟加拉国，目的是加强与上述国家的贸易和经济合作，探索与上述国家开展商业合作的机会。该活动获得了斯里兰卡的热烈欢迎和积极回应。美国商务部负责贸易事务的副部长吉尔伯特·卡普兰（Gilbert Kaplan）强调了美国加强与印度洋—太平洋地区国家贸易合作和经济关系的重要性，强调美国商务部将帮助美国公司加强与孟加拉国、印度和斯里兰卡的贸易和经济往来。美商务部率领的贸易代表团是该地区30 多年来最大的美国贸易代表团，是第 11 个访斯的贸易代表团。[①]美国—斯里兰卡 TIFA 理事会会议于 2019 年 6 月 19 日至 20 日在斯里兰卡科伦坡举行。会议笼罩在复活节当天发生的恐怖袭击事件的阴霾下，美方强调美国致力于进一步发展美斯之间公平互惠的贸易和经济关系。会议上，双方就市场准入和斯里兰卡贸易和投资体制改革等若干问题进行了富有成效的讨论，具体包括遵守世贸组织贸易便利化协定，加强知识产权保护和有效执法，鼓励发展和创新，发展数字经济，推动政府采购和贸易能力建设，其

[①] "Charge D'Affaires Speaks at 'Trade Winds Indo-Pacific' Business Networking Reception," http：//slembassyusa. org/topstories/charge-d% E2% 80% 99-affaires-speaks-at-% E2% 80% 9C-trade-winds-indo-pacific-%E2%80%9C-business-networking-reception/.

中重点是赋予妇女经济权利。双方代表团在讨论某些劳工和环境问题方面也取得了进展。两国政府都承诺将来继续保持富有成效的沟通。

(二) 社会政策

美国帮助斯里兰卡改善社会治理，促进就业。2018年2月，美国在斯里兰卡中部省份开设了新的办事处，目的是为中部省份青年提供更多的就业机会。2018年2月28日，美国国际开发署（USAID）与微软、斯里兰卡政府签署了合作协议，在科伦坡技能发展和职业培训部开设新的信息技术门户网站，目的是为斯里兰卡青年提供职业指导、技术和职业课程。2018年3月21日，美国驻斯大使馆与马塔拉区工商会合作，在马塔拉区创立了美国创新中心（IHUB）。IHUB的目标是为当地年轻人提供就业和技能指导，促进年轻人学习英语，鼓励他们去美国学习，并介绍当地社区文化。2018年7月20日，美国驻斯大使馆发起了为斯里兰卡捐款的活动。美国驻斯大使馆还创建了一个为缺乏基础设施的小型组织和个人提供融资机会的项目。

在打击国内犯罪方面，美国也向斯里兰卡伸出了援手。2018年1月19日，美国政府计划于2018～2020年提供超过1.83亿斯里兰卡卢比（约合120万美元）用于打击斯里兰卡的人口贩运。美国国务院负责南亚和中亚事务的官员称，新的项目将"帮助斯里兰卡打击人口贩运"。2018年6月29日，美国国际开发署批准向斯里兰卡提供大约16亿斯里兰卡卢比（约合1000万美元）的援助，帮助当地社区参与民族和解进程。该援助涉及一项为期三年的倡议，主要与斯里兰卡政府和当地民间社会组织合作，以解决在民族和解过程中面临的潜在犯罪问题与应对不稳定带来的挑战。

三　农业、医疗科技、减灾扶贫

(一)农业领域

斯里兰卡有众多的农村人口和丰富的农业资源，农业在斯经济中占有基础地位。斯里兰卡拥有可耕地面积400万公顷，主要作物为茶叶、橡胶、椰子等。2017年农业产值约占斯里兰卡GDP的6.9%。[1] 作为发展中国家，斯里兰卡寻求美国在农业方面的支持对于促进两国合作、提升斯里兰卡的农业发展水平具有重要的意义。加强农业合作是双方共同的战略决策。2018年初，美国宣布了一个由美国农业部发起的"粮食促进进步计划"，批准了31.5亿斯里兰卡卢比（约合2100万美元）的项目，目的是促进斯里兰卡乳制品部门的现代化。美国千年挑战公司在农牧业方面对斯里兰卡的赠款援助持续到2018年。2018年5月17日，美国驻斯里兰卡大使馆启动了一个由美国农业部资助的价值22亿斯里兰卡卢比（约合1410万美元）的面向市场的乳制品项目，该项目将惠及15000多个斯里兰卡农民，并将重点关注乳制品行业的可持续发展问题。

(二)医疗科技领域

双方在医疗科技领域也有一定的合作，并引起了世界舆论的广

---

[1] 《斯里兰卡国家概况》，中华人民共和国外交部网站，https://www.fmprc.gov.cn/web/gjhdq_676201/gj_676203/yz_676205/1206_676884/1206x0_676886/。

泛关注。2018 年 4 月 28 日，美国海军"仁慈"号医院船抵达斯里兰卡，参加 2018 年太平洋伙伴军事演习。2018 年 5 月 4 日，美国海军"仁慈"号医院船医生与斯里兰卡的外科医生合作，完成了该船有史以来第一次机器人辅助手术。[①] 这是首次在军舰上通过达芬奇机器人进行的手术。

(三)减灾扶贫领域

2017 年，斯里兰卡普降暴雨，暴雨在全国范围内造成大面积洪灾，由此还引发了泥石流、山体滑坡等自然灾害，导致近 200 人死亡，60 多万人无家可归。得知消息后，美国海军派出了"蓝岭"号指挥舰和"伊利湖"号宙斯盾巡洋舰（CG-70）参与救援行动。2017～2018 年斯里兰卡同美国及相关国际机构进行了密切合作，利用多种资金渠道开展救灾活动，大大促进了斯里兰卡在社会发展与减贫领域与美国的交流对话，为推动双方的务实合作打下了良好基础。

四 文化、教育与旅游

(一)文化

两国建交以来，斯里兰卡与美国通过部长级会议、论坛研讨、人员交流、举办艺术节和展览等形式，开展了多层次、多渠道的文

---

① "First Robot-Assisted Surgery Onboard USNS Mercy: Multinational Surgeons," https://www.c7f.navy.mil/Media/News/Display/Article/1513408/first-robot-assisted-surgery-onboard-usns-mercy-multinational-surgeons/.

化交流合作，有力增进了斯里兰卡和美国对彼此文化的了解、尊重和欣赏。2018年，双方文化合作逐步向更深层次推进，并取得了一定的成效。2019年4月1日，美国专家与斯里兰卡的四位电影专业人士一起参加了一个小组讨论会，讨论如何发展斯里兰卡的电影业。这是斯里兰卡"全球媒体创作者计划"的一部分，该计划是一项创新指导计划和文化交流计划，旨在促进斯里兰卡电影制作人和行业专业人士与国际电影制作人之间的关系。

此外，双方还加强在文化遗产保护领域的合作。2018年10月5日，美国驻斯大使馆在贾夫纳大学启动了一个为期两年的文化遗产保护项目，以保护贾夫纳大学收藏的史前文物。该保护项目资金由美国国务院通过大使文化保护基金提供，总额超过2300万斯里兰卡卢比（约合14万美元）。2018年10月16日，美国国务院通过大使文化保护基金资助了一个修复佛塔的项目。该项目于2013年启动，资金总额近4300万斯里兰卡卢比（约合25万美元）。2019年9月12日，美国驻斯里兰卡大使正式宣布开放阿努拉德普勒考古博物馆，标志着美国资助的为期10年的博物馆改造项目的完工。改造项目包括升级保护技术和设备等。开放后的博物馆展示了一系列考古学上的稀有物品，包括镀金雕像、青铜雕像等。①

双方在文化展览领域也开展了一些合作。斯里兰卡驻美国大使馆参加了2018年12月6日在华盛顿国际贸易中心举行的第七届"冬季国家"大使馆年度展览，这是斯里兰卡大使馆连续第6年参加。一年一度的"冬季国家"大使馆展览为华盛顿特区的社区居

---

① "U. S. Ambassador Opens Renovated Anuradhapura Archeology Museum," https：//lk. usembassy. gov/u-s-ambassador-opens-renovated-anuradhapura-archeology-museum/.

民提供了一个了解不同国家文化和烹饪传统、手工艺品、视觉艺术以及旅游产品的平台。各国大使馆的展台都装饰着海报、多彩的风景图片等。斯里兰卡大使馆展台展出了一系列特色产品，包括锡兰茶、香料、手工艺品、服装、礼品和珠宝等。参观者们十分喜欢斯里兰卡的传统食物和纯锡兰茶，他们还收到了斯里兰卡茶叶局和斯里兰卡旅游局发放的带有茶和旅游宣传材料的赠品袋。据统计，超过 1000 人参观了斯里兰卡大使馆的展台。[1]

双方在文化艺术交流方面也开展了一些合作。2018 年 2 月 22 日，美国爵士乐界的轰动人物怀克里夫·戈登与美国驻斯大使在科伦坡一道庆祝美国与斯里兰卡建交 70 周年。传奇人物怀克里夫·戈登和其他国际明星于 2 月 24 日至 28 日在斯里兰卡举行巡演，引起了斯里兰卡全国人民的瞩目，在斯掀起了一股美国文化的热潮。

(二）教育

根据 2018 年《国际教育交流开放门户报告》[2]，斯里兰卡在美国的学生数量继续增长。截至 2018 年 12 月，共有 3309 名斯里兰卡学生在美国的高等教育机构入学。2017 年，在美国参加研究生课程学习的斯里兰卡学生的数量较上一年增长了 7% 以上。美国驻斯里兰卡大使阿莱娜·B. 特普利茨说："斯里兰卡学生在美国接受世界一流的教育，他们将成为斯里兰卡经济发展所需的关键人才，

---

[1] "Sri Lanka Participation in Annual 'Winternational' Embassy Showcase 2018 in Washington Dc.," http://slembassyusa.org/embassy _ press _ releases/sri-lanka-participation-in-annual-%E2%80%9Cwinternational%E2%80%9D-embassy-showcase-2018-in-washington-dc/.

[2] 国际教育研究所（IIE）出版了《敞开的大门》。自 1919 年成立以来，该研究所每年都对美国的国际学生进行统计调查。1972 年以来，该研究所与美国国务院教育文化事务局（ECA）进行合作。

同时帮助加深两国长达70年的关系。"斯里兰卡人对美斯教育合作持积极正面的评价。在北达科他大学就读的阿什里法·阿里评论说："我有机会得到一些了不起的教授的指导，他们相信能够培养出在科学事业中敢于面对未来挑战的人才。美国的教育开阔了我的视野，给了我信心，让我在这个竞争激烈的环境下开启科学事业大门。"[1]

美国还与斯里兰卡政府合作，恢复美国和平队志愿者在斯里兰卡的活动。2018年2月26日，美国和平队代理队长希拉·克劳利和斯里兰卡外交部长蒂拉克·马拉帕纳签署了一项新的双边协议，旨在重新在斯里兰卡建立和平队项目。美国驻斯里兰卡和马尔代夫大使阿图尔·凯沙普和斯里兰卡总理拉尼尔·维克勒马辛哈见证了这一签约仪式。2018年8月9日，斯里兰卡教育部和美国和平队签署了一份新的谅解备忘录。

美国还直接援建了一些学校。2018年7月2日至3日，美国太平洋司令部（PACOM）在斯里兰卡东部省份翻新了两所学校。美国驻斯大使馆负责新闻、学术和文化事务的顾问詹姆斯·鲁索主持了官方剪彩仪式。2019年4月18日，美国驻斯里兰卡大使馆在斯里兰卡东部省份重新开放了两所经过翻修的学校。翻新后的学校将为大约1300名学生提供服务。该项目耗资超过1.7亿斯里兰卡卢比（约合94万美元）。[2] 每所学校都配备了新的雨水收集系统、无障碍浴室等。

---

① "Number of Sri Lankan Students in United States Continues to Grow," https：//lk. usembassy. gov/number-of-sri-lankan-students-in-united-states-continues-to-grow/.

② "U. S. Ambassador Inaugurates School Construction Projects," https：//lk. usembassy. gov/u-s-ambassador-inaugurates-school-construction-projects/.

(三) 旅游

旅游业是斯经济的重要组成部分，其游客主要来自欧洲、印度、中国、东南亚等国家和地区，美国游客数量占比并不高。2009年以来，随着斯局势趋向稳定，旅游业呈现快速发展的势头。为了发展旅游业，斯里兰卡政府与美国的旅行社、出境游运营商保持定期互动，向它们介绍岛上的和平局势。[①] 斯里兰卡与美国互为重要的旅游客源地，美国居斯里兰卡居民出境旅游目的地前20位，可以说达到了以旅游促进两国友好关系的目标。2018年，国际知名旅行内容提供者孤独星球（Lonely Planet）将斯里兰卡列为世界顶级旅游目的地之一。

五 展望

斯里兰卡地处印度洋东北部，位于繁忙的波斯湾—东亚海上航线上，战略位置极为重要。2015年1月，在该国总统选举中，总统拉贾帕克萨意外败选，反对党共同候选人西里塞纳当选总统。拉贾帕克萨政府注重发展同中国的关系，而西里塞纳政府更倾向于优先发展与印度、美国的关系。拉贾帕克萨在任期间，斯里兰卡与美国关系持续恶化，后者一直致力于巩固自身在亚太地区的影响力，但在斯里兰卡遭遇到阻力。西里塞纳执政期间，美国和斯里兰卡相

---

① "Foreign Minister Amunugama Says 'No Justification for the Changing Travel Advisories'," http://slembassyusa.org/press_items/foreign-minister-amunugama-says-%E2%80%9Cno-justification-for-the-changing-travel-advisories%E2%80%9D/.

互视对方为值得信赖的伙伴。美国在斯里兰卡主动示好中看到了机会，重新修复了美斯关系，美斯关系有所发展和提升，前景总体向好。[1] 斯里兰卡通过向美国强调斯里兰卡的地缘战略优势来吸引美国的关注和支持。[2]

由于拥有共同的价值观，斯里兰卡和美国在政治与安全领域联系更加密切。加强双方之间的友好和互利合作，符合双方的共同利益，加强反恐、司法、海上安全等领域的合作是双方共同的战略选择。双方将在原有的基础上进一步加深合作关系，拓宽合作领域。

斯里兰卡不愿意在中美之间选边站，希望同时做中美两国的好伙伴。单就斯美关系而言，斯里兰卡将坚定不移地继续支持美国在印太地区的战略目标，并反复强调将继续支持美国在世界上的领导地位。

斯里兰卡政府将继续致力于与美国保持密切的高层交往，提升同美国的全方位合作。斯里兰卡同美国一起全面落实各项协议，不断提升双方合作水平，在农业、科技、卫生、教育、安全、军事等领域拓展合作空间。

斯里兰卡将进一步加强与美国的社会人文交流，与美国共同促进旅游、教育、文化、传媒等领域的交流，充分利用斯里兰卡驻美大使馆、联合国等平台不断增进两国的相互了解和友谊。

---

① 2018 年斯里兰卡驻美大使萨拉特·迪萨纳亚克公开表示，对美国在美国与斯里兰卡双边关系正处于上升轨道的同时，促进与斯里兰卡的经贸关系更紧密的表态表示欢迎。

② "Charge D'Affaires Speaks at 'Trade Winds Indo-Pacific' Business Networking Reception," http：//slembassyusa. org/topstories/charge-d%E2%80%99-affaires-speaks-at-%E2%80%9C-trade-winds-indo-pacific-%E2%80%9C-business-networking-reception/.

总的来说,自 2018 年以来,斯里兰卡和美国的关系继续深入发展,双方在很多领域有着广阔的合作空间。在双方的共同努力下,斯里兰卡同美国的政治关系将得到进一步发展,经贸联系将更加紧密,合作领域将更加宽广。美国对斯里兰卡的影响将越来越大,双方在地区和国际事务上的共同语言和共同利益将越来越多,在国际舞台上相互支持的力度也将越来越大。

中斯关系篇

中国与斯里兰卡的关系（2019~2020）

黄宇轩　佟加蒙

内容提要：中国与斯里兰卡关系历史悠久，古代两国围绕"海上丝绸之路"和佛教文化开展了内容丰富的交流活动。现阶段，中斯关系发展的主要背景是 2013 年两国政府决定将双边关系提升为战略合作伙伴关系、中国提出"一带一路"倡议以及 2014 年习近平主席访问斯里兰卡。2019~2020 年，中国与斯里兰卡关系在高层互访、交通和基础设施建设、经贸交流、抗疫

161

合作与文化交流等诸多领域保持稳定发展。本文从中国与斯里兰卡关系发展的历史背景出发，回顾2019～2020年中斯两国在政治领域、经贸关系以及人文交流三个方面的互动，并总结与梳理在双边关系发展过程中所取得的成果。

关键词：中斯关系　经贸关系　人文交流　斯里兰卡

作者简介：黄宇轩，北京外国语大学亚洲学院博士研究生；佟加蒙，北京外国语大学亚洲学院教授。

自"一带一路"倡议提出以来，中国与斯里兰卡的关系在长期稳定的基础上呈现加快发展的态势。两国在政治、经济和文化等不同领域往来密切、互动频繁。2019年到2020年，中国与斯里兰卡的关系继续稳定发展。本文在简要叙述中斯关系发展的历史背景的基础上，回顾过去两年中国与斯里兰卡关系的总体情况，总结和梳理两国在高层互访、经贸交流、抗疫合作与文化交流所取得的成果。

一　中国与斯里兰卡关系发展的历史背景

中国与斯里兰卡关系历史悠久。古代两国之间的文化交流内容丰富，中国古代典籍中就有对斯里兰卡的诸多文字记载。斯里兰卡史籍之中也多有涉及中国的描述。例如，高僧法显在5世纪初到访斯里兰卡①并停留两年，归国时携带了大量上座部经典并

---

① 僧伽罗国，是中国典籍中对斯里兰卡的称谓。

撰写了著名的《佛国记》。唐代高僧玄奘在《大唐西域记》中对斯里兰卡和僧伽罗人有详细记录。进入现当代，两国关系保持长期友好，1952 年两国签署《米胶协定》，1957 年两国正式建立了外交关系。在随后的 60 多年中，中国和斯里兰卡都遵守和平共处的交往原则，在涉及重大国家利益的问题上互相尊重，两国关系被认为是"大国与小国关系发展的典范"①。进入 21 世纪，尤其是中国提出"一带一路"倡议以来，中国和斯里兰卡的关系呈加速发展态势。

2013 年，斯里兰卡总统马欣达·拉贾帕克萨访问中国，中斯两国政府决定将双边关系提升为战略合作伙伴关系。② 斯里兰卡地处印度洋要冲，自古以来就是东西方文化交流的枢纽和汇聚点，同时也是"海上丝绸之路"重要的节点。实际上，中国和斯里兰卡的长期友好关系为"海上丝绸之路"的践行做了很好的铺垫。在 2013 年的中斯联合公报中，双方同意"构建真诚互助、世代友好的战略合作伙伴关系，不断增强政治互信，深化务实合作，增进人民友好，促进共同发展"，以及"在《亚太贸易协定》框架下加强合作，启动中斯自贸区谈判进程，首先成立专家组开展可行性研究"。联合公报中还提到"鼓励扩大本币在双边贸易和投资中的使用"，"继续深化防务合作"以及"鼓励中国金融机构为斯

---

① Sampath Rajapakshe, "Similarity of Interests between Governments and Its Impact on Their Bilateral Relations: Case Study of China-Sri Lanka Relations," *International Journal of Scientific Research and Innovative Technology*, Vol. 2, No. 11, 2015.

② 《中斯关系提升为战略合作伙伴关系》，《中国青年报》，http://zqb.cyol.com/html/2013-05/29/nw.D110000zgqnb_20130529_1-01.htm。

基础设施建设提供融资支持"等内容。①

2014 年，习近平主席成功访问斯里兰卡。这是时隔 28 年后中国最高领导人首次对斯里兰卡进行国事访问，此举将两国关系推向一个崭新的高潮。② 在习近平主席访斯期间，两国政府发布了《中斯关于深化战略合作伙伴关系的行动计划》。这是继 2013 年两国联合公报之后的又一份重要文件，其中提到"双方同意将尽早完成自贸协定谈判，推动两国贸易和经济合作均衡、可持续发展"，"中国政府将为双方商定的斯里兰卡基础设施和发展项目提供优惠性质的融资支持"，以及"推进科伦坡港口城的建设，签署马加普拉/汉班托塔港二期经营权有关协议"等。斯里兰卡政府希望获得中国融资支持的具体项目包括"卢旺普拉高速公路、北部高速公路、尼尔瓦拉—金河调水项目、凯拉尼亚河流域项目、塔皮特嘎水库项目、国家机场搬迁项目、炼油厂扩建、现代化改造及铺设管线等相关基础设施项目、供水和污水处理项目等"③。2013年两国联合公报和 2014 年行动计划显示，中国与斯里兰卡的关系将在战略合作伙伴关系的定位之上深化发展。2015 年之后，斯里兰卡国内党政治局势动荡不稳，执政党轮换之后一些经济政策和对外政策不能保持连贯性，地区内个别国家的地缘政治焦虑也通过一些渠道向斯里兰卡国内传导，一定程度上对中斯经济合作产

---

① 《中华人民共和国与斯里兰卡民主社会主义共和国联合公报》，外交部网站，http://newyork.fmprc.gov.cn/ziliao_674904/1179_674909/201305/t20130530_7947415.shtml。

② 《"中国是关键的合作伙伴"——访斯里兰卡总统发言人莫汉》，光明网，http://epaper.gmw.cn/gmrb/html/2014-09/16/nw.D110000gmrb_20140916_6-08.htm？div=-1。

③ 《中斯关于深化战略合作伙伴关系的行动计划》，中国政府网，http://www.gov.cn/xinwen/2014-09/17/content_2751595.htm。

生负面影响，一些项目被暂时叫停。但是，这些负面因素对中斯关系的主旋律未造成实质性的影响。大选和政党轮替属于斯里兰卡内政，地区内个别利益相关国家的忧虑也不会影响中斯关系发展的大局。

2018 年之后，斯里兰卡先后举行了地方选举、议会选举和总统选举，选举过程中斯里兰卡政局持续动荡。2018 年在康提发生了僧伽罗人和穆斯林之间的族群冲突，2019 年发生了震惊世界的复活节恐怖袭击事件。进入 2020 年，斯里兰卡政局恢复稳定，人民阵线先后赢得了议会和总统选举并开始主导 2020～2025 年的新一届政府。在此背景之下，中斯关系也继续保持稳定。两国在大型基建项目、抗疫、金融和文化等诸多领域的合作不断深化。

二 2019～2020 年中国与斯里兰卡在政治领域的互动

2019 年到 2020 年，中国与斯里兰卡在政治领域保持频繁互动。两国高层保持密切交往，双方互相支持对方的重大利益关切，实现了双边关系的稳步发展。在此期间，中国高层领导人出访斯里兰卡共 3 次：2019 年 6 月 15 日至 17 日，全国政协副主席万钢率代表团访问斯里兰卡，会见斯里兰卡议长贾亚苏里亚，就中斯友好关系及推动"一带一路"建设等深入交换意见；2020 年 1 月 13 日至 14 日，国务委员兼外长王毅出访时经停斯里兰卡，于科伦坡分别会见斯里兰卡总统、总理、外长，就中斯关系以及双方共同关心的国际和地区问题深入交换意见；2020 年 10 月 8 日至 9 日，中共中央政治局委员、中央外事工作委员会办公室主任杨洁篪率代表团访问斯里兰卡，会见斯里兰卡总统戈塔巴雅、总理马欣达。① 斯里兰卡高层领导人出访中国共 2 次：2019 年 5 月 13 日至 16 日，斯里兰卡最高领导人西里塞纳总统应邀来华出席亚洲文明对话大会，与国家主席习近平、国务院总理李克强、全国政协主席汪洋举行双边会谈，双方就加强国防军事合作、经贸合作等深入交换意见；② 2019 年 12 月，斯里兰卡议长贾亚苏里亚来华休假，在此期间接受了中国外交部副部长罗照辉的拜会。

2019 年以来中国与斯里兰卡在涉及国家主权、安全与稳定的诸多问题上相互支持。2019 年 4 月，斯里兰卡正值传统新年假期，突发“4·12”恐怖主义连环爆炸案。恐袭事件发生当天，国家主席习近平向斯里兰卡总统西里塞纳致慰问电，国务院总理李克强向斯里兰卡总理维克勒马辛哈致慰问电。中国驻斯大使程学源第一时间先后拜会斯方总理维克勒马辛哈、议长卡鲁·贾亚苏里亚、总统西里塞纳，就爆炸袭击事件涉及中国公民问题进行沟通。为转达中方对此次事件受害者的哀悼和慰问，程学源大使率队亲赴恐袭事件事发地进行调研，慰问爆炸中受伤的儿童。在斯里兰卡国家安全受到严重威胁的关键时刻，中国政府和人民始终坚定地同斯里兰卡政府和人民站在一起，并向其捐赠安保设备、警用物资等。中国红十字会也向斯里兰卡捐赠 10 万美元用于伤员救治。两国政治互信日益加深，军事合作交流也随之加强。2019 年 7 月，中国援赠斯里

---

① "Visit of Chinese Delegation to Colombo," Foreign Ministry of Sri Lanka, https://mfa.gov.lk/chinese-delegation/.

② "H. E the President Visits Beijing, China to Attend the International Asian Civilization Dialogue," Foreign Ministry of Sri Lanka, https://mfa.gov.lk/h-e-the-president-visits-beijing-china-to-attend-the-international-asian-civilization-dialogue/.

兰卡的护卫舰抵达科伦坡港，该舰用于执行近海巡逻、侦察和远海安全、搜救支持等任务。

斯里兰卡也同样坚决维护中国的国家主权、安全与稳定。斯方坚决支持中国政府在香港局势问题上的严正立场，坚决反对任何外部势力在背后操纵或干预香港问题。① 2020 年 6 月 30 日，第十三届全国人民代表大会常务委员会第二十次会议通过《中华人民共和国香港特别行政区维护国家安全法》。斯里兰卡外交部长古纳瓦德纳迅速通过社交媒体公开表示，在香港问题上，斯方一如既往地支持中方捍卫领土主权和维护国家安全。斯里兰卡前议长、宪法委员会主席贾亚苏里亚也就香港问题致函中国驻斯使馆负责人，支持中方立场。2019 年 7 月，国务院发表《新疆的若干历史问题》白皮书。西里塞纳总统在会见中国驻斯大使时表示，斯方支持中方在涉疆问题上的立场，支持中方坚决打击"三股势力"。

2019～2020 年是斯里兰卡政治格局发生重大变化的关键时期，中斯两国外交关系迈上新台阶。2019 年底，斯里兰卡举行总统大选，戈塔巴雅·拉贾帕克萨以 52.25% 的得票率当选斯里兰卡第七任实权总统，② 当晚国家主席习近平就戈塔巴雅出任斯里兰卡总统致贺电。斯方新政府上台后亟待解决的首要问题就是 2020 年初在全球暴发的新冠肺炎疫情。斯里兰卡政府第一时间表达了与中国人民站在一起的坚定立场，总统戈塔巴雅、议长贾亚苏里亚分别向中国领导人致亲笔署名信表示慰问，总理马欣达率领多名内阁部长和议员为中国

---

① 《多位亚洲政要支持中国政府立场 望香港尽快止暴制乱恢复秩序》，央视网，https：//tv. cctv.com/2019/11/17/VIDETK9pDi6S0aBwbRG3Wo34191117.shtml。

② "General Election 2020 All Island Results," Ada Derana, https：//election.adaderana.lk/.

人民抗击新冠肺炎疫情诵经祈福。2020年3月，斯里兰卡确诊首例本土新冠肺炎感染病例，戈塔巴雅领导的政府迅速采取有效措施，成立全国疫情防控特别工作组，在全岛实施宵禁政策。随后中国各级政府紧急向斯里兰卡提供了各类抗疫物资和资金支持，国务委员兼外长王毅、国家主席习近平先后分别同斯里兰卡外长古纳瓦德纳、总统戈塔巴雅就新冠肺炎疫情和中斯合作通电话。原定于4月举行的斯里兰卡议会选举因新冠肺炎疫情影响被两次推迟，最终于8月举行，拉贾帕克萨家族领导的人民阵线党获得压倒性胜利，随后戈塔巴雅任命其兄长马欣达为总理。中国驻斯里兰卡大使馆临时代办胡炜代表中方出席马欣达总理的宣誓就职仪式，并在仪式结束后第一时间向马欣达总理亲手转交国务院总理李克强的贺电。[①]

中国驻斯大使馆和斯里兰卡驻华大使馆、领事馆的工作对两国政治外交领域的交流合作产生了建设性的影响。2020年11月至12月，中国驻斯大使戚振宏分别拜会总统戈塔巴雅、总理马欣达、外长古纳瓦德纳、自由党主席西里塞纳、议长阿贝瓦德纳等斯里兰卡高层领导人，双方就两国政治外交、国际多边合作、防疫、经贸、农业、旅游等问题广泛交换意见。

除上述提到的两国政府合作抗疫、外交人事变动之外，中斯间还发生了两件重大的外交事件。2020年11月，中国共产党同斯里兰卡执政党——人民阵线党举办首届治党治国经验高级研讨班，两国在党派交流合作方面取得重要进展，对夯实两国战略合作伙伴关系意义重大。同月，中国外交部副部长罗照辉同斯里兰卡外秘科伦

[①] 《胡炜临时代办向斯里兰卡总理马欣达当面转交李克强总理贺电》，中国驻斯里兰卡大使馆网站，http://lk.china-embassy.org/chn/xwdt/t1805036.htm。

贝格以视频方式共同主持中斯第十一轮外交磋商，双方就保持高层交往、深化抗疫合作、加快经济复苏、拉紧人文纽带、加强执法安全合作、相互支持彼此核心利益等达成重要共识。①

三　中斯在经贸领域的交流

(一)经贸往来整体情况

2019～2020年中斯经贸合作在大多数方面有所减少。据中国商务部数据统计，2019年中斯贸易额为44.9亿美元，同比下降2.0%。中国企业对斯投资2.6亿美元，同比增长149.1%。中国企业在斯新签工程承包合同额为27.9亿美元，同比下降23.2%。②2020年中斯贸易额为41.6亿美元，同比下降7.3%，其中，中国对斯出口同比下降6.1%，自斯进口同比下降20.0%。中国企业对斯全行业直接投资4683万美元，同比下降82.1%。中国企业在斯新签工程承包合同额为10.4亿美元，同比下降62.6%；完成营业额12.9亿美元，同比下降42.1%。③

旅游业是中斯经贸往来中的重要一环。2019年4月斯里兰卡发生的连环爆炸案在一定时间内对斯里兰卡的旅游业造成了巨大冲击。为吸引中国游客，6月，斯里兰卡旅游推广局在中国北京

---

① 《驻斯里兰卡大使戚振宏出席中斯第十一轮外交磋商》，中国驻斯里兰卡大使馆网站，http://lk.china-embassy.org/chn/xwdt/t1834997.htm。

② 《2019年中国—斯里兰卡经贸合作简况》，中华人民共和国商务部网站，http://yzs.mofcom.gov.cn/article/t/202007/20200702987819.shtml。

③ 《2020年1—12月中国—斯里兰卡经贸合作简况》，中华人民共和国商务部网站，http://www.mofcom.gov.cn/article/tongjiziliao/sjtj/yzzggb/202103/20210303042325.shtml。

举办新闻发布会，宣传推广斯里兰卡旅游。随后斯里兰卡旅游部宣布，自 2019 年 8 月 1 日起，中国等 48 个国家的公民申请来斯里兰卡短期旅游、短期商务活动、过境等类型的电子旅行许可无需支付费用。据斯里兰卡旅游部发布的 2019 年度报告，2019 年中国赴斯旅客约为 16.8 万人次，比 2018 年的 26.6 万人次下降了 36.8%。[1] 2020 年初，受到疫情影响，斯里兰卡政府迅速做出关闭国门的决定，旅游业遭到致命打击。直至 2021 年初，斯里兰卡旅游相关部门推出"旅游泡泡"机制（安全旅行圈），[2] 机场才重新面向国际游客开放。

尽管 2019～2020 年全球经济贸易波动较大，中斯双边贸易往来整体上较往年有所减少，但以科伦坡港口城、汉班托塔港口为代表的中斯重点经济合作项目取得了丰硕成果，以中部高速公路、南部高速公路、南部铁路为代表的基础设施建设项目也取得了重大进展。此外，两国经贸合作也取得了丰硕成果。如 2019 年初，海南省商务代表团应邀访问斯里兰卡，在当地举行海南自贸区推介会；斯里兰卡积极参加 2019 年底举行的第二届中国国际进口博览会和 2020 年底举行的第三届中国国际进口博览会，博览会期间斯里兰卡公司与中国中粮、京东等集团建立了合作关系。[3]

---

[1] "Annual Report 2019," Ministry of Tourism and Aviation-Sri Lanka, http：//www. tourismmin. gov. lk/web/images/annual-reports/annual_ performance _ report _ and _ accounts _2019 _-english _ book. pdf.

[2] "Sri Lanka Tourism Gears up to Welcome International Visitors," Sri Lanka Tourism, https：// srilanka. travel/travel-news&news = 760&section = travel.

[3] "Sri Lanka Participation at the China International Import Expo（CIIE）Reaps Positive Results," Foreign Ministry of Sri Lanka, https：//mfa. gov. lk/sri-lanka-participation-at-the-china-international-import-expo-ciie-reaps-positive-results/.

（二）重点经济合作项目

科伦坡港口城是中斯"一带一路"建设标志性项目，该项目是在 2014 年习近平主席访问斯里兰卡期间在中斯两国元首共同见证下开工的。这个位于科伦坡最繁华商业区的毗邻大海的"新城"由中国交通建设股份有限公司和斯里兰卡政府共同开发，建成后将成为整个印度洋地区的金融服务中心。按照规划，在填海造陆形成的 269 公顷土地上，未来几年将密布高档写字楼，这里将成为集金融、现代物流和高科技等多种功能于一体的城市综合体。[①] 斯里兰卡民众对科伦坡港口城项目充满期待，斯里兰卡政府也高度重视该项目。2019～2020 年，前往港口城实地调研考察的斯里兰卡高级官员包括现任总理马欣达、前总统西里塞纳、前总理维克勒马辛哈以及多名内阁部长等。

2019～2020 年，科伦坡港口城项目取得了一系列重大阶段性进展。2019 年 1 月，科伦坡港口城陆域吹填工程正式完工。同年 4 月，斯里兰卡议会通过政府议案，正式批准将科伦坡港口城作为首都科伦坡的一部分。同年 10 月，西里塞纳总统亲笔签发科伦坡港口城项目土地确权文件，标志着科伦坡港口城项目填海生成的土地正式得到法律认可，随后该项目开启二期土地开发工程。2020 年是科伦坡港口城项目奠基开工六周年，9 月举行了六周年纪念活动，马欣达总理亲自出席并发表重要讲话。同年 12 月举行了国际金融中心一期开发合作框架协议签约仪式，这是科伦坡港口城内首

---

① "Colombo Port City Project Introduction," http://www.portcitycolombo.lk/about/.

个投资项目，中国港湾公司和斯里兰卡 LOLC 财团、布朗投资公司签署相关合作协议。[①] 这座由中国和斯里兰卡在"一带一路"倡议下联合开发建设的南亚新城正迈入新发展阶段，有望助力斯里兰卡加快发展步伐。

除了科伦坡港口城项目，另一个中斯合作建设的汉班托塔港口项目也备受关注。2017 年底，中国和斯里兰卡正式启动汉班托塔港合作项目。汉班托塔港的债务问题一度被西方媒体炒作，但经过 2018 年的有序运营，汉班托塔港项目大幅提高了外国直接投资的比例，有力推动了斯里兰卡的经济发展，"债务陷阱"的鼓噪归于沉寂。2019 年 3 月，汉班托塔港招商引资一站式服务中心揭牌仪式在汉班托塔国际港口集团海运中心大厦举行，中方招商局集团与斯里兰卡投资局签署了一系列临港产业合作协议，协议内容涵盖食品加工、水泥配套、电动车等领域。[②] 2020 年 11 月，中国企业与斯里兰卡投资委员会就建设锡兰轮胎厂签署协议，锡兰轮胎厂是汉港园区内迄今最大的投资项目，也是首个中方投资设厂项目。项目一期总投资额约为 3 亿美元，预计将为斯创造 2000 个就业岗位并带动相关产业发展。[③]

（三）基础设施建设项目

2019～2020 年，中斯双边务实合作迎来新的重要机遇，除上述

---

① 《戚振宏大使与马欣达总理共同见证科伦坡港口城国际金融中心合作框架协议签约仪式》，中国驻斯里兰卡大使馆网站，http://lk.china-embassy.org/chn/xwdt/t1840960.htm。
② 《汉班托塔港招商引资一站式服务中心启用》，人民网，http://world.people.com.cn/n1/2019/0324/c1002-30992155.html。
③ 《中企在斯里兰卡汉班托塔港投资的锡兰轮胎厂签约》，中国新闻网，http://www.chinanews.com/cj/2020/11-20/9342918.shtml。

两个建设项目之外，以公路、铁路为代表的重大基础设施建设项目也取得了重要进展。斯里兰卡科伦坡外环路三期项目是斯首都科伦坡外环高速公路的最后一环，于 2016 年初开工，2019 年底完工并正式通车运营，该项目为促进斯里兰卡当地就业和社会经济发展发挥了重要作用。① 中斯双方于 2016 年签约共同建设斯里兰卡中部高速公路项目，但中途受到政府换届、恐袭事件的影响，直到 2019 年 3 月中国进出口银行与斯里兰卡财政部正式签署斯里兰卡中部高速公路第一标段项目贷款协议后，次年 9 月该建设项目才正式开工。斯里兰卡南部高速公路延长线项目是在斯里兰卡建设的最大工程项目，该项目由多家中国施工企业分段承建，历时 5 年，最终于 2020 年初顺利完工并正式通车，这标志着科伦坡至汉班托塔高速公路全线贯通，实现了科伦坡与汉班托塔两大港口、两大国际机场的互联互通。② 斯里兰卡南部铁路延长线一期项目是中国企业承揽的第一个斯里兰卡铁路工程项目，该项目于 2013 年开工，2019 年 4 月竣工通车。建成后的铁路是斯里兰卡独立以来首条新建铁路，通过南部铁路项目建成了斯里兰卡目前最大的火车站、最长的隧道、最高最长的铁路桥。③

此外，由中国援建的电视塔、学校、医院、供水排水工程等基础设施遍布斯里兰卡各地。2019 年 6 月，在波隆纳鲁沃新建的国家肾病专科医院医疗区完成中期验收，医院建成后将成为斯里兰卡

① 《斯里兰卡科伦坡外环路三期项目》，中华人民共和国商务部网站，http://lk.mofcom.gov.cn/article/zxhz/202102/20210203039523.shtml。

② 《万人空巷迎通车，中斯合作书新篇》，中国驻斯里兰卡大使馆网站，http://lk.china-embassy.org/chn/xwdt/t1748563.htm。

③ 《中企承建斯里兰卡南部铁路项目举行通车仪式》，新华网，http://www.xinhuanet.com/world/2019-04/08/c_1210102881.htm。

乃至整个南亚地区设施最好的肾病专科医院。同年9月，科伦坡地标性建筑莲花电视塔竣工，塔高350米，是迄今南亚最高的电视塔。投入使用后，莲花电视塔不仅是一座发射信号、提供通信服务的电视塔，还具备餐饮、住宿、购物、观光等功能。[①] 同月，康提北部帕特杜玛巴若综合供水工程项目正式开工，斯里兰卡总理维克勒马辛哈与中国驻斯大使程学源出席开工仪式并为项目揭幕。10月，由中国招商局慈善基金会援建的斯里兰卡汉班托塔提萨普拉学校新建教学楼正式落成。2020年8月，由中国石油管道局工程有限公司负责承建的斯里兰卡排水项目最大单体工程——科伦坡新穆特瓦尔工程盾构隧道贯通。

四　中斯在人文领域的交流

2019~2020年，中国与斯里兰卡保持密切合作，两国经济贸易在国际局势不利的大背景下仍取得进展，在此情况下，中斯两国的人文交流也展现活跃的势头。在抗疫、医疗卫生、人才培养、教育、文学互译、出版、文艺展演等多个领域，两国参与交流的机构、团体和人员数量都越来越多，并取得了诸多成果。

(一)合作抗疫与医疗卫生

在合作抗疫方面，中斯两国政府和人民用行动诠释了人类命运共同体理念，成为国际社会合作抗疫的典范。2020年初，中国面

---

① 《中企承建的斯里兰卡莲花电视塔举行竣工庆典》，中国政府网，http://www.gov.cn/xinwen/2019-09/17/content_5430576.htm#1。

临新冠肺炎疫情，斯里兰卡政府、媒体、宗教、民间社团等各界通过各种方式为中国人民抗击疫情加油，佛教、天主教、伊斯兰教等各宗教领袖和团体在宗教场所为中国民众祈福，斯里兰卡各类非政府组织和友华机构也在社交媒体上发布图片与视频以表达对中国的支持。① 斯里兰卡德薇女子学校43名学生代表联名致信中国国家主席习近平、主席夫人彭丽媛并附上亲笔画，表达对中国抗击新冠肺炎疫情的支持，随后彭丽媛复信表示感谢。② 而在斯里兰卡暴发疫情后，中国政府、企业、组织、个人向斯方提供抗疫物资和资金支持，积极分享抗疫经验。据统计，截至2020年10月1日，中国社会各界前后向斯里兰卡共捐赠了包括7.5万份检测试剂、约500万只口罩、6万套防护服在内的医疗物资。③ 2021年3月，斯里兰卡国家药品监管局已批准中国国药集团研发的新冠疫苗在该国紧急使用。④

在医疗卫生领域，中国与斯里兰卡之间的交流合作也更加频繁。斯里兰卡是慢性肾病高发区，为研究和解决斯里兰卡不明原因的慢性肾病问题，中国科学院与斯里兰卡佩拉德尼亚大学联合成立了中斯水技术研究与示范联合中心，同时中国政府还出资援建波隆纳鲁沃国家肾病专科医院。2019年6月，肾病专科医院以优良的

---

① 《斯里兰卡各界为中国抗击新冠肺炎疫情加油祈福》，斯里兰卡中国文化中心网站，http://cn.cccweb.org/portal/pubinfo/001002003003/20200218/6879a226cf354856a13143d6dcec5aa8.html。
② 《"爱心是我们抗击疾病最强的力量"——记斯里兰卡德薇女子学校师生收到彭丽媛复信》，新华网，http://www.xinhuanet.com/2020-03/09/c_1125686812.htm。
③ 《驻斯里兰卡使馆在斯当地各大媒体发布新中国成立71周年国庆特刊》，中国驻斯里兰卡大使馆网站，http://lk.china-embassy.org/chn/xwdt/t1821280.htm。
④ 《斯里兰卡批准中国国药新冠疫苗紧急使用》，新华网，http://www.xinhuanet.com/2021-03/20/c_1127234865.htm。

成绩顺利通过中期验收，预计建成后总面积将达到 2.59 万平方米，可容纳 200 个普通住院床位、100 个血液透析床位。[①] 2020年 10 月，中国科学院与斯里兰卡供水部签署了《中国科学院与斯里兰卡供水部合作备忘录》补充协议，进一步加强双方在水质研究、肾病溯因等领域的既定合作。[②] 斯里兰卡是世界上最大的眼角膜捐献国，自 2014 年起，斯里兰卡国际眼库每年向中国提供 500枚眼角膜。而中国主办的"一带一路·光明行"系列活动也在持续进行中，近年来中国多次派遣医疗队赴斯为当地眼病患者提供医疗救治服务。2019 年 11 月，"斯里兰卡光明行"公益医疗活动在斯首都科伦坡举行，当地 100 名白内障患者接受了免费复明手术治疗。[③] 2020 年除了援建医院和开展"光明行"活动，中国还积极参与医疗慈善活动。中斯两国在医疗卫生领域开展的交流和捐助活动增进了两国民众的了解和互信。

（二）人才培养与教育领域

2019～2020 年，中斯两国在人才培养和教育领域的合作与交流得到进一步加强。首先，在语言人才培养方面，中国对精通斯里兰卡官方语言的人才的需求的增长使得中国开设僧伽罗语专业的高校数量逐步增加。长期以来中国只有北京外国语大学开设僧伽罗语本科专业，2017 年，这一局面被打破，这一年云南民族大学开设僧

---

① 《中国援建斯里兰卡肾病医院医疗区完成中期验收》，新华网，http://www.xinhuanet.com/overseas/2019-06/18/c_1210162371.htm。
② 《中国科学院与斯里兰卡供水部签署双边合作备忘录补充协议》，中国驻斯里兰卡大使馆网站，http://lk.china-embassy.org/chn/xwdt/t1823977.htm。
③ 《斯里兰卡光明行公益医疗活动在科伦坡举行》，新华网，http://m.xinhuanet.com/2019-11/11/c_1125219240.htm。

伽罗语专业，随后重庆师范大学（2018）和云南大学（2020）相继开设僧伽罗语本科专业。预计在不远的将来会有更多掌握僧伽罗语的人才加入推动中斯友好关系发展的队伍之中。开设僧伽罗语专业的高校都致力于与斯里兰卡高校建立交流合作关系，从而加强两国高校之间的联系。实际上，不仅是中国开设僧伽罗语专业的高校数量在增加，以斯里兰卡为研究对象的研究机构和研究者数量也有所增加。

其次，在中斯文化交流日趋活跃的氛围下，斯里兰卡学习汉语的人数也逐年递增，中国在国际汉语教育推广方面的努力在斯里兰卡得到了很好的体现。斯里兰卡凯拉尼亚大学和科伦坡大学开设有孔子学院，孔子学院每年定期举行中国文化节、汉语水平考试、"汉语桥"世界大学生中文比赛、赴华留学奖学金选拔等活动，疫情期间授课、考试、比赛和其他各类活动采取线上方式举办。2019年9月，凯拉尼亚大学校长、人文学院院长等来华参加凯拉尼亚大学孔子学院年度理事会；同年12月，北京外国语大学副校长、云南红河学院书记等赴斯参加科伦坡大学孔子学院年度理事会；2020年11月，科伦坡大学孔子学院年度理事会以线上视频会议方式举行。此外，由中国国际广播电台主办的兰比尼中学广播孔子课堂也为推广汉语做出了突出贡献。2019年，斯里兰卡萨伯勒格穆沃大学开设了孔子课堂，该课堂由湖北黄冈师范学院与萨伯勒格穆沃大学合作建设。

中国历来密切关注斯里兰卡教育事业发展情况，中国驻斯大使馆、中资企业多次向斯里兰卡各地捐赠义卖善款、学习用品和体育器材。中国重视斯里兰卡在发展中对各种人才的需求，中国政府以及许多高校不断增加向斯里兰卡提供培训和奖学金的名额。中国驻斯大使馆自2016年起设立"中国大使奖学金"，2016～2018年已资助学生231名，2019年共资助106人。[①] 2019年，斯里兰卡共有24人获得"中国政府奖学金"，获奖学生将前往武汉大学、华中科技大学、天津医科大学等中国高校深造，所学专业涉及医学、建筑、电子商务、国际关系、产业经济学和翻译等。中斯两国在教育和人才培养方面的交流更加紧密，如2019年初，香港理工大学、香港曾璧山中学代表团访斯并进行实地考察；清华大学代表团访问斯里兰卡科伦坡大学，两校签署了《文献传递合作协议》；2019年底，中国科学院代表团访问斯里兰卡卢胡纳大学，双方代表共同为中斯联合科教中心的铭石揭幕。

(三) 文学互译与文艺交流

2019～2020年，中国和斯里兰卡在文学翻译和出版领域的交流活动取得诸多成果。被译成僧伽罗语并出版的图书包括《中共中央十九大报告》、《中国共产党党章》、由教育科学出版社与斯里兰卡星加出版社联合出版的《幼儿礼仪图画书》、由外语教学与研究出版社和斯里兰卡出版机构联合出版的《中国文化读本》等。2019年中国作协书记处书记率团访斯期间，双方就加强中斯作家交流、开展文学作品互译、推进文学交流与合作达成共识，增进了两国在文学方面的交流与合作。[②]

[①] 《程学源大使为斯里兰卡"中国政府奖学金"获得者颁发录取通知书》，中国驻斯里兰卡大使馆网站，http://lk.china-embassy.org/chn/xwdt/t1688100.htm。

[②] 《中国作协代表团访问斯里兰卡》，中国文化网，http://cn.cccweb.org/portal/pubinfo/2020/04/28/200001003002001/51dd424adcfc47e283a3c37d8d11a1f3.html。

2019 年中斯之间文艺交流与互访较为频繁。其中，中国派往斯里兰卡进行友好访问的团队包括：2 月，四川省友好代表团访斯，就四川省与斯里兰卡在联合考古、文物保护等方面的合作深入交流；3 月，泉州市友好代表团访斯，就推动两国地方合作广泛交流；8 月，中国佛教代表团访斯，参加"首届法显文化与新世纪海上丝绸之路国际论坛"；10 月，中国作协代表团访斯，这是中国作协 20 年来首次派遣正式代表团访问斯里兰卡；12 月，广东省海外联谊会代表团访斯，就加强中斯佛教文化交流、推动两国地方合作展开深入对话。中国在斯举办的文艺演出活动和展览包括：1 月，"丝路梦 宁夏情"文艺演出在科伦坡上演；8 月，"改革开放纪念活动暨主题图片展"在科伦坡举办；9 月，"湖北文化和旅游周"文艺演出在科伦坡上演；12 月，"中华人民共和国成立 70 周年图片展暨中斯'一带一路'建设成就系列巡展"在斯里兰卡北部、东部和中部的少数民族地区举办。此外，"欢乐春节"系列活动是中国在斯里兰卡创建的文化活动品牌，2019 年"欢乐春节"活动包括重庆艺术团的文艺演出、第四届中国电影节、第三届中国春节庙会等。

2019 年斯里兰卡个人或团体访华参加的文艺交流活动包括：5 月，斯里兰卡国家电影公司主席出席亚洲电影周；同月，在北京召开亚洲文明对话大会期间斯里兰卡代表团举行系列文化活动，其中，斯里兰卡艺术家参加开幕式文艺演出，斯文化部舞蹈团参加亚洲文明盛装巡游，斯非遗大师参加亚洲非遗大展，斯里兰卡郑和布施碑的复制品参加亚洲文明大展；8 月，斯里兰卡国家博物馆馆长访问中国国家博物馆；9 月，斯里兰卡文化部常秘瓦桑塔率政府文化代表团访华。中斯人文交流的内容十分丰富，不限于上述抗疫、医疗、教育、出版和文艺等领域。实际上，2019年至2020年各类论坛、会议和展览等活动数量众多，两国地方政府、学术机构和演出团体均不同程度地参与到人文交流活动之中，无不为活跃两国的人文交流氛围做出了重要贡献。

结　语

回顾2019～2020年中国与斯里兰卡的关系，可以就两国的关系现状做如下总结。

第一，携手互助，共克时艰。无论是在斯里兰卡突发的恐袭事件或者新冠肺炎疫情席卷全球时，还是涉及重大政治利益的其他问题时，中国与斯里兰卡的关系都是大国与小国交往典范，在不干涉别国内政的前提下相互支持。中国对斯里兰卡的反恐和抗疫活动提供了帮助，斯里兰卡则多次在不同场合发声，支持中国在香港和新疆问题上的严正立场。

第二，关注现实，经济先行。中国与斯里兰卡在经济规模等方面并不对等，但是两国在交往过程中坚持平等互利、合作共赢。两国共同致力于推动科伦坡港口城等大型基础设施项目的建设，以及诸多可以改善斯里兰卡国计民生的经济项目的建设。这些经济合作项目推动了共建"一带一路"在印度洋地区的发展，并且为促进斯里兰卡的经济发展做出了贡献。

第三，重视人文，沟通民心。近年来中国与斯里兰卡的人文交流呈活跃的态势，一大批经过仔细遴选的中文著作被翻译成僧伽罗语并介绍到斯里兰卡。这些著作的题材广泛，既有高屋建瓴的政论经典，也有文化意义深刻的文学名著，它们都可以帮助斯里兰卡读者加深对中国的了解。与此同时，斯里兰卡的一些文学名著也陆续被译成中文。斯里兰卡高校的中文专业和中国高校的僧伽罗语专业在过去两年中快速发展，相信不远的将来将有更多谙熟对方国家语言的专业人才加入促进两国文化交流的队伍之中。

第四，消极因素若隐若现。现阶段两国关系的稳步发展并不意味着不存在消极的影响因素。印度在印度洋地区的地缘政治考量一直是该地区出现局部变动的主要因素，印度作为地区性大国对邻国施加政治、经济和文化影响的能力不能被完全忽视。美国在斯里兰卡推销"千年挑战公司"计划遭遇失败，但是其推动的"印太战略"会在印度的积极支持下产生地区影响。这些因素再加上斯里兰卡国内持续存在的政党政治博弈，都可能对斯里兰卡的内政外交产生消极影响，但总休而言，近期在中国与斯里兰卡关系的发展中积极因素多于消极因素。

"一带一路"下中斯经贸合作的现状和建议

肖莉梅

　　内容提要：作为中国当前最重要的发展规划，"一带一路"倡议在统筹中国与世界的可持续发展的过程中，可以打造重要节点国家作为示范，以点带面。文章认为，斯里兰卡在中国对外发展战略中的地位不断上升，成为南亚地区重要节点国家的可行性较高。由此，探讨中斯经贸关系的现状及发展，有利于增强双边合作并促进两国发展战略的实现。基于现有文献和数据，本文总结了中斯经贸合作的现状，重点指出两国在基础设施及金融领域的合作现状，并指出未来合作方向，分析了双边经济合作中的机遇与问题。为进一步深化双边经济合作，中国应通过尊重当地民俗，加速推进自贸区谈判进程，优化对外投资结构，挖掘贸易投资新增长点等途径，在更高层面拓展中斯经济合作空间，并为中国与共建"一带一路"国家的合作提供参考范本。

　　关键词："一带一路"　经贸合作　斯里兰卡

　　作者简介：天津理工大学马克思主义学院讲师。

斯里兰卡位于印度洋的中心，紧邻国际远洋东西主航线，有"东方海上十字路口"之称，发展前景广阔。斯里兰卡是"古丝绸之路"的必经之地，也是"21世纪海上丝绸之路"建设的重要节点。中斯两国友谊源远流长，是共患难、谋发展的好伙伴，经贸合作根基深厚。

"一带一路"倡议是中国提出的涵盖不同国家和地区的在国家层次上的合作发展倡议。自2013年提出以来，倡议得到了全球100多个国家和国际组织的积极支持和参与。为促进本国经济发展、融入地区合作及维护地区稳定，斯里兰卡积极响应"一带一路"倡议，将实施该倡议看作本国经济发展的重要机遇，将本国的经济发展规划与该倡议对接，与相关国家展开全方位合作，达成了一些重要领域的合作项目。2015年后，由于斯里兰卡领导人的交接、政府的更迭，中斯两国关系经历了一些波折，但经过双方多次磋商，达成了新的共识，一些被暂停的大型基础设施合作项目先后复工。从近几年双方的经济合作来看，仍有许多重要的问题需要解决，共建"21世纪海上丝绸之路"将是中国与斯里兰卡的共同需要。

一　中斯经贸合作概况

中国和斯里兰卡有着悠久的传统友谊。在争取民族独立中，两国相互支持和帮助，中国为斯提供大量的投资和贷款，斯里兰卡为中国提供橡胶等重要物资。1952年两国在尚未建交的背景下签订了《米胶协定》，该协定持续执行三十年。两国无条件的相互支持，打破了西方国家对中国的封锁禁运，使中国获得了急需从国际社会进口的战略物资——橡胶；同时，中国的大米也帮助斯里兰卡顶住了欧美的打压，为其独立之后的经济复苏贡献了巨大力量。中斯两国自建交以来，双方在各领域的合作不断深化。2014年，中斯签署了深化两国战略合作伙伴关系的实施计划，开启自贸区谈判，两国经贸关系稳步发展，贸易额逐年增长。"一带一路"倡议是推动共建国家互惠合作的重要平台。在该倡议的背景下，中国与斯里兰卡在基础设施建设、贸易与投资、金融等领域展开全方位合作，为斯里兰卡经济发展提供了资金和技术支持，帮助其扩大出口、吸引外资，弥补其经济发展的短板。

截至2019年6月，斯里兰卡已与世界上200多个国家与地区开展贸易往来，中国作为斯里兰卡重要的贸易伙伴，已成为斯里兰卡的第一大进口来源地以及第十一大出口市场。建设中斯自由贸易区是斯里兰卡将自身发展战略与中国"一带一路"倡议对接的重要举措。斯里兰卡希望深化与中国的经贸和投资领域的合作，扩大对华出口，拉动制造业，尤其是装备制造业等第二产业的发展。

在贸易方面，中国与斯里兰卡于2014年9月16日宣布正式启动双边自贸区谈判。双方确认，这是一个覆盖货物贸易、服务贸易、投资和经济技术合作等内容的全面协定，将有利加强双方在基础设施建设、旅游、农业、轻工业、新能源等领域的合作。截至2017年1月，中斯两国进行了五轮谈判。2017年5月，中斯签订《中国—斯里兰卡投资与经济技术合作发展中长期规划纲要》，为双边投资合作提供了有力指导。时任斯里兰卡驻中国大使科迪图瓦库表示，斯里兰卡非常希望扩大对中国市场的出口，认为"中国国际进口博览会是其产品进入中国市场的重要平台"。

中斯双边贸易额逐年增长。如表 1 所示，2019 年两国进出口贸易额同 2011 年相比增长了 42.9%。据斯里兰卡央行发布的 2019 年年报，2019 年斯里兰卡货物贸易进出口额为 199.37 亿美元，其中出口 119.4 亿美元，进口 79.97 亿美元。[①] 据中国商务部统计，2019 年中斯双边贸易额为 44.9 亿美元，与 2018 年相比下降 2%。[②] 2020 年，受新冠肺炎疫情影响，中斯贸易额为 41.6 亿美元，与 2019 年相比下降 7.3%。[③] 2019 年美国仍是斯里兰卡最大的贸易伙伴，2020 年中国取代美国成为斯里兰卡最大的贸易伙伴，其次为印度和美国，印斯、美斯贸易额分别为 36.1 亿美元和 30 亿美元。

表 1　2011~2019 年中斯双边贸易情况

单位：亿美元；%

年份	贸易总额	增长率	中国出口	增长率	中国进口	增长率
2011	31.42	—	29.89	—	1.53	—
2012	31.68	0.9	30.07	0.6	1.62	5.9
2013	36.20	14.5	34.38	14.5	1.83	12.7
2014	40.42	11.7	37.93	10.4	2.49	35.8
2015	45.64	12.9	43.05	13.5	2.59	4.2
2016	45.60	-0.1	42.90	-0.4	2.70	5.7
2017	44.00	-3.6	40.9	-4.7	3.1	13.4
2018	45.80	4.1	42.6	4.1	3.2	3.8
2019	44.90	-2.0	40.90	-3.9	4.0	23.4
2020	41.60	-7.3%	38.40	6.1%	3.2	-20%

资料来源：中华人民共和国商务部统计数据。

[①] 《斯 2019 年度经济数据快报》，中华人民共和国商务部网站，http：//lk. mofcom. gov. cn/article/jmxw/202005/20200502962209. shtml。

[②] 《2019 年中国—斯里兰卡经贸合作简况》，中华人民共和国商务部网站，http：//yzs. mofcom. gov. cn/article/t/202007/20200702987819. shtml。

[③] 《2020 年 1-12 月中国—斯里兰卡经贸合作简况》，中华人民共和国商务部网站，http：//www. mofcom. gov. cn/article/tongjiziliao/sjtj/yzzggb/202103/20210303042325. shtml。

斯里兰卡对华贸易逆差较为严重，中斯两国贸易关系不对称。从对外贸易产品结构上看，斯里兰卡出口中国的商品主要有服装、珠宝、贵金属制品、橡胶及制品、纺织品及原料、茶叶等，其中纺织品及原料、植物产品和化工产品是斯里兰卡出口中国的三大类商品。斯里兰卡自中国进口的商品主要有机械电子产品、矿产品、运输设备、服装和化学原料等，其中机电产品、纺织品及原料和贱金属及制品是斯里兰卡自中国进口的主要商品。根据斯里兰卡住宅发展委员会的报告，2015～2030年斯里兰卡住宅缺口总量约为150万套，平均每年有10万套住宅的缺口。这将使当地对铝材、塑钢、水泥、钢铁、大理石、卫浴、维护设备等建材的需求量日趋庞大，而斯里兰卡建材类产品的需求几乎100%靠进口满足，这为中国企业提供了巨大商机。①

总体看来，斯里兰卡对华出口的商品种类不多，双边贸易严重不平衡且波动性较大，双边贸易实现大幅增长还需时日。从贸易产品结构看，中斯贸易具有一定的互补性，贸易合作空间巨大，建立自贸区是大势所趋，有利于斯扩大对华出口，扭转贸易逆差。

在投资方面，斯里兰卡对外国投资需求迫切，有利于中国企业"走出去"。中国从20世纪80年代中期开始就在斯里兰卡投资。1986年，中斯签署投资协定，为双向投资创造了良好环境。受限于各种原因，中国在斯里兰卡对合资项目投资金额较少，投资成功率不高。截至2002年，中国在斯里兰卡先后兴办各类型企业16个，投资总金额约1400万美元。其中，仅有6个独资或

---

① 《2017年斯里兰卡中国品牌展》，跨国采购网，http：//www.globalimporter.net/tradeexpo-d-462645.htm。

合资企业在运作。① 近年来,在2007年中斯签订《中斯双向投资促进合作谅解备忘录》之后,尤其是2013年中国提出共建"一带一路"倡议以来,中国对斯里兰卡的投资取得跨越式增长。这为斯里兰卡提供了国内发展所需要的资金和技术支持,在一定程度上被视为其在经济和商业上降低对印度依赖的平衡力量。2017年,中国成为斯里兰卡外国直接投资最大来源国。据商务部统计,2017年,中国企业在斯新签工程承包合同额36.3亿美元,完成营业额23.8亿美元。② 2018年,中资企业在斯里兰卡新签工程承包合同额累计已超过220亿美元。2019年,中国企业在斯新签工程承包合同额27.9亿美元,完成营业额22.2亿美元。③ 2020年,中国企业在斯新签工程承包合同额10.4亿美元,同比下降62.6%;完成营业额12.9亿美元,同比下降42.1%。④

中国在斯里兰卡的投资以承揽工程和设备出口为主,涉及旅游业、纺织业、电信服务业等。中国在斯里兰卡投资的重点项目包括科伦坡港口城、科伦坡三期公寓等项目。中资企业对斯里兰卡汉班托塔港和科伦坡港口城的投资,将使斯里兰卡成为"海上丝绸之路"上重要的低成本转运地。位于欧洲、中亚、非洲通往东亚必经之路上的汉班托塔港,若能充分发挥其地理位置优势,

① 《相互投资情况》,中国驻斯里兰卡大使馆网站,http://lk.mofcom.gov.cn/article/zxhz/200203/20020300002680.shtml。
② 《杨作源参赞:中斯企业又添互学互鉴成功案例》,中国驻斯里兰卡大使馆网站,http://lk.mofcom.gov.cn/article/jmxw/201903/20190302841817.shtml。
③ 《2019年中国—斯里兰卡经贸合作简况》,中华人民共和国商务部网站,http://yzs.mofcom.gov.cn/article/t/202007/20200702987819.shtml。
④ 《2020年1-12月中国—斯里兰卡经贸合作简况》,中华人民共和国商务部网站,http://www.mofcom.gov.cn/article/tongjiziliao/sjtj/yzzggb/202103/20210303042325.shtml。

将提升该地区乃至全球贸易互联互通水平。中国在汉班托塔港投资建设的中国—斯里兰卡工业园，为斯里兰卡将自身打造成国际航运中心、金融中心、商业中心奠定了坚实的基础，为其铺平了经济腾飞的道路。

二　中斯共建"一带一路"主要合作领域

中斯两国高层已经提出双边合作的重要方向和重要内容，如制造业产能、基建、航运以及金融领域等，这些合作领域不仅是中国之优势、利益所在，也是斯里兰卡发展战略目标中的重大关切。[①]其中，重大合作项目——港口建设成为中斯战略对接的突破口。基础设施建设是中斯战略对接的核心领域，经贸合作成为中斯战略对接的基础支撑。

(一)基础设施建设合作

基础设施互联互通是各国共建"一带一路"的重要方式。从1983年到2009年，斯里兰卡经历了26年的内战。多年的内战导致国家财政亏空，经济基础薄弱，基础设施破坏严重。为推动斯里兰卡基础设施的完善，中国与斯里兰卡进行了广泛的合作，尤其在"一带一路"倡议的背景下，中国在斯里兰卡援建了交通、电力、水利等大型基础设施。两国的基建合作拉动了斯里兰卡战后经济社会的重建，推动了斯里兰卡人民生活水平的提高。近年来，中国已

---

① 李艳芳：《"21世纪海上丝绸之路"框架下中斯经济关系的重塑研究》，《南亚研究》2017年第2期，第48页。

成为斯里兰卡最大的基础设施建设合作方。

1. 港口

2009 年内战结束之后，斯里兰卡基础设施破坏严重，庞大的军费开支严重制约了斯里兰卡的经济发展。为重振国民经济，斯里兰卡政府决定将打造汉班托塔地区和科伦坡两大工业基地。2013 年底，斯里兰卡政府制定了经济发展的纲领性文件——《不可阻挡的斯里兰卡——2020 年未来展望和 2014—2016 年公共投资战略》。该文件规划意图将斯里兰卡建设成为国际航运、航空、旅游和商业、能源以及知识经济五大中心，成为连接东西方的重要枢纽。为实现此目标，港口建设成为重中之重。斯里兰卡政府的愿景正同中国提出的共建"21 世纪海上丝绸之路"的重大倡议不谋而合。汉班托塔港项目和科伦坡港口城项目是中国在斯里兰卡最重要的两大项目。

汉班托塔港地理位置优越，是斯里兰卡南部的战略港口。中国援建汉班托塔港计划分三期完成，中国港湾工程有限责任公司于 2007 年 10 月开始援建汉班托塔港。2012 年一期工程竣工后，汉班托塔港并未如愿蓬勃发展，一直处于经营不善的处境中。为缓解债务，2017 年 12 月斯里兰卡将汉班托塔港口的资本和经营管理权正式移交中国招商局集团。中国买下汉班托塔港 70% 的股权，并租用该港口以及周围 10.6 万公顷土地，建设中斯工业园，租期为 99 年。目前，汉班托塔港已完成一期、二期工程，建有十个 10 万吨级泊位，码头长 3487 米，泊位专门用于处理集装箱、滚装货、散货和一般货物的装卸。由此汉班托塔港成为斯里兰卡第二大港。2018 年，汉班托塔港全年的货物吞吐量达 49.6 万吨，较 2017 年增长了 3.25 倍，其中滚装车辆达 23.6 万辆，增幅 158%。2019 年前两个季度，汉港共完成滚装车辆 16.72 万辆，同比增长 57.56%；完成散杂货吞吐量 45 万吨，远超去年全年散杂货吞吐量。① 目前，该港 90% 的工人来自本地。同时，中国还在此援建中国—斯里兰卡工业园。斯政府意将以港口带动工业园发展，以工业园带动城市发展，推动汉班托塔地区土地资源和人力资源的充分开发，把汉港地区打造成港、园、城一体的新区，使其成为国际航运中心、港口物流中转中心、工业中心。

科伦坡港口城项目是中国迄今在斯里兰卡最大的投资项目，由中国交通建设股份有限公司与斯里兰卡港务局共同开发。截至 2019 年 1 月，科伦坡港口城项目陆域已形成，269 公顷填海土地工程已完工。2018 年底，位于科伦坡核心商业区的科伦坡阿索托丽亚公寓项目全面封顶。该项目是斯里兰卡投资局的战略发展项目，致力于打造集商业、居住、休闲娱乐、医疗、教育等功能于一体的"一站式"消费居住体验环境。同时该项目还会带动二级开发投资，吸引外来投资，为当地居民创造大量就业机会。科伦坡港口城项目有望将这座新城打造成为东南亚最大的金融中心、物流中心，填补迪拜与新加坡之间国际金融中心的空白。该项目为当地居民享受更好的消费环境、居住环境提供了坚实的基础。

目前，中国参与了汉班托塔港项目和科伦坡港口城项目的援建，两港的建设是"21 世纪海上丝绸之路"计划的重要内容，这与斯里兰卡希望将两港打造成为两个经济中心的战略高度契合。扩

---

① 《汉班托塔港运营一年半 货物吞吐量增长数倍》，中国一带一路网，https://www.yidaiyilu.gov.cn/xwzx/hwxw/98346.htm。

建科伦坡港口和新建汉班托塔港，将进一步增强斯里兰卡的国际航运能力，为其发展海洋经济奠定坚实的基础。

2. 道路

中国承建了斯里兰卡高速路、铁路等项目。斯里兰卡的第一条高速路——科伦坡国际机场高速路已竣工通车，该项目由中国进出口银行提供贷款。该高速路全长 25.8 公里，路面为双向四车道，部分为双向六车道，被称为斯里兰卡"国门第一路"。这条高速路的通车将使机场到市区的交通时间从 1.5 小时缩短至 20 分钟，大大方便了当地居民的出行，同时也拉动了沿线物流业和旅游业的发展。另一个高速公路项目——南部高速公路延长线项目正在修建中，该项目由中方承建，中国进出口银行提供贷款。该项目将大大缩短首都科伦坡至南部重镇汉班托塔的车程，推动两大港口和贸易区之间的货物运输及人员往来，也将成为斯国家高速公路网的重要组成部分。① 该项目将为斯提供大约 1.5 万个就业机会，极大促进斯里兰卡南部经济走廊及周边地区的发展。

中方企业还为斯里兰卡道路升级计划提供大力支持。由中企承建的 B385 和 B278 道路于 2019 年 3 月竣工，此次升级的两条道路全长 26 公里，经过升级改造后，进一步实现道路所在地区与周边交通网络的互联互通。

斯里兰卡的铁路运力低下，设施老旧失修，且近 90 年来斯里兰卡从未修建过一条新铁路线，落后的交通系统制约了斯南部经济社会的发展。2013 年，中国机械进出口集团与中铁五局共同承建

---

① 《易先良大使陪同斯里兰卡总统出席南部高速公路延长线项目开工仪式》，中国驻斯里兰卡大使馆网站，http://lk.mofcom.gov.cn/article/jmxw/201508/20150801075928.shtml。

了斯里兰卡南部铁路项目。这条铁路从首都科伦坡贯通至卡特拉伽玛，途径马特勒、汉班托塔港口和马特勒国际机场，全长127公里，时速可达120公里，是斯里兰卡时速最高的铁路。2019年1月6日，南部铁路一期项目试通车，4月正式通车。它是斯里兰卡独立以来在主要客货运输网络上新修建的第一条铁路，它的建成通车推动了斯里兰卡铁路网的升级，方便了沿线居民的生活，拉动了南部地区各产业的发展。这条南部铁路连接了科伦坡和汉班托塔港两大经济中心，使斯里兰卡南部形成海、陆、空"三位一体"的运输格局，方便了客货运输，为改变斯里兰卡南部经济的落后局面发挥了积极作用。

3. 电力

电力短缺是斯里兰卡多年来一直存在的问题。为缓解当地居民的基本用电问题，中国企业在斯承接了发电站、水利枢纽等项目。2007～2014年，中国机械设备工程股份有限公司承建了普特拉姆燃煤电站项目，这是斯里兰卡第一座也是最大的燃煤电站，是"一带一路"共建国家装备"走出去"的重要工程。其建成解决了斯里兰卡50%的电力供应，使斯里兰卡整个国家的电价下降了25%，也使斯里兰卡成为南亚唯一一个告别电力短缺的国家。除此以外，中国电建承建了莫勒格哈坎达水库项目、卡卢河大坝项目等。截至2018年初，建设历时六年的莫勒格哈坎达水库顺利竣工并移交斯里兰卡政府，这项斯里兰卡最大的水利枢纽工程将在防洪供水、缓解电力紧张等方面发挥重要作用，将持续为当地农业、民生提供巨大福祉。2018年12月，中国企业承建的斯里兰卡南部汉班托塔地区220千伏变电站项目破土动工，这对斯里兰卡南部地区，特别是汉班托塔港电力稳定供应具有重大意义。

4. 水利

在饮用水安全方面，斯里兰卡长期缺乏清洁饮用水，居民患有慢性肾病的概率很高。为解决水资源分布不均的问题，向当地居民提供更多的清洁水源，中国企业在斯里兰卡承建了多个供水项目。例如，阿塔纳水厂项目是斯里兰卡最大的单体水厂项目，修建完工后将解决当地 42 个村庄 60 万人口的清洁用水问题，还为当地居民提供了超过 1000 个就业岗位。库鲁内格勒水项目是斯里兰卡首个供水和污水处理合建项目。该项目能够满足每天 7.1 万人 24 小时不间断的安全饮用水需求，污水处理也完全符合国际标准；同时，该项目可使整个城区排水系统基本实现雨污分流排水。莫勒格哈坎达水库项目是斯里兰卡最大规模的水利枢纽工程，其建成投入使用后，可大大提升农业生产效率，同时使斯里兰卡中部的灌溉能力大幅提升，从而有助于提高农民的生活水平。

2019 年 9 月 5 日，由中国石油管道局工程有限公司承建的斯里兰卡首都科伦坡地下排水隧道工程开工。该项目建成后将成功解决科伦坡城市的内涝问题，是造福人民的重大市政民生项目。

中国在斯里兰卡承建的一系列重要工程建设项目，有效地改善了斯里兰卡基础设施条件，促进了基础设施的互联互通，大大改善了民生，为斯里兰卡经济社会的可持续发展注入了活力，也为推动"21 世纪海上丝绸之路"在斯里兰卡实现对接铺平了道路。

(二)金融合作情况

斯里兰卡在结束长达 26 年之久的内战后，财政空虚，政府债务处于高位运行。经过改革开放四十多年的发展，中国已成为一个投资大国，在斯里兰卡战后重建、经济社会急需发展的关键时期，中国为斯里兰卡提供了大量的融资和贷款。

中国进出口银行作为致力于对外经贸合作的政策性银行，加大资金投入力度，为斯里兰卡等"一带一路"相关国家提供强有力的金融支持。中国进出口银行为斯里兰卡提供贷款的项目有科伦坡国际机场高速项目、南部高速公路延长线项目以及道路、水处理等基础设施项目。

2014年8月，中国与斯里兰卡签署了《中国人民银行代理斯里兰卡央行投资中国银行间债券市场的代理投资协议》。9月，两国签署了规模为100亿人民币的双边本币互换协议，该协议旨在促进双边贸易和投资，拓展两国的金融合作。货币互换安排不仅是人民币国际化的一个步骤，还为维护区域金融稳定、促进双边贸易投资发挥着重要作用。

为进一步扩大两国的金融合作，中国银行于2018年3月在科伦坡设立分行，这是第一个在斯里兰卡设立分行的中资金融机构。中国银行科伦坡分行的设立将推动两国在金融领域的务实合作，为斯里兰卡带来更多来自中国的投资。例如，通过总行为大的基建项目直接融资，或与当地标准银行合作提供金融服务，吸引更多的中国企业和投资者进入斯里兰卡市场，为两国企业的跨境合作牵线搭桥，加速斯里兰卡工业化进程，实现其成为亚洲金融中心、物流中心的目标。中斯银行间的合作将是两国金融合作的重要内容，以金融力量为两国企业架起跨境合作的桥梁。

2019年3月，中国国家开发银行与斯里兰卡人民银行签署了一项为期 8 年、总金额 2 亿美元的双边融资合作协议。近几年，国家开发银行对多个中斯大项目提供了融资服务，包括科伦坡港口城项目、莫拉格哈坎达水库项目等，为两国共建"一带一路"发挥了重要作用。

亚洲基础设施投资银行是推进"一带一路"倡议的新型国际金融治理平台，旨在为亚洲基础设施建设融资。斯里兰卡作为亚投行的参与者和创始成员国，积极响应中国的"一带一路"倡议。亚投行为挑选好项目，设立了项目准备特别基金。针对斯里兰卡固体废物处理项目，亚投行批准 70 万美元用于对该项目的可行性研究和各项评估。若该项目顺利获批，亚投行将与世界银行联合融资 2.74 亿美元，其中亚投行提供 1.15 亿美元。该项目建成后将大大改善斯里兰卡人民的居住环境，推动经济社会的可持续发展。

资金短缺严重制约斯里兰卡基础设施领域的发展。斯里兰卡经济高度依赖中国，中国成为斯里兰卡最大的外国直接投资国，斯里兰卡 90% 的大型项目和 50% 以上的基础建设项目都有中国的资金和企业参与其中。2017 年，为协助斯里兰卡解决债务问题，中国接受了斯里兰卡政府将汉班托塔港以"债转股"的形式交给中国的请求，此举将减少斯里兰卡 11 亿美元的贷款。国际评级机构穆迪公司称，2018 年斯里兰卡外债将占政府债务总额的 43% 左右，造成外部融资条件存在重大风险。[①] 外国媒体宣称斯里兰卡掉进中国"债务陷阱"，这个说法是无稽之谈。虽然中国为斯里兰卡提供了巨额的融资支持，但中方贷款仅占斯里兰卡外债的 1/10。根据

---

① 《穆迪：2019 年起斯需集中偿还外债，经济将面临真正考验》，中国驻斯里兰卡大使馆网站，http：//lk.mofcom.gov.cn/article/jmxw/201707/20170702613903.shtml。

斯里兰卡央行 2018 年 7 月的数据，斯里兰卡所有外债余额为531.77 亿美元，其中来自中方的贷款约占 11%。[①] 并且，中方贷款中，中方提供的优惠贷款金额约为 33.8 亿美元，占比高达 61.5%，贷款利率远低于国际市场水平。[②]

资金融通是"一带一路"建设有序向好发展的关键。通过中斯两国的金融合作，中国为斯里兰卡提供了斯里兰卡发展所欠缺的资金、技术、人才，重塑了斯里兰卡社会经济发展活力，拉动了斯里兰卡的经济增长，从长远意义上改善了斯里兰卡的民生。

三　中斯经贸合作的机遇和挑战

（一）中斯合作的发展机遇

首先，斯里兰卡对基础设施建设的需求旺盛，为两国合作提供良好机遇。斯里兰卡工业基础薄弱，没有工业配套体系，原材料基本靠进口，财政紧张，基建投资支出不足，对外来资金、技术、设备和管理经验有较为迫切的需求。中国在工业化发展的过程中积累的大量经验可以对外输出，与此同时国内产能过剩问题严重，通过"基建输出"能够大幅缓解我国建筑业、制造业的产品需求压力。[③]

汉班托塔港项目和科伦坡港口城项目对于中国和斯里兰卡是好的发展机遇。汉班托塔港处于中国"21 世纪海上丝绸之路"的关

---

① 《斯里兰卡—外债》，贸易经济网，https：//zh. tradingeconomics. com/sri-lanka/external-debt。

② 《中国驻斯里兰卡大使馆回应所谓"债务陷阱"》，中央广电总台国际在线，http：//news. cri. cn/20180705/b865d11d-bd20-740d-8a84-c6fcc1f0fdac. html。

③ 《"一带一路"战略下的投资促进研究》，中华人民共和国商务部网站，https：//www. yidaiyilu. gov. cn/wcm. files/upload/CMSydylgw/201706/201706131116055. pdf。

键位置，是中斯经贸合作的重要内容，对中斯两国具有重要的战略意义。作为世界第一大海湾孟加拉湾的门户，汉班托塔港距离世界最繁忙的国际海运主航线仅 10 海里，地理位置优越，区位优势明显，发展潜力大，发挥着交通枢纽和贸易要冲的重要作用，有望成为区域航运中心。中国投资建设的临港工业园占地 50 平方公里，主要发展以港口为依托的商贸物流业，进而带动船舶服务、海产品加工、农副产品加工等加工制造业的发展。汉班托塔港的开发及运营将带动斯里兰卡南部地区经济的发展，改变贯穿亚、欧、非的贸易流向，有利于促进中国与斯里兰卡的双边投资和产能合作。科伦坡国际集装箱码头项目将推动科伦坡港口货物吞吐量大幅增长，提高其行业地位，同时项目建设时可以为当地解决 4000 个就业岗位，并且有望在项目完成时提供 7000 个就业岗位。中国对斯里兰卡港口的投资将推进"一带一路"建设。

其次，斯里兰卡经济稳定增长为中斯合作提供了发展空间。世界银行发布的《全球经济展望》预测，2018 年至 2020 年斯里兰卡 GDP 年增长率将稳步上升，从 3.9%逐年增长至 4.1%；① 中国将有所下降，但 GDP 年增长率仍将保持 6%的水平。斯经济增长将从不同程度上助力两国的合作。近年来，斯里兰卡致力于对外开放，改善营商环境，鼓励外国投资，积极营造良好的投资环境。斯里兰卡还积极促进对外贸易，鼓励发展出口型产业，不断优化市场环境，为两国的合作提供良好的基础。同时，其经济稳定增长将创造大量的能源、机械、轻工等投资需求，为中国开展国际产能合作提供较

---

① 数据来自世界银行网站，https：//data.worldbank.org.cn/country/sri-lanka。

大空间，从而有助于实现两国经济"双赢"。

(二) 中斯合作中的问题和挑战

首先，斯里兰卡内政不稳导致外交政策调整，使中方投资遭遇风险。中国在斯里兰卡的投资主要集中在基础设施领域——港口、机场、公路等。基建项目需要投入大量的资金和技术支持，在面对东道国政权更替、政策不稳定的情况时，中国在该国的基建项目容易面临政治风险和经济风险。2015年，中国投资的科伦坡港口城项目因斯里兰卡新政权对该项目展开全面审查而被暂停，这对中国的投资极为不利。2018年10月，斯里兰卡总统西里塞纳替换总理引发的政治危机还在发酵。另外，斯里兰卡族群冲突、宗教矛盾长期存在，给外来的恐怖分子以可趁之机。2019年4月发生在斯里兰卡的连环爆炸恐怖袭击，造成大规模人员伤亡，导致斯政府损失约2.84亿美元。随着中斯合作项目、中国在斯企业和人员的数量逐年增多，维护海外中国公民安全与合法权益，成为中斯合作中不容小视的问题。

其次，整体协调斯里兰卡各港口功能有难度。斯里兰卡作为一个岛国，港口是对外联系的主要方式。斯里兰卡的主要港口有西部的科伦坡港和南部的加勒港。在中国与斯里兰卡共同开发下，科伦坡港已成为南亚重要的集装箱中转港，由此汉班托塔港作为集装箱中转站的作用将难以充分发挥。加勒港和汉班托塔港都处于南方省，两港有瓜分腹地的可能性。因此，中方将如何开发建设及运营汉班托塔港以缓解激烈的竞争形势，为斯里兰卡经济发展服务，为中国"海上丝绸之路"重要支点服务，成为一个不可小视的挑战。

再次，当地企业、民众对中资项目的认知存在偏差，引发东道国的民族中心主义心理。中资企业在斯里兰卡享受一定的政府优惠，被一些当地企业解读成不正当竞争。部分当地民众对中资项目会改变其生活环境、就业环境等产生误解。在汉班托塔港股权转让的过程中，汉港的临时工担心股权的转让会导致他们失业，故发起罢工抗议。在罢工抗议期间曾发生多起暴力事件，最终在斯里兰卡海军介入之下问题才得以解决。斯里兰卡发展部长曾表示，中方经营该港可以产生经济效益，减轻斯里兰卡很大负担。然而，国家、企业、民众之间存在的信息不对称和认知差异会给中资项目的顺利进行以及当地的经济社会发展带来诸多不良影响，造成不必要的损失。

最后，大国在印度洋的博弈会压缩中斯两国的合作空间。随着世界经济重心东移速度加快，印度、美国、日本越来越重视印度洋地区，尤其是与斯里兰卡关系的发展。印度依然是中斯经济合作发展的关键影响因素。在政府发展援助、地缘战略安排等层面，斯里兰卡对印度的依赖性极高。印度一直将斯里兰卡视作自身海洋安全利益的核心要素，排斥其他国家的进入。[1] 斯里兰卡与巴基斯坦正好对印度构成了"一南一北""一海一陆"两大战略方向上的战略牵制，斯的战略地位难以替代。[2] 印度将中斯港口领域的经济合作看作中国对印度次大陆的"战略包围"。美国也在加强与斯里兰卡

---

[1] David Scott, "The Great Power 'Great Game' between India and China：'The Logic of Geography'," *Geopolitics*, Vol. 13, No. 1, 2008, pp. 1-26.

[2] 李永辉：《中国国际战略中的"关键性小国"：以斯里兰卡为例》，《现代国际关系》2015年第 2 期，第 22 页。

的双边关系。特朗普政府推进"印太战略",加快构建印太伙伴关系网。随着美国将中国定义为主要战略竞争对手,与中国在中小国家争夺影响力的较量被视为美国战略规划应有之义。① 因此,中国在印度洋地区日益活跃,以及对斯里兰卡基础设施投资力度的加大,致使美国重新评估斯里兰卡的重要性,表达加强美斯关系的意愿,以争取斯里兰卡成为美国地区战略的支点,抵消中国在斯里兰卡日益增强的影响力。为此,美国通过多种方式表达加强美斯关系的意愿。有媒体明确指出,美国打算向斯里兰卡拨付3900万美元,以加强斯里兰卡维护海上安全的能力。2020年8月31日,美国国防部长马克·埃斯帕和斯总统戈塔巴雅通话,表示将致力于扩大双边防务合作关系,促进共同利益。日本为牵制中国,外交重点逐渐转向南亚,更加关注斯里兰卡在印度洋的战略重要性。2014年,安倍晋三访问斯里兰卡,他成为二十多年来首位访问斯里兰卡的日本首相。为了提高斯里兰卡在印度洋海域的海上警备能力以打击海盗等,安倍到访期间日本政府表示会向斯里兰卡提供巡逻船。② 日本与斯里兰卡两国领导人的互访及发表联合声明,都标志着日斯关系的升温。美国、印度、日本针对中国在印度洋的博弈,将使中斯合作因受到更多因素的影响而趋于复杂,并压缩两国的合作空间,这给中国在斯的投资带来更多不确定性的因素。

---

① 李益波:《美国提升与斯里兰卡关系:动因与制约》,《国际问题研究》2019年第3期,第23～25页。
② 《安倍将访问斯里兰卡 拟提供巡逻船扩大海洋合作》,人民网,http://japan.people.com.cn/n/2014/0905/c35469-25612698.html。

四　开展中斯经贸合作的建议

当前，中斯两国重视经济合作，共同推进基础设施建设，促进互联互通。双边贸易也稳定发展，金融合作持续深化。中国还应注意以下几点：一是中国企业应尊重当地民俗，履行社会责任；二是中国应加速推进自贸区谈判进程，实现贸易投资自由化便利化；三是中国要优化对外投资结构，挖掘贸易投资新增长点，鼓励民营企业"走出去"。

(一)尊重当地风俗习惯，切实履行社会责任

中国在斯里兰卡的投资多是资金庞大的基建项目。为顺利实现投资以及为斯里兰卡提供援助，中国企业应关注当地的风土人情，坚持市场化经营、长期化经营、本土化经营，积极融入当地社会，以实际行动践行中斯命运共同体理念。

斯里兰卡是佛教国家，中国企业要尊重当地的文化、宗教、风俗，与当地居民多沟通，相互学习借鉴，增进了解。中国在斯里兰卡的投资项目是从更加经济和长远的角度为斯里兰卡国家发展和改善民生而设计的。通过中国的援助、技术培训、管理来增进当地民众与中国企业之间的理解和信任。中国企业还要加强属地化经营，通过中斯合作项目为当地创造更多的就业机会，聘用更多的当地员工。此外，中国企业应积极参与当地的卫生医疗、教育等公益事业，通过助力斯里兰卡医疗升级等项目的落实，让当地人民了解中国政府和人民的善意，密切与当地居民的关系。

（二）加快自贸区谈判

从近年来中斯货物贸易额来看，中斯双边贸易并不平衡，斯里兰卡贸易逆差严重。中斯双方应打破贸易不平衡的现状，通过建立自由贸易区推进中斯经贸合作。两国应扩大贸易规模，扩大双边自由贸易范围。中国应进一步开放市场，拓宽进口渠道，适度扩大消费品进口，引进更多斯里兰卡商品。

中斯两国已展开双边自贸区第五轮谈判，就相关议题进行了深入交流并取得了积极进展。2017年5月，中国在"一带一路"国际合作高峰论坛上发出《推进"一带一路"贸易畅通合作倡议》，表明了中国愿意进一步对外开放、促进贸易投资新发展的态度，以及致力于促进全球贸易投资增长、维护和促进开放型经济的立场。同月，中斯签订了《中国—斯里兰卡投资与经济技术合作发展中长期规划纲要》，为双边投资合作提供了有力指导。2018年5月，斯里兰卡发展战略和国际贸易部长萨马拉维克拉马表示，斯方希望中斯双边贸易协定能尽早签署，尽早受益，斯方将制定更多优惠政策以吸引中国投资。

中国应充分发挥出口优势，确保中方的竞争优势地位。在与斯经贸合作中不断挖掘贸易投资新增长点，开展新能源、高科技领域的经贸合作，与斯进行深入的经济交往，实现经济的互相帮助和目标优化。中斯双方应发挥贸易在推动经济增长方面的引擎作用，加速中斯自由贸易区谈判进程，推动双边自贸区建设，从而实现贸易投资自由化便利化。通过中斯自贸区的构建，积极推进共建"一带一路"国家商建自贸区建设，推进国际产能合作，带动共建

"一带一路"国家的经济发展，缩小国家和地区间的经济差异。

同时，"一带一路"倡议为两国之间的经贸合作和民间交往拓展了新的渠道。中国应搭建更多与中国进口博览会相类似的互利平台，为包括斯里兰卡在内的世界各国提供新的贸易共享平台，推动世界贸易增长。

(三)提高风险意识，优化对外投资结构，鼓励民营企业在斯投资

斯里兰卡对外政策中经济因素的重要性日益突出，斯对外资来源及其多样化高度重视，在中国对外投资具有相对优势的背景下，两国深化投资合作具有明显的互补优势和坚实的政策基础。[①] 为促使投资带动贸易发展、产业发展，可从以下几个方面入手：

首先，防范投资风险，提高风险意识。面对斯当前政局不稳的态势，一方面，应加强政府层面的沟通，以确保中国在斯企业利益得到维护；另一方面，对投资市场审慎评估，避免不必要的损失。引导在斯投资企业设立专门的风险监控管理部门，要求行业协会在风险控制方面发挥应有的作用，做好企业间的信息互通和共享。[②]斯方应推进合作项目的相关立法工作，这将有利于优化斯里兰卡营商环境、吸引外资。

其次，优化对外投资行业结构，注重投资行业多元化。中国应将对外投资重点放在实体经济、传统产业以及新兴产业上。例如，

[①]　吴兆礼：《中国与斯里兰卡在"一带一路"建设中的合作》，环球视野网，http://www.globalview.cn/html/global/info_25631.html。

[②]　钟春平、潘黎：《对外直接投资风险与一带一路战略》，《开放导报》2015年第4期，第42页。

在农业、远洋渔业、水产品加工、海洋工程技术、海洋生物制药、旅游（文化创意及休闲娱乐）等领域加强与斯里兰卡的合作。推进中斯新领域的合作并打造示范项目，结合斯里兰卡的本土优势，双方应加强在农产品加工、太阳能、轻工业等领域的合作，将斯里兰卡打造成高附加值产品加工中心、商业中心。另外，中方企业可增加在文化、教育等非经济领域的投资。在此方面，其他国家已有成功经验，例如，依托斯里兰卡的国家政策导向，日本在"三种语言"计划、人力资源培训、学校以及医疗等方面对斯里兰卡进行援助和投资，从而实现用小投资办大事的目标。通过借鉴其他国家在斯里兰卡的投资经验，2018年6月，中国企业承建的斯里兰卡13家医院并引进先进医疗仪器的项目开工。该援建项目将为当地百姓提供更好的医疗服务，从而使实惠落到实处，也为中国的投资分散风险。

再次，对外直接投资主体应多样化。长期以来，国企特别是央企是中国对外投资的主力，中国应鼓励民营企业，特别是有丰富对外投资经验的民营企业参与对斯投资。近年来，中国对外投资主体逐渐多样化，更多中小企业、私营企业走出国门。中国在斯投资的民营企业涉及行业种类较多，民营资本较为分散，有建筑承包商投资，华为、中兴、OPPO等电信业投资，中餐厅、民宿、旅行社等与旅游业相关的投资等。中国对民营企业应采取更多的鼓励政策，发挥民营企业在对外投资中机制灵活、运作高效的优势，与国企、央企形成互补之势，进一步推动中斯两国经贸合作，促进双方经贸与投资的可持续发展。

最后，积极挖掘中斯贸易投资新增长点，积极推动两国开展太阳能、水电、风电等潜力巨大的清洁可再生能源的合作。斯里兰卡能源短缺，石油、天然气、煤炭等战略资源极度依赖进口，因此，开发可再生能源成为斯里兰卡解决能源短缺问题的重要途径。斯里兰卡政府计划到 2030 年实现 100% 可再生能源供电。中国可以在水电、太阳能等新能源领域加强与斯里兰卡的合作，助力斯里兰卡实现其成为新能源中心的战略目标。目前，中国已开始帮助斯里兰卡建设风电项目，在水电、太阳能方面，中国水利水电集团、天合光能有限公司等企业也已进入斯里兰卡开拓市场。

在"一带一路"倡议的框架下，中国将进一步开放市场，让斯里兰卡共享中国发展机遇。两国的经贸合作将取得更多硕果，这不仅有助于中国的经济发展，也有利于提高斯里兰卡在全球贸易中的枢纽地位，帮助其实现"南亚经济中心梦"。中国将秉持"开放共享，互利共赢"的发展理念，为共建中斯命运共同体而继续努力。

"一带一路"倡议背景下
中国企业在斯里兰卡投资及对策研究[*]

屠希亮　于鑫洋

内容提要： 斯里兰卡是首个以政府声明形式支持"一带一路"倡议的国家，也是中国构建"面向21世纪海上丝绸之路"在印度洋上的重要战略支点国家。2013年，中斯关系提升为真诚互助、世代友好的战略合作伙伴关系，吸引了以国有企业为代表的众多中国企业纷纷投资斯里兰卡能源开发、大型基础设施建设等项目。近年来，相较于环印度洋——南亚地区的其他国家，中国对斯里兰卡的重视程度不断提升，投资金额不断增加，涉及行业领域不断拓展，但投资项目和投资主体单一等瓶颈因素也日益显现。本文旨在提议中斯两国应精准对接"一带一路"倡议和"繁荣愿景"，保持战略定力，严格遵守"共商、共享、共建"原则，加强各部门全方位交流与合作，深化经贸合作的深度与广度，加强立法以保障投资者利益，以建成中国——斯里兰卡自由贸易区为目标，全面推进后疫情时代的中斯经贸合作关系。

---

* 原文发表于《南亚研究季刊》2019年第2期，原题名为《"一带一路"背景下斯里兰卡投资现状、问题及对策》，本文有较大改动。

关键词:"一带一路" 投资风险 斯里兰卡

作者简介: 屠希亮,北京外国语大学国际关系学院讲师;于鑫洋,辽宁大学国际关系学院东亚研究中心助理。

中国国家主席习近平在 2013 年下半年先后提出了"丝绸之路经济带"和"21 世纪海上丝绸之路"(以下简称"一带一路")建设方案。斯里兰卡作为中国"21 世纪海上丝绸之路"倡议在印度洋上的重要支点国家,吸引了大量以国有企业为代表的中国企业投资斯里兰卡能源开发以及基础设施建设等项目。[①] 中国和斯里兰卡经贸合作发展迅速,前景广阔,但仍存在中资企业在对外投资中自身具有局限性以及项目操作过程中受到斯里兰卡国内政治和外部环境等不利因素影响等诸多问题。中国和斯里兰卡应秉承"共商、共享、共建"原则,加强战略互信,深化经贸合作的深度与广度,实现投资主体和领域多元化,以最终建立中国和斯里兰卡自由贸易区为目标,推动中国和斯里兰卡双边关系健康发展。本文将主要针对中国在斯里兰卡投资现状和面临的主要问题进行分析,并尝试提出对策建议。

斯里兰卡地处印度洋,紧邻亚欧国际主航线,拥有得天独厚的地理条件。同其他南亚国家相比,无论是在地理位置、劳动力资源、生态环境,还是在政策、商业、投资法律及税收优惠等方面,斯里兰卡均胜一筹,现已发展成为亚太地区最具吸引力的投资地之一。2009 年 5 月,斯里兰卡在结束长达 26 年的国内武装冲突后,

---

① 屠希亮、于鑫洋:《"一带一路"背景下斯里兰卡投资现状、问题及对策》,《南亚研究季刊》2019 年第 2 期,第 44 页。

进入和平发展时期。斯里兰卡政府通过大量公共投资，着重改善落后的基础设施，从而使投资环境明显好转。斯政府还出台了稳定吸收外资的政策，积极组织境外招商活动。2019 年 12 月当选总统戈塔巴雅提出关于经济振兴的"繁荣愿景"，作为"马欣达愿景"的升级版，斯里兰卡将凭借地缘优势倾力打造航空、航运、旅游和商业、能源以及经济五个中心，使自身发展成为连接东南业新兴经济体、中东产油区、非洲新兴经济体和西方发达经济体的区域经济中心。①

一 斯里兰卡 2019～2020 年经济发展状况

斯里兰卡央行于 2020 年 4 月发布的 2019 年度报告指出，根据世界银行 2019 年的国家分类标准，斯里兰卡在人均国民总收入（GNI）方面已成为中高收入国家。2019 年，以当时市场价格计算，该国的国内生产总值（GDP）为 840 亿美元，而 2018 年为 884 亿美元。以当时市场价格计算，2019 年斯里兰卡人均 GDP 和人均 GNI 分别为 3852 美元和 3741 美元，而上一年分别为 4079 美元和 3968 美元。在人均 GDP 增长率方面，相比 2018 年 6.7% 的增长率，2019 年的增长率为 3.9%。2019 年以斯里兰卡卢比计算的人均国内生产总值增长放缓，主要是由于按当时价格计算的国内生产总值增速放缓，加上斯里兰卡卢比 2018 年底至 2019 年大幅贬值，导致 2019 年相关指标数据较上一年有所下降。2019 年斯里兰卡主要经济

---

① "Sri Lanka's Economic Take off—The Need and the Readiness," https：//www.cbsl.gov.lk/en/publications/economic-and-financial-reports/annual-reports/annual-report-2019.

指标，即农牧渔业、工业、服务业产值和税收在 GDP 中所占的比重分别为 7%、26.4%、57.4%、9.2%。2019 年，就业人口增长 2.1%，至 818.1 万人，而上一年为 801.5 万人。就各行业就业人数而言，服务业是最主要的吸纳就业的行业，其就业人数占总就业人数的 47.1%，其次是工业和农业，其就业人数分别占总就业人数的 27.6% 和 25.3%。与此同时，2019 年这三个行业的就业人数占比都比 2018 年有所增加，其中服务业占比增长 71.4%，所占份额最高。[①]

受 2019 年 4 月复活节恐怖袭击事件的影响，2019 年 1~6 月，斯里兰卡货物进出口总额为 153.2 亿美元，比上年同期（下同）下降 9.5%。其中，出口 59.4 亿美元，增长 5.5%；进口 93.8 亿美元，下降 16.8%。贸易逆差 34.4 亿美元，下降 39.1%。由于 2020 年全球暴发新冠肺炎疫情，斯里兰卡货物对外出口总额为 99 亿美元，同比下降 16.98%，但高于预期的 95 亿美元。从商品类别看，纺织服装（44.1 亿美元）、茶（12.4 亿美元）、橡胶及橡胶制品（8.2 亿美元）和电子元器件（3.3 亿美元）的出口额分别较上年同期下降 21.01%、7.83%、9.66% 和 13.87%。其中，服装出口受疫情影响最大。而椰子和椰子产品、香料等出口实现了增长，特别是个人防护装备出口同比增长 47.42%，达 8.7 亿美元。从出口市场看，斯对前五大出口市场（美国、英国、印度、德国、意大利）的出口额分别为 25.1 亿美元、9.1 亿美元、6 亿美元、5.7 亿美元和 4.6 亿美元，五者合计占斯出口总额的一半以上。[②] 2020 年 1 月

① "Sri Lanka's Economic Take off—The Need and the Readiness," https：//www.cbsl.gov.lk/en/publications/economic-and-financial-reports/annual-reports/annual-report-2019.

② 《斯里兰卡 2020 年货物出口 99 亿美元》，中华人民共和国商务部网站，http：//www.mofcom.gov.cn/article/i/jyjl/j/202101/20210103033637.shtml。

至 11 月，斯里兰卡吸引外国直接投资 5.48 亿美元，但仍不足以实现全年 7.5 亿美元的目标。①

二 中斯贸易及中国对斯投资情况概述

中国国家主席习近平在 2013 年下半年先后提出了"丝绸之路经济带"和"21 世纪海上丝绸之路"建设方案。"一带一路"倡议旨在促进亚洲、欧洲、非洲大陆及其相邻海域之间的联系，建立和加强"一带一路"共建国家间的伙伴关系，建立全方位、多层次和互联互通的网络，在这些国家实现多元、独立、平衡和可持续发展。倡议中的互联互通项目有助于联合和协调共建国家间的发展战略，挖掘本地区的市场潜力，促进投资消费，创造就业机会，加强人文交流，增进民众间的相互了解、信任和尊重，促进和谐、和平和繁荣发展。"一带一路"倡议下发展的项目旨在建立起由高速公路、铁路、海上航运和航空组成的复杂网络，拉近中国与世界其他国家的距离。中国自 1993 年以来保持贸易顺差，三十年来，贸易总额已达 4.2 万亿美元，超过美国成为全球最大的贸易国。②

斯里兰卡作为中国"21 世纪海上丝绸之路"倡议在印度洋上的重要支点国家，吸引了大量以国有企业为代表的中国企业前往斯里兰卡投资能源开发以及基础设施建设等项目。中斯两国自建交以来经贸关系在平等互利的基础上发展顺利，贸易额逐年增长。尤其

---

① 《斯里兰卡对外进出口情况及产品分析》，中国贸易投资网，http：//www.tradeinvest.cn/information/5510/Detail。

② 《2018 年前三季度进出口有关情况新闻发布会》，中国海关总署，http：//fangtan.customs.gov.cn/tabid/556/InterviewID/126/Default.aspx。

是近年来，两国在各领域互利合作不断扩大，双边贸易保持较快增长势头。据统计，2019 年 1~6 月，中斯双边货物进出口总额为 20 亿美元，同比下降 7.4%。其中，斯里兰卡对中国出口 1.2 亿美元，同比增长 1.3%，占斯里兰卡出口总额的 2.0%，同比降低 0.1 个百分点；斯里兰卡自中国进口 18.8 亿美元，同比下降 7.8%，占斯里兰卡进口总额的 20.1%，同比提升 2.0 个百分点。① 2019 年 1~6 月，斯里兰卡与中国的贸易逆差为 17.6 亿美元，同比下降 8.3%，中国是斯里兰卡第十一大出口市场和第一大进口来源地。纺织品及原料一直是斯里兰卡对中国出口的主力产品，2019 年 1~6 月出口额为 4735 万美元，同比增长 28.2%，占同期斯里兰卡对中国出口总额的 40.2%。植物产品是斯里兰卡对中国出口的第二大类商品，2019 年 1~6 月出口额为 2608 万美元，同比增长 2.0%，占同期斯里兰卡对中国出口总额的 22.1%。化工产品是斯里兰卡对中国出口的第三大类商品，2019 年 1~6 月出口额为 1015 万美元，同比增长 20.5%，占同期斯里兰卡对中国出口总额的 8.6%。② 2019 年 1~6 月，斯里兰卡对中国出口略有增长，同比增长 1.3%。斯里兰卡自中国进口的主要产品为机电产品、纺织品及原料和贱金属及制品，2019 年 1~6 月，三类产品合计进口 13.8 亿美元，占同期斯里兰卡自中国进口总额的 73.5%。主要产品进口几乎均呈下降态势，除纺织品及原料同比增长 3.0% 外，机电产品和贱金属及制品同比分别下降 8.0% 和 6.0%。此

---

① 《2019 年 1-6 月斯里兰卡货物贸易及中斯双边贸易概况》，中华人民共和国商务部网站，https：//countryreport. mofcom. gov. cn/record/qikan110209. asp？id=11408。
② 《2019 年 1-6 月斯里兰卡货物贸易及中斯双边贸易概况》，中华人民共和国商务部网站，https：//countryreport. mofcom. gov. cn/record/qikan110209. asp？id=11408。

外，化工产品进口同比下降 15.3%。① 总体来看，斯里兰卡对华出口产品种类不多，金额波动性较大，尤其是 2019 年 4 月斯里兰卡突发恐怖袭击事件，在一定程度上对于中斯双边贸易造成重要影响，中斯贸易形成稳固增长态势任重道远。

港口经济成为当前中斯两国战略合作的重要抓手。中国在斯里兰卡涉及港口的投资项目主要包括招商局集团投资的科伦坡港南集装箱码头、中国港湾公司投资的科伦坡港口城、中航国际（香港）集团公司投资的科伦坡三区公寓等项目。2019 年 10 月 29 日，总统西里塞纳签发科伦坡港口城项目土地确权文件，标志着科伦坡港口城项目填海生成的 269 公顷土地取得正式法律认可，也标志着二期土地开发工作正式开启。2020 年 12 月 19 日，马欣达总理出席了科伦坡港口城内首个投资项目——国际金融中心一期开发合作框架协议的签约仪式。斯里兰卡还将加快科伦坡港新港区项目的招标以及通过公私合营伙伴关系（PPP）模式发展马塔拉国际机场，与包括中国和印度在内的三到四个国际投资者进行沟通，改善机场周边基础设施，使其功能得到有效发挥，努力实现机场经营收支平衡。2017 年底，斯政府正式把汉班托塔港资产和经营管理权交给中国招商局集团。2018 年是汉港项目交接后运营的第一年，共完成货物吞吐量 49.6 万吨，较 2017 年增长 3.25 倍。2019 年前两个季度则完成滚装车辆 16.72 万辆，同比增长 57.56%；完成散杂货吞吐量 45 万吨，远超去年全年散杂货吞吐量。目前港口直接雇佣工人

---

① 《2019 年 1—6 月斯里兰卡货物贸易及中斯双边贸易概况》，中华人民共和国商务部网站，https：//countryreport. mofcom. gov. cn/record/qikan110209. asp？ id = 11408。

超过 900 人，中方员工仅 30 人，此外还间接创造就业机会超过
2000 个，预计汉港建设的特别经济开发区将为当地带来 10 万个就
业岗位。① 2021 年 2 月，斯外长古纳瓦德纳在接受采访时表示，根
据中斯两国协议，汉班托塔港 99 年租约到期后，可再续租 99 年。②
斯里兰卡通过打造现代化、国际化的航空港和深水港，旨在将斯里
兰卡重新定位为印度洋上的枢纽及孟加拉湾的转运良港，这将进一
步促进其与亚洲市场的融合。③

2018 年到 2021 年期间，除科伦坡港口城项目和汉班托塔港相
关配套设施建设项目外，中国与斯里兰卡政府还签订了多个大型民
生基础设施工程承包项目。其中包括中国水电建设集团国际工程
有限公司承建的帕特杜马巴若-康提北综合供水项目，中国建筑
工程总公司承建的斯里兰卡中航国际 ASTORIA 公寓楼项目，④ 中
国机械设备工程股份有限公司承建的斯里兰卡第一个集供水和污
水处理于一体的综合项目（同时也是科伦坡以外地区第一个大型
综合水项目）——库鲁内格勒供水和污水处理项目，⑤ 普特拉姆
3X300MW 燃煤电站项目，中国水电建设集团国际工程有限公司承
建的斯有史以来最大规模的水利枢纽工程——莫若噶哈坎达水库枢

---

① 《2018-2019 年度经营数据》，招商局港口控股有限公司网站，http：//www. cmport. com. hk/
investor/Operation. aspx？p = 6。
② 《王毅同斯里兰卡外长古纳瓦德纳通电话》，新华网，https：//baijiahao. baidu. com/s？id =
1692589624664324056&wfr = spider&for = pc。
③ 《汉班托塔港货物吞吐量增长数倍，极大带动当地经济发展》，人民网，http：//world. people.
com. cn/n1/2019/0727/c1002-31259073. html。
④ 《对外投资合作国别（地区）指南——斯里兰卡（2020 年版）》，中华人民共和国商务部
网站，http：//www. mofcom. gov. cn/dl/gbdqzn/upload/sililanka. pdf。
⑤ 《杨作源参赞参加库鲁内格勒供水和污水处理项目竣工仪式》，中华人民共和国商务部网
站，http：//lk. mofcom. gov. cn/article/jmxw/201808/20180802778554. shtml。

纽工程项目，① 中国冶金科工股份有限公司承建的科伦坡外环路三期项目和中部高速公路第一标段项目。

随着对新冠肺炎疫情的有效控制，为了实现"繁荣愿景"，围绕把斯里兰卡打造为国际海事中心、金融贸易中心和观光旅游中心这一目标，着力改善国内基础设施条件和国际营商环境，加快立法规范，广泛吸收外资，实现经济振兴，是疫情防控常态化阶段斯里兰卡政府工作的重中之重。因此，中国企业在斯投资应当严格贯彻两国政府对接"一带一路"倡议的宗旨和原则，坚持正确义利观，重点关注民生基础设施建设。中国应与斯里兰卡广泛开展各领域、各行业的投资合作，以行动奠定中国在斯投资信誉品牌。当前，扩大种植和销售锡兰红茶，加速建设围绕科伦坡、汉班托塔、亭可马里和贾夫纳四个经济中心的道路交通网和深水港，提高宽带网络速度和大量铺设移动通信基站，完善医疗、教育、养老基础设施，普及和广泛使用新能源发电，重点推进石油冶炼和船舶制造业等一系列举措将成为戈塔巴雅政府经济领域改革和发展的重中之重，也是未来中国企业在斯投资的风向标。

三 中国企业在斯里兰卡面临的主要问题和挑战

相较于其他环印度洋—南亚地区国家，斯里兰卡凭借地缘政治优势，成为国际投资热土。作为不结盟国家和发展中国家，内战结束后的斯里兰卡始终坚持"等距离外交"，发挥"关键小国"的作

---

① 《斯里兰卡莫若噶哈坎达首部水库枢纽工程项目》，中华人民共和国商务部网站，http://lk.mofcom.gov.cn/article/zxhz/202102/20210203039521.shtml。

用，吸引了中、美、印、日等国政府和企业的关注。鉴于西方国家过去借口人权问题干涉斯内政的历史和现实，以及中国企业基建优势和中国始终支持发展中国家立场等因素，戈塔巴雅政府尤其重视中国企业在斯投资。[①]"一带一路"倡议作为中国"十四五"时期构建新发展格局的重要举措，是实现国内国际双循环的重要路径，[②] 有助于深化中斯两国政治互信、务实合作和交流互鉴。但是中资企业在斯里兰卡投资也不可避免地面临着一些实际的问题和挑战，主要表现在如下几个方面。

第一，中资企业在斯投资无法回避印度政府施加的压力。[③] 印度在地缘上同斯里兰卡接近，位于印度东南角的泰米尔纳德邦与斯里兰卡本岛之间的保克海峡全长 137 公里，最窄处仅宽 67 公里。凭借地缘优势，印度相比于中国对斯里兰卡施加了更大的政治经济影响。印度沿海地区具有数量众多的深水港，但是考虑到其存在军事机密以及避免印度近海海底地形被国外测量舰船探查，因此印度政府制定了《印度国家沿海贸易法案》（Indian National Cabodage Law），其中有一项重要条款规定国际船只不能在印度国内港口卸载集装箱及货物。鉴于此，印度政府和斯里兰卡政府达成协议，以斯里兰卡科伦坡港为中转站，国际船舶与印度购买方在此交割货物，由印度购买方从印度派遣货轮将货物运载回国。因此，科伦坡港成为承接斯里兰卡和印度两国货物进出口、影响力辐射整个南亚

---

① "Why Sri Lanka Sought Chinese Investments in Ports?: China Focus," Daily News, http://www.dailynews.lk/.

② 《加快形成国内国际双循环相互促进的新发展格局》，中国共产党新闻网，http://theory.people.com.cn/n1/2020/0707/c40531-31773427.html.

③ 《印度就中国企业中标斯里兰卡北部可再生能源项目事向斯抗议》，中华人民共和国商务部网站，http://lk.mofcom.gov.cn/article/jmxw/202102/20210203038552.shtml.

地区的重要国际港口。① 斯里兰卡在外交上走中间道路，通过寻找平衡点大搞等距离的"平衡外交"，这一战略在西里塞纳和戈塔巴雅·拉贾帕克萨两届政府中得到了彻底贯彻。一方面，2016年4月，斯政府对中国投资的在斯里兰卡科伦坡港口暂停的建设项目做出了"形式"上的让步，批准项目继续施工，并且加强港口城的司法工作，加快立法进程。戈塔巴雅上台后，任命其兄长、前总统马欣达·拉贾帕克萨担任政府总理、财政部长以及城市和住房发展部长，马欣达亲自前往港口城项目参加吹填竣工仪式，并多次前往该地考察以示关切。另一方面，斯里兰卡又采取多种措施向印度政府示好并且试图给予印度与中国平等的投资机遇。一是限制中国海军停靠斯里兰卡港口以安抚印度；二是在中国企业完成科伦坡港南集装箱码头建设和成功中标科伦坡港口城项目后，斯里兰卡财政部长表示将和印度成立合资公司并批准其以50年租赁协议运营和管理紧靠国际航运通道的斯里兰卡东南部地区亭可马里的储油罐场；② 三是斯里兰卡政府批准由印度、日本和斯里兰卡共同出资建设科伦坡港西集装箱码头，同时今后将采取PPP合作模式对其进行建设、投资和运营。③

　　第二，内政因素也是中国企业在斯里兰卡投资面临的重要风险。2014年12月总统选举中，前卫生部长西里塞纳打着"廉政"

---

① 于鑫洋：《"一带一路"建设中斯里兰卡投资风险问题及对策研究》，硕士学位论文，辽宁大学，2019，第18页。

② 《斯政府将批准印斯联合营运亭可马里储油罐场50年》，中华人民共和国商务部驻斯里兰卡经济商务参赞处网站，http://lk.mofcom.gov.cn/jmxw/201705/20170502571448.shtml。

③ 《斯里兰卡将与日本和印度合作开发科伦坡港西码头》，中华人民共和国商务部网站，http://lk.mofcom.gov.cn/article/jmxw/202102/20210203036290.shtml。

的旗号获取民众支持，这一竞选"王牌"确实为他赢得了不少选票，并使其最终赢得了 2015 年大选。科伦坡港口城项目作为上一届政府的重要招商引资项目，无疑成为西里塞纳竞选团队攻击拉贾帕克萨政府在吸引外资中存在暗箱操作和腐败问题的"靶子"。与中国保持距离，抨击中国项目可以使西里塞纳与前政府划清界限。因此，在大选结束后，为了兑现对选民的承诺，西里塞纳总统即以"重新审批项目"为由暂停了中国投资的科伦坡港口城项目，给中国投资企业带来了相当的损失。虽然 2019 年斯里兰卡实现了总统换届选举，但是内政因素仍是未来影响中国企业在斯投资的重要因素。

2019 年 4 月的科伦坡连环自杀式爆炸恐怖袭击事件，给斯政府敲响了防止族裔、宗教矛盾上升为暴力冲突和民族矛盾的警钟。这也说明斯里兰卡未来在维护社会秩序和改善治安环境，完善社会公正与立法、司法和执法，有效保护外国公民和企业在斯生命和财产安全方面仍有一段路要走。恐怖袭击事件引发的国内紧急安全状态和疫情产生后的防控措施，也阻碍了中国企业扩大在斯投资。除此之外，中国企业投资和施工项目资金来源于中国对外经济援助、无偿援助和政府低息贷款。中国企业的投资项目多以中国企业为主体，而且技术以及经验相对成熟，但是这些项目所涉及的并非斯里兰卡当地传统或优势产业。在投资所在国外交战略不清晰、安全局势不稳定、基础设施不完善的情况下，快速承揽和投资大型基础设施工程项目，其风险无疑是巨大的。

第三，中国在斯直接投资主体多为国有企业，且项目类型较为单一，集中于"重资产项目"，项目潜在风险很高。目前，在斯里兰卡的中国公司多为承揽大型基建工程项目的国有企业，民营企业牵头"一带一路"项目的情况较为少见。2014~2020年，中国参与斯里兰卡投资的前十大企业均属于国资委下属的央企，如中国交通建设集团、中国港湾、中石化、中冶等。以目前在斯里兰卡具有代表性的建成和在建的工程项目为例，科伦坡机场高速公路，科伦坡港口城项目，南部、中部铁路项目以及普特拉姆煤电站等均属于"重资产"项目。港口、高速公路、机场、电气化铁路和电厂等项目投资高、周期长、风险大。

第四，中国企业要加强对斯里兰卡投资环境全方位调研，增强与斯里兰卡社会的良性互动。"一带一路"要求中国具有国际化视野，真正整合和转化全球资源，实现有利于自身和国际社会的良性互动。[1] 科伦坡港口城项目在2015年被叫停，从外部环境看主要原因在于西里塞纳政府为了回应选民的呼声；从深层次角度分析，是现任总统为安抚印度对新一届政府外交战略的疑虑，刻意与中国保持距离的具体体现。中国企业在项目开展初期应采取多种措施做好解释和说服工作，同时要增进斯里兰卡人民对于中国"一带一路"倡议的了解。位于科伦坡的以航海工程和航运管理专业著称的大连海事大学斯里兰卡校区是中国高校首次针对高等教育进行的对外援助项目。笔者在该校调研时随机抽取了一个45人的班级，除极个别人外，绝大多数学生以举手的形式表达了对中国乃至中国人和中国企业在斯投资的友好欢迎的态度，但是对于"一带一路"倡议乃至其具体内容却知之甚少。[2]

---

[1] 于鑫洋：《"一带一路"建设中斯里兰卡投资风险问题及对策研究》，硕士学位论文，辽宁大学，2019，第27页。
[2] 于鑫洋：《"一带一路"建设中斯里兰卡投资风险问题及对策研究》，硕士学位论文，辽宁大学，2019，第27页。

四　中国优化对斯里兰卡投资对策分析

"一带一路"倡议想要落到实处，中国必须与共建各国秉承"共商、共建、共享"的原则。"面向 21 世纪的海上丝绸之路"，是中国经济的发展之路，也是众多共建国家的发展之路。2019 年12 月斯里兰卡总统大选后，前国防秘书戈塔巴雅·拉贾帕克萨上台，虽然继续坚持"等距离外交"，当选后即于当月 28 日访问印度，但中斯两国经济合作的速度和深度较以往加快、加深。新政府延续前政府提出的"马欣达愿景"，而且进一步升级为"繁荣愿景"。新政府总统任命其兄长、前总统马欣达出任政府总理，并让其身兼财政部长、城市发展与住房建设部长等要职，要求他加快推进大型基础设施建设进程，在全球范围内招商引资，改善国内营商环境。这无疑有利于中国企业发挥基建优势，在各行业加强双边合作和加大投资力度。①

2018～2020 年，对于长期陷于债务危机的斯里兰卡来说是雪上加霜：一是 2019 年 4 月，在首都科伦坡及周边地区发生的连环自杀式恐怖袭击，使得斯里兰卡持续了近 6 个月的国家公共安全事务紧急状态；二是 2019 年底刚刚进行完总统大选和政府换届，2020年初就受到突如其来的新冠肺炎疫情的巨大冲击。这对于以服务业和旅游观光业为支柱产业的斯里兰卡的经济无疑是沉重打击。在这个前提下，中国对斯投资应注重以下几个方面。

---

① 《斯里兰卡内阁批准成立高级别投资管理委员会》，中华人民共和国商务部网站，http：//lk. mofcom. gov. cn/article/jmxw/202102/20210203040924. shtml。

第一，对斯投资不要过于夸大投资风险，应当在竞争中提升项目质量、品牌知名度，提升产品或服务附加值。2019年12月总统大选以来，戈塔巴雅政府一改西里塞纳政府时期对中国在斯投资的警惕和审慎的态度，重视并鼓励中国在斯扩大投资，故而当前斯内政因素对于中国企业在斯投资的负面影响有限。从长远来看，中国企业无论是否"走出去"都要面临生存压力和经营、投资风险。党的十八大报告提出"加快走出去步伐，增强企业国际化经营能力，培育一批世界水平的跨国公司"，这给中国企业指明出路的同时也提出了更加具有挑战性的目标。中国企业最大的风险在于企业性格的内向性。随着全球化的深化和社会主义市场经济的不断发展，企业内向性发展只会让企业的发展道路越走越窄，因此中国企业不要片面夸大对外投资的风险，应当在海外投资的过程中，不断根据目标市场的需求进行产品或服务的个性化订制，[①] 另外要提升产品或服务的附加值，在激烈的市场竞争中保持优势地位，不回避、不排斥竞争。毫无疑问，中国在"重资产"项目上技术成熟、经验丰富并且有国有金融机构的融资支持。以科伦坡港口城和南部铁路项目为例，其利润率始终保持在1.5%左右。但是中国在斯投资的许多项目面临着投资大、工期长且负债率高等风险。因此从中长期考虑，在后疫情时代，中国企业在斯投资发力点应该从基建项目逐步转移到项目运营和高端服务的提供上来。这对中国企业创新经营和投资提出了新的要求，毫无疑问，也将产生高附加值的利润，提升产品或品牌的知

---

① 于鑫洋：《"一带一路"建设中斯里兰卡投资风险问题及对策研究》，硕士学位论文，辽宁大学，2019，第42～43页。

名度和认可度。① 投资过于集中基础设施项目，并不能真正搞活当地经济。中国企业的对外投资要实现社会效益和经济效益相结合，如果不能够因时制宜、因地制宜，中国也无法从"一带一路"项目中获得真正的收益。过分依赖工程承包业务也将导致这些投资受限于投资国的政治局势和行业的波动，缺乏持续性和稳定性。而根据不同国家的经济特点进行深入研究，其实往往能够找到一些特殊的投资机会。斯里兰卡的产业仍以农业和初级产品加工业为主，同时基于其政府严格的环境保护政策，在斯里兰卡进行能源开发，不论是在政府审批还是民间认可方面都具有极大的难度，因此会提升企业的投资和运营成本。而实际上，在斯里兰卡仍存在一些具有较高投资前景和收益回报的优势产业，如特色经济作物深加工、旅游以及文化产业。以斯里兰卡首都科伦坡市区内高档酒店为例，除斯里兰卡南部地区少数企业家投资外，投资来源以日本、印度尼西亚和印度为主，中国房地产企业或酒店管理团队在此并没有进行投资。笔者走访调查发现，作为市场化程度最高的酒店服务行业，斯里兰卡酒店内部设施多以韩国三星、德国西门子、日本松下、索尼品牌为主，而此类家电产品全部为国外进口且价格昂贵，相比同类生产标准、质量的中国家电价格要高出数倍。因此，中国企业在"一带一路"倡议实施过程中，除了要提升斯里兰卡基础设施的水平，同样要深入社会了解当地民众所需，以市场化原则为导向，积极挖掘当地消费潜力，开展多元化的对外投资，尤其以百姓日常所

---

① 于鑫洋：《"一带一路"建设中斯里兰卡投资风险问题及对策研究》，硕士学位论文，辽宁大学，2019，第43页。

需的生活消费品为主，将"一带一路"倡议所提出的民心相通落到实处。当前，以韩国三星和印度塔塔（TATA）为代表的一些消费品行业的跨国企业很认真地跟进中国的"一带一路"倡议，提高其优势产品在共建"一带一路"国家的消费比重，在当地加大资本投入和商品输入。鉴于此，中国企业应当对此加以关注并采取适当行动。针对来自日本和印度的投资的竞争，以"一带一路"倡议为指引，中国政府和企业要加强与斯中央乃至当地政府的政策沟通，从而形成基本共识，加强专业化的合作，最重要的是加强项目在当地的理解和认可程度。

第二，提升中国企业自我学习、环境适应和资源整合能力，促进中国企业在斯投资项目的可持续发展，降低企业运营成本和投资风险。这种可持续发展一方面体现为投资项目的本土化经营，另一方面在于项目要做好生态环境的保护，实现人与自然的和谐发展。笔者在大连海事大学斯里兰卡校区调研时了解到，该校凭借其国内一流的师资条件、环境和教学设施，对于斯里兰卡国内及周边国家学生产生了极强的吸引力；由于学校实行商业化运作模式，该校毕业生就业情况在其国内较为乐观。该校毕业生在斯里兰卡政府、航运企业和社会上都具有广泛的认可度和知名度。因此，大量接受过中国高等教育培训的本地人才进入斯政府、企业当中无疑减少了中国企业海外派遣管理人员和运营维护的成本，同时满足了斯里兰卡政府规定的中国雇员在斯中资企业中的比例不能占到30%的要求。[①] 在调研南部铁路项目时笔者发现，斯里兰卡工人对于学习工

---

① 于鑫洋：《"一带一路"建设中斯里兰卡投资风险问题及对策研究》，硕士学位论文，辽宁大学，2019，第41~42页。

程建造技术极为重视，为了掌握技术他们主动请教中国工程师及熟练工人。因此，中国企业在海外投资项目中可以做好对当地员工职业技能和企业文化的培训工作，从而逐步实现管理岗位的本土化，这一方面可以降低企业的管理成本，另一方面一定程度上可以解决当地就业和继续教育的难题，容易赢得当地民众的好感和支持。此外，斯里兰卡是一个极为注重环境保护的国家，当前中国在斯投资多为基建项目，不可避免地要对当地自然环境进行一定程度的改造和造成一定的影响。以科伦坡港口城项目为例，① 中斯合作就是要建立一座能够体现绿色、低碳、可持续发展理念的新城，这对于中国乃至整个南亚地区都有一定的示范性作用。而科伦坡港口城项目在西里塞纳上台后被叫停，也正是因为在项目实际操作过程中施工方涉嫌规避当地法律以及回避相关环境要求。因此，中国企业在斯投资一定要充分尊重斯里兰卡加快现代化、工业化建设的发展需求，解决人与人、人与资源、人与环境关系紧张的瓶颈问题。斯电力和能源部的目标是到2025年将柴油发电对国家电网的贡献率降低至5%，到2030年实现全国70%的发电量来自清洁和可再生能源。② 从2017年开始，斯政府吸引外资推进水电、液化天然气发电等基础设施项目的建设，未来中斯企业开展新能源开发和使用的合作，无疑将会受到政府的关注和政策的扶持。

第三，实现投资主体多元化，鼓励民间资本参与对斯里兰卡投资，编制和完善"轻资产"项目名单，同时保障其融资渠道和资

① 于鑫洋：《"一带一路"建设中斯里兰卡投资风险问题及对策研究》，硕士学位论文，辽宁大学，2019，第41~42页。
② 《斯里兰卡第一个液化天然气发电厂即将开工建设》，中华人民共和国商务部网站，http://lk.mofcom.gov.cn/article/jmxw/202011/20201103014939.shtml。

金供应链的安全。为了促进国内与国际两个市场的联动，提升非公有制经济对于社会主义市场经济的贡献率，就需要尽早让民间资本以市场化的方式投入"一带一路"项目的建设中来，调动国内民营企业参与"一带一路"建设的积极性。目前中国企业在斯投资多数是"重资产"项目，国有企业凭借国有资产背景以及资金、技术上的优势，在未来一段时间内、在"一带一路"倡议中仍将发挥主导作用。但是对于适合市场化的部分，应尽可能吸引多元化的主体以市场化的方式参与，特别是要鼓励多元化的市场主体通过投资、融资的渠道参与一些对于民间资本市场敏感度高的"轻资产"项目，比如现代农业、餐饮服务业、电器制造业、民俗文化和旅游、医疗保健、职业教育培训行业等。大量的民营企业和民间闲置资本实际上对这些项目有相当大的兴趣。对于民营企业和民间资本来说，投资"一带一路"项目最大的问题是其企业规模有限，无法单独应对高风险的项目，或者由于资源、信息和人才的不足而无力推进有价值的项目。而在这些方面，政府和国有企业的帮助就是非常有必要的。我国政府应以优惠政策吸引从事实业的中小型企业参与"一带一路"项目，从而有效避免政策套利的问题。① 如山东昊华轮胎公司计划在汉班托塔港投资 3 亿美元建设锡兰轮胎厂，目前该项目已经斯内阁批准，并可依据《战略发展法》（SDA）享受重大税收优惠。② 此外，我们还要充分利用亚洲基础设施投资银行（简称"亚投行"）和"丝路基金"

---

① 戴冠春：《"一带一路"海外投资项目中的问题及其应对》，《中国法律评论》2016 年第 2 期，第 51～53 页。

② 《斯投资委员会与中国轮胎制造商签署 3 亿美元协议》，中华人民共和国商务部网站，http://lk.mofcom.gov.cn/article/jmxw/202011/20201103017987.shtml。

等旨在为"一带一路"共建国家基础设施、资源开发、产业合作和金融合作等与互联互通有关的项目提供投融资支持的国际化资金支持保障平台。目前，我国出资 400 亿美元设立的"丝路基金"已顺利启动。另外，我国倡导成立的亚洲基础设施投资银行已吸引超过 50 个国家和地区申请加入，其范围已遍及亚洲、欧洲、非洲、南美洲和大洋洲。① 亚投行和"丝路基金"建立的目的都是通过支持基础设施建设推动地区经济发展与合作。② 通过亚投行的参与，可以让监管机制成熟的投资平台发挥更大的作用，同时能够淡化"一带一路"的政治性，强调自主合作，互利共赢，在很大程度上能对冲掉各种政治势力对于"一带一路"项目的不必要的猜疑。2020 年 3 月，亚投行批准斯 1.8 亿美元的贷款申请，以帮助斯应对新冠肺炎疫情。③

第四，在正确义利观的指导下加强中斯抗疫合作，在后疫情时代更加重视"民心相通"，为中国企业在斯投资保驾护航。习近平主席强调，对周边和发展中国家一定要坚持正确的义利观，只有坚持正确的义利观才能把工作做好，做到人的心里去。④ 坚持正确的义利观要求我们在对待长期对华友好并且自身发展任务艰

---

① "Members and Prospective Members of the Bank," https：//www. aiib. org/en/about-aiib/governance/members-of-bank/index. html.

② 廖萌：《"一带一路"建设背景下我国企业"走出去"的机遇与挑战》，《经济纵横》2015 年第 9 期，第 32 页。

③ "Sri Lanka：COVID-19 Emergency and Crisis Response Facility-Projects," https：//www. aiib. org/en/projects/details/2021/approved/Sri-Lanka-COVID-19-Emergency-and-Crisis-Response-Facility. html.

④ 《人民日报：坚持正确义利观 积极发挥负责任大国作用——深刻领会习近平同志关于外交工作的重要讲话精神》，人民网，http：//opinion. people. com. cn/n/2013/0910/c1003 - 22862978. html。

巨的周边和发展中国家时，要多考虑对方利益，不要损人利己、以邻为壑。① 疫情期间，中国作为抗疫主战场和全球抗疫物资生产的大后方，为防止新冠肺炎疫情的蔓延和治疗患者做出了突出贡献。除此之外，中国政府庄严承诺，将新冠疫苗作为国际公共产品向世界各国提供，并且优先提供给广大发展中国家，同时减免发展中国家部分债务和延长发展中国家还债时限。中国政府、企业、军队与社会团体全面开展对斯抗疫援助。2020年3月19日，国家开发银行向斯里兰卡财政部提供5亿美元贷款。② 2020年4月1日和27日，中国驻斯里兰卡使馆临时代办胡炜分别拜会斯总理马欣达、卫生部长万尼亚拉奇，当面转交了中国政府首批、第二批紧急人道主义援助防疫物资清单，援助物资包括检测试剂、口罩、防护服、护目镜、手术手套等。③ 中石化、中冶等在斯投资企业向斯转交了捐赠的抗疫物资。斯里兰卡华侨华人联合会、长治市外事办、中国民营经济国际合作商会、泉州市鲤城区分别向斯政府及友好城市捐赠医用口罩、N95口罩、防护服、隔离衣和测温枪等防疫物资。④ 4月24日和5月13日，中国政府分两次向斯军方援助急需的抗疫物资，为斯军队参与抗疫提供及时有力的帮助。除此之外，中国于

---

① 《习近平在周边外交工作座谈会上发表重要讲话》，新华网，http：//www.xinhuanet.com/politics/2013-10/25/c_117878897.html。
② 《国家开发银行向斯里兰卡提供5亿美元优惠贷款》，中国经济网，https：//baijiahao.baidu.com/s？id=1661584228246495010&wfr=spider&for=pc。
③ 《斯里兰卡总统感谢中国向斯方提供大量抗疫物资》，新华网，http：//m.xinhuanet.com/2020-06/18/c_1126132545.htm。
④ 《斯里兰卡华侨华人联合会向斯政府移交抗疫物资》，新华网，http：//www.xinhuanet.com/2020-04/17/c_1125872397.htm。

2021年2月向斯里兰卡紧急提供60万剂新冠疫苗。①

抗击新冠肺炎疫情的斗争仍在持续，需要中斯双方的政府、企业、智库和媒体通力合作，为中国企业在斯投资提供安全保障。当前，随着民众接种新冠肺炎疫苗速度的加快、疫情得到有效控制和斯国内经济建设的加快，以2021年为开端，为了加快打造四个国际经济中心和推进配套的高速公路、铁路和港口基础设施建设，斯里兰卡亟需大量本土的通晓现代企业管理、工程管理、航海技术、监理造价知识的人才以及从事法律咨询、审计、资产评估等行业的专业人才。未来在各投资领域，由于当地劳动力资源丰富，再加上有中国高校培养的具有现代化管理知识和技术的人才，不论是国有企业还是民营企业都有更多的机会同当地政府进行项目对接，同时也能降低投资项目中的管理和运营成本。中斯双方共同整合资源，搭建合作渠道，实现资源信息共享，最终实现共同市场。此外，在教育方面，中国要积极开展与"一带一路"共建国家的文化交流、教育培训、科学研究等民间活动，通过宣传、交流和接触等方式，改变东道国民众对中国的整体印象，通过多层次、多角度、可持续的交流与合作，增进东道国民众对中国、中国企业和项目的了解，让其充分认识到投资活动有助于实现共生多赢的局面。②

第五，注重加强中国投资与斯里兰卡国内产业的紧密整合，实

---

① 《中国人民解放军向斯里兰卡军队提供抗疫物资援助》，新华网，http://m.xinhuanet.com/mil/2020-05/14/c_1210618086.htm。

② 丁志帆、孙根紧：《"一带一路"背景下中国对外直接投资空间格局重塑》，《四川师范大学学报》（社会科学版）2016年第2期，第60页。

现双方产业发展水平的同步提升。斯里兰卡注意保护本国的种植园产业，并且重点加快优势创汇产业和制造业的发展。近年来，纺织产品成为斯里兰卡排名第一的出口产品，其次是橡胶、药品。当前，斯里兰卡亟需外国投资，壮大产业规模，吸收劳动力就业，以减轻疫情导致的出口创汇困难和债务压力。2020年11月，斯政府计划在汉班托塔建一个占地160公顷的具有现代化设施的特别制药区，以吸引本地和全球领先的制药公司来投资。[①] 该项目被斯政府确定为战略发展项目。2021年1月，斯里兰卡投资委员会与中国轮胎制造商山东昊华轮胎有限公司签署协议，拟在汉班托塔港建设轮胎生产厂。当月，中国纺织工业联合会与斯里兰卡服装联合协会签署合作备忘录。中斯两国未来将在斯优势产业领域开展广泛合作。但不可回避的是，斯里兰卡当前货币和金融投资领域发展前景堪忧。穆迪投资服务公司于2020年12月发布报告称，未来两年亚洲新兴市场的资本将有所下降，斯里兰卡和印度的银行在没有公共或私人资本注入的情况下，将面临更大幅度的资本下降。目前，中国成为斯第一大进口国、最大双边贸易伙伴，并且还是对斯贷款排名第一的国家。2020年前8个月，斯外国贷款总额为9.144亿美元，其中中国贷款6.794亿美元，排名第一；日本贷款1.152亿美元，退居第二；法国、印度和英国贷款分别排在第三、第四和第五位。目前，印度以及西方发达国家对斯投资较为谨慎，尤其是在斯里兰卡外汇储备严重不足，还款压力较大，通货膨胀率持续上涨的情况下，中国政府需要则保持战略定力。2021年1月12日，中国

---

① 《斯将在汉班托塔建200英亩的制药区》，中华人民共和国商务部网站，http://lk.mofcom. gov.cn/article/jmxw/202011/20201103015415.shtml。

银行科伦坡分行行长王川接受斯《每日新闻》记者采访时表示，斯里兰卡具有较强经济发展潜力，斯政府拥有良好的主权信用记录，迄今为止，其国际债务从未违约。从中国自己的发展经验可以预见到，在基础设施水平显著提升后，农业、房地产业、零售业，甚至文化产业都有可能是斯里兰卡经济新的增长点。如同绝大多数共建"一带一路"国家所认同的，中国已经创造了一条发展中国家经济文化和社会建设向较发达状态迈进的成功道路。在这一过程中，中国很多企业都具备一定的经验。通过中国企业在新兴市场的投资来带动后进国家某些产业的发展正是中国"一带一路"倡议的精神所在。①

长远来看，中斯两国应以建设中斯自由贸易区为抓手，促进双边贸易平衡和可持续发展，加快投资便利化进程，实现贸易畅通和资金融通。②

---

① 戴冠春：《"一带一路"海外投资项目中的问题及其应对》，《中国法律评论》2016 年第 2 期，第 54 页。
② 《斯里兰卡出口发展局主席：中斯自由贸易协定将促进斯对外贸易发展》，中华人民共和国商务部网站，http://lk.mofcom.gov.cn/article/jmxw/202103/20210303044111.shtml。

斯里兰卡科伦坡港口城项目投资研究

屠希亮　于鑫洋

内容提要：斯里兰卡是"一带一路"倡议在环印度洋南亚地区的战略支点国家。环印度洋南亚地区位于连接印度洋和太平洋海上交通线的枢纽地带，对于构建"面向21世纪海上丝绸之路"具有重大的经济和政治意义。截至2021年3月，科伦坡港口城项目是中国企业在斯里兰卡投资金额最大、涉及行业领域最多、影响力和发展前景最为广阔的投资项目。受国际局势和斯里兰卡内政问题影响，科伦坡港口城项目一度陷入停滞，中国企业面临巨大投资风险。本文通过分析科伦坡港口城项目从"暂停到恢复"风波始末，为"一带一路"倡议框架下中国企业如何实现在环印度洋南亚地区，乃至在其他"一带一路"共建国家规避投资风险，拓展和维护中国海外利益提供参考建议。

关键词："一带一路"　科伦坡港口城　投资风险　斯里兰卡

作者简介：屠希亮，北京外国语大学国际关系学院讲师；于鑫洋，辽宁大学国际关系学院东亚研究中心助理。

2019 年 1 月 16 日，由中国交通建设股份有限公司（中国交建）与斯里兰卡政府联合投资开发建设的科伦坡港口城项目陆域形成完工仪式在科伦坡隆重举行，至此科伦坡港口城 269 公顷的填海土地已全部形成，较原计划提前了两个月。截至 2020 年底，项目一期水工工程已全面完工，市政及园林工程已开工并稳步推进，项目已获取了一期全部地块的地契，项目招商引资及二期开发已拉开序幕。

科伦坡港是一个中转型枢纽港。斯里兰卡是一个岛国，无论从人口还是国土面积来说，其陆上腹地的货运量需求十分有限。科伦坡港的货物吞吐量中，中转运量大约占 3/4。由于印度出于安全考虑不开放其港口给国外货轮，科伦坡港的中转运量中绝大部分是印度中转货物。对于一个中转型枢纽港来说，港口货物吞吐量发展前景具有极大的不确定性，一旦周边竞争对手发展壮大，货运量流失的风险极大。[①] 因此，中转型枢纽港必须发展强大的港口相关产业，比如电子商务业、物流航运业和房地产业等。所谓"港以城兴、城以港兴"就是指此。

一 科伦坡港口城项目缘起及停复工风波

港口发展与城市发展密切关联。港口对城市的贡献主要表现在：港口已经成为城市经济发展的增长极，为城市提供对外开放和融入世界经济的战略通道，港口能够强化城市的辐射和枢纽功能，

---

① 徐剑华：《科伦坡海港城项目受挫背后》，《中国船检》2015 年第 4 期，第 23 页。

加快城市现代化的步伐。城市对港口的支持主要表现在：通过工业化和临港大工业发展，为港口提供综合物流活动空间和便捷的内陆运输连接通道，提供货源、金融、人才、技术、信息等方面的服务和支持，壮大港口规模。港城一体化的实质就是通过建立协调机制，科学配置区域要素和资源，理顺港口和城市的内在关系，将两者整合为步调一致、共生共荣的利益共同体。随着经济全球化和区域经济一体化的不断深化，港城一体化发展的趋势日益明显，已经成为港口城市和区域振兴崛起的强大动力。①

斯里兰卡新一届政府致力于依托科伦坡港及周边港口，带动城市及商业、物流产业发展，将斯里兰卡打造为"印度洋枢纽"。由此可见，海港城项目是紧扣斯里兰卡国家发展战略，对接"一带一路"倡议的重要抓手，也是港口与城市互相促进、共同发展的一个大型项目。

科伦坡港位于斯里兰卡首都科伦坡的凯勒尼河西南岸，是斯里兰卡国内最大的港口，由斯里兰卡港务局负责管理运营。科伦坡港2016年集装箱吞吐量达到570万标准箱（TEU），是南亚地区最大的转运枢纽之一。科伦坡港有新、旧两个港区，老港区水陆面积合计300公顷，新港区为600公顷。随着集装箱船的升级换代与业务的不断拓展，老港区越来越拥挤，因此科伦坡港需要进行扩建。新港区扩建工程始于2008年，由韩国现代工程建设公司负责，历时4年于2012年完工。新建防波堤总长6800米，总投资达4亿美元，其中3亿美元来自亚洲开发银行，1亿美元由斯里兰卡港务局承

① 李冀平：《实施港城一体化战略》，《发展研究》2008年第12期，第91页。

担。新港区计划修建东、西、南三个码头，主要经营集装箱业务。科伦坡港南集装箱码头由科伦坡国际集装箱码头公司负责建设，该公司是中国招商局港口控股有限公司与斯里兰卡港务局共同持有的合资公司，双方分别控股85%与15%，由中方负责码头的管理运营。科伦坡港南集装箱码头是目前中国企业在斯里兰卡已建成并投入运营的最大的投资项目。该项目总投资近5亿美元，有4个集装箱泊位，设计货物吞吐能力为240万个标准集装箱，以BOT（建设—运营—转让）模式运营，待35年特许经营期满后，码头所有权和经营权将交还斯里兰卡政府。①

2014年9月17日，中国国家主席习近平访问斯里兰卡，并与斯里兰卡总统马欣达·拉贾帕克萨共同出席了科伦坡港口城项目开工建设剪彩仪式。该项目是中国最大的对外投资项目，也是斯里兰卡迄今所引进的最大外商投资项目。科伦坡港口城由中国交建集团和斯里兰卡国家港务局共同开发，项目位于科伦坡市CBD核心，规划建筑面积超过530万平方米，一期投资金额为14亿美元，二期开发投资金额达130亿美元，是融基础设施建设、一期土地开发、房地产"三业一体"的综合性特大投资项目。科伦坡港口城项目的开发，将满足科伦坡长久以来对CBD的扩充需求，并将在未来创造8.3万个就业岗位。② 该项目不仅对斯里兰卡吸引外资、解决就业与推动旅游业发展具有重要意义，而且对于把科伦坡港打造成为整个南亚地区重要的海上航运枢纽，提升

---

① 数据来源于教育部国别研究课题项目："'一带一路'建设中斯里兰卡投资风险及对策研究"项目组调查数据，2017年8月11日。

② 徐剑华：《科伦坡海港城项目受挫背后》，《中国船检》2015年第4期，第23页。

斯里兰卡在南亚地区的国际地位和竞争力，推动科伦坡成为南亚地区重要的国际商务中心、国际航运中心和全球旅游休闲中心具有重要战略意义。

但是自 2015 年 1 月 9 日斯里兰卡前卫生部长、自由党领导人迈特里帕拉·西里塞纳当选斯里兰卡总统以来，中斯关系开始出现新的情况。斯里兰卡投资促进部长卡比尔·哈什姆 2015 年 3 月 4 日对媒体表示，前政府在包括科伦坡港口城项目在内的一些项目上涉嫌规避当地法律以及回避相关环境要求。2015 年 3 月 6 日，斯里兰卡政府以项目"是否履行了适当的程序"和"缺少相关审批手续"为由，停止了科伦坡港口城一期建设项目。此前，斯里兰卡政府总理维克勒马辛哈要求对该项目展开调查并进行进一步评估。斯里兰卡政府作出停止科伦坡港口城项目的决定正是基于该项调查所取得的结果。2015 年 5 月 28 日，斯里兰卡政府发言人拉吉特表示，将任命一个委员会重新评估三个月前遭暂停的港口城项目。据负责施工任务的中国交建子公司中国港湾公司负责人介绍，项目停工导致斯方 1000 多人失业，中方则每天承受约 38 万美元的直接经济损失。随着时间的推移和斯里兰卡政局的不断发展变化，科伦坡港口城项目的境遇也在不断变化。2016 年 3 月 14 日，斯里兰卡总理维克勒马辛哈与中国驻斯里兰卡大使易先良会晤并确认，中国公司投资开发的科伦坡港口城项目恢复施工的条件已经满足，中方企业现在即可复工。[1] 而 2018 年的民调数据显示，斯里兰卡国内有 95% 民众表示西里塞纳政府无所作

---

[1] 《斯里兰卡政府宣布科伦坡港口城项目现在即可复工》，新华网，http://www.xinhuanet.com//world/2016-03/15/c_128799902.html。

为，支持马欣达·拉贾帕克萨再次上台。但是目前可以确定的是，无论是自由党还是统一国民党上台执政，斯里兰卡对接"一带一路"倡议的外交和经济战略短时间内都不会改变，科伦坡港口城项目还得继续下去。现如今项目进展稳定，2019年1月16日，填海造陆部分全部完成，共形成土地面积269公顷，实际工期比计划工期提前了2个月。项目水工结构及陆域回填工程也顺利完工，并于2019年8月28日发放完工证书。市政工程于2018年7月19日开工，计划2022年中期竣工并投入运行。2019年11月15日，项目公司与斯城市发展局正式签署了项目一期中方地块的租赁协议。2019年12月18日，土地注册工作顺利完成。2020年，项目公司重点推进国际金融中心综合体地块、启动区酒店地块、游艇码头地块和启动区高端住宅地块的销售工作，目前主要客户来自斯里兰卡、日本、中国和新加坡。关于战略配套项目，项目公司分别聘请Gainedge、KPMG、Bird & Bird、PWC等专业顾问公司完成了国际会展中心、国际学校及国际医院项目的调研工作，并与斯政府共同研究项目开发、运营方案，推动战略配套项目落地。2020年12月17日中午，斯里兰卡总理府举行科伦坡港口城内首个投资项目——国际金融中心一期开发合作框架协议的签约仪式。国际金融中心项目（科伦坡港口城）地处"一带一路"南亚重要支点，紧邻亚欧海运主航线。项目东临科伦坡CBD行政商务区，西接港口城宜居生活岛，南望印度洋海景，北眺中央公园，地理位置优越，交通便利，配套完善。①

---

① 《中国交建科伦坡港口城2018—2019年社会责任报告》，中国港湾公司网站，https://www.chec.bj.cn/pub/chec_pc/cn/qywh/shzr/zrbg/202001/t20200115_7711.html。

二 科伦坡港口城项目风波背后的
国内外因素分析

（一）内部因素

1. 大选导致政权更迭，国内因素推动西里塞纳政府由"行政总统制"向"议会内阁制"转变

20世纪60年代，斯里兰卡国内民族问题长期影响斯里兰卡经济发展赖以需要的稳定的社会秩序和外交政策。泰米尔猛虎组织与斯政府间不可调和的矛盾最终使得斯里兰卡爆发内战。2005年马欣达·拉贾帕克萨当选斯里兰卡总统，对猛虎组织采取了不妥协的进攻策略。2009年斯里兰卡政府军在北部地区击毙猛虎组织领导人普拉巴卡兰，从而结束了斯里兰卡长达30余年的内战。凭借结束内战这一伟大功绩，时任总统马欣达·拉贾帕克萨实现总统的两连任，其声誉和在国内的政治地位达到顶峰。

马欣达·拉贾帕克萨在9年任内可以说是政绩显著，不但结束了内战，执政期间，他还高度重视基础设施建设，致力于发展港口航运业务和海洋经济。在他的领导下，斯里兰卡经济连年大幅增长，平均年增长率达到7%。但与此同时，斯内部也出现了一系列问题。一方面，政府通过举债方式短时间内上马了大量基础设施建设项目，然而这些项目并不能马上给普通百姓带来直接的收益，普通民众也并没有分享到经济发展带来的红利。另一方面，马欣达·拉贾帕克萨被指控在执政期间独断专行，甚至欲以修宪方式谋求连

任，同时政府中存在明显的"裙带提拔"，任人唯亲的情况也不在少数。另外，大量的投资项目没有经过议会讨论和公开招标就立即上马，让民众怀疑其中存在巨大的利益链条，而马欣达·拉贾帕克萨家族在其中也存在中饱私囊的嫌疑。

2014年11月20日，在马欣达·拉贾帕克萨宣布提前进行总统选举的第二天，同为自由党成员的前卫生部长西里塞纳即宣布倒戈，成为反对派的总统候选人。在总统选举中，西里塞纳打着"廉政"的旗号以获取民众支持，这一竞选"王牌"确实为他赢得了不少选票。最终，西里塞纳赢得了2015年大选。根据自由党党章，他同时成为自由党新领导人。[①]

新政府组阁后推行的"善政"措施从反腐败入手，试图遏制斯里兰卡政府自上而下的腐败趋势，以兑现对选民的承诺。前总统家族中的重要成员纷纷锒铛入狱。2015年4月22日，马欣达·拉贾帕克萨的弟弟、经济发展部长巴希尔·拉贾帕克萨因巨额金融诈骗、挪用公共基金被逮捕羁押；2016年7月11日，马欣达·拉贾帕克萨的长子，被外界认为是马欣达·拉贾帕克萨接班人的纳玛尔·拉贾帕克萨因洗钱罪被斯里兰卡经济犯罪调查局逮捕。[②]

斯里兰卡经济现代化建设开始于2009年底，即内战结束后。作为"民族英雄"的马欣达·拉贾帕克萨凭借其在国内党内无与伦比的政治地位和权威，大力发展国内经济。科伦坡港口城项目作为马欣达·拉贾帕克萨政府的重要招商引资项目，无疑成为西

---

① 彭善娟：《论斯里兰卡西里塞纳政府的外交战略》，《外交学院》2016年第8期，第15页。
② 杜敏、李泉：《斯里兰卡西里塞纳政府的政治形势与前景探析》，《学术探索》2016年第12期，第34页。

里塞纳竞选团队攻击马欣达·拉贾帕克萨政府在吸引外资上存在暗箱操作和腐败问题的"靶子"。因为中国是斯里兰卡最大的投资来源国，与中国保持距离，抨击中国投资的项目可以使西里塞纳与前政府划清界限。因此，在大选结束后，西里塞纳政府以"重新审批项目"为由暂停中国投资的科伦坡港口城项目，正是为了"兑现"对选民的承诺。但是新政府又非常清楚中国的资金对该国经济发展的重要作用，斯里兰卡不可能完全放弃来自中国的贷款，它仍需与中国建立友好关系以吸引中国的投资。

2. 自由党的分裂，西里塞纳携手统一国民党组阁增加了西里塞纳政府的内部变数

历史上，钱德里卡·库马拉通加政府曾通过 1978 年宪法第十七次修正案，在宪法委员会下设立了各种独立委员会，以加强对政府权力的监督。而拉贾帕克萨政府强行通过宪法第十八次修正案，取消了宪法委员会监督选举、法院、警察、公务员、国家财政以及旨在打击贿赂、腐败和侵犯人权行为的机构的权力。最重要的是，该修正案取消了总统连任两届的限制，以保证拉贾帕克萨 2015 年再次连任总统。但出人意料的是，他输给了曾任拉贾帕克萨政府卫生部长和自由党总书记的迈特里帕拉·西里塞纳。由此，同属自由党领导人的前总统与当选总统之间的矛盾愈演愈烈，这加剧了执政党内部的分裂。在西里塞纳领导自由党的情况下，拉贾帕克萨的支持者在 2016 年重新发起成立了一个小党，名为"斯里兰卡自由阵线"（即现在的"斯里兰卡人民阵线"）。在 2018 年 2 月的全国地方议会选举中，自由阵线以压倒性优势获胜，击败了统一国民党和自由党。同年 11 月，马欣达·拉贾帕克萨正式加入自由阵线，当

时他正与维克勒马辛哈争夺总理职位。"让马欣达回来"的势头和联合政府执政的艰难已经让大多数人相信自由阵线会赢得下届总统选举。[①]

　　西里塞纳明确意识到虽然马欣达·拉贾帕克萨在总统大选中落败，但是其背后的政治团体在议会政治中的影响力不可小觑。拉贾帕克萨和他的支持者试图给取代他的自由党—统一国民党联合政府打上非法的"烙印"，因为大多数佛教徒投票支持拉贾帕克萨，同时泰米尔民族联盟领导人当选了议会议长。但在2016年2月，统一国民党的主要成员卷入一场央行债券拍卖计划，骗取了巨额国家退休基金。这一骗局成为几项重大调查的目标，并违背了联合政府对民众做出的打击腐败，实行善治，以纠正拉贾帕克萨政府执政期间渎职和管理不善的承诺。总理拉尼尔·维克勒马辛哈及其亲信也未能与总统西里塞纳精诚合作，部分原因是城市精英与农村政治家之间的社会文化差异。联合政府能否稳定令人担忧，最终，西里塞纳总统在2018年10月宣布任命马欣达·拉贾帕克萨为新总理，同时解除维克勒马辛哈总理职务。但是，维克勒马辛哈拒绝这一任命，其与拉贾帕克萨均声称自己是合法的总理，直到最高法院做出有利于自己的裁决。[②]

(二)外部因素

　　经济发展除需要国内政治秩序的稳定外，还有赖于和平稳定的

---

① "Crossed in Translation: The Politics of Language in Sri Lanka," *Economist*, Vol. 3, No. 4, 2017, p. 31.

② Neil DeVotta, "Sri Lanka: The Return to Ethnocracy," *Journal of Democracy*, Vol. 32, No. 1, 2021, pp. 96-110.

外部环境。积极融入国际社会，提高其国际地位和改善国家形象是西里塞纳政府外交政策的另一个主要目标。斯里兰卡内战结束之后，以美国为首的西方国家借人权问题对斯里兰卡进行制裁，对斯里兰卡的贷款请求以改善人权状况为条件，致使斯里兰卡在国际社会中相当孤立。[①] 被认为是"亲西方"的西里塞纳政府的上台，为斯里兰卡带来了改善与国际社会关系的契机。运用灵活的外交政策争取以西方国家为主的国际社会的支持，以此打造良好的外部环境，可以为斯里兰卡吸引来更多的西方投资，使投资来源多样化。此外，斯里兰卡地理位置优越，紧邻印度，在印度洋地缘政治上具有重要的战略意义，融入国际社会有助于提高其国际地位和国际影响力。

1.作为南亚地区霸主的印度，长期影响斯里兰卡内政、外交政策，使得西里塞纳政府不得不在科伦坡港口城项目上对印度的关切做出回应

近年来，中国在该地区的影响力不断上升，尤其是在中国提出"一带一路"倡议后，印度感到其在南亚的地位受到中国前所未有的挑战。斯里兰卡与印度在历史、宗教以及种族上存在紧密的联系。斯里兰卡古称"锡兰岛"，隔保克海峡与印度相望。印度是南亚和印度洋上最有影响力的国家。印度向来把南亚视作自己的势力范围，并一直试图主导印度洋事务，印度洋承载着印度的"大国梦"。印度的战略家潘尼迦认为"谁控制了印度洋，谁就掌握了印

---

① Georg Frerks, Toon Dirkx, "Manoeuvring Wars, Rebels and Governments: the EU's Experience in Sri Lanka," *Peacebuilding*, Vol. 10, 2018, pp. 267-271.

度"，"印度的安危系于印度洋"。① 斯里兰卡与印度可以说是同种同源，保持同印度的良好关系成为斯里兰卡外交政策的重点。斯里兰卡爆发内战时，印度曾插手斯里兰卡内政。印度的泰米尔纳德邦是斯里兰卡境内泰米尔人的故乡。印度泰米尔人对斯国泰米尔人遭到歧视非常不满，部分国大党议员曾公开支持泰米尔猛虎组织，并向印度中央政府施加压力要求其干涉斯里兰卡的民族问题。印度政府虽然表面强调不干涉斯里兰卡内政，但却秘密为泰米尔猛虎组织提供支持，为其提供训练基地，并在泰米尔猛虎组织濒临绝境时向其空投物资。在 1987 年，印度派维和部队进驻泰米尔猛虎组织控制区，并主导斯里兰卡政府和泰米尔猛虎组织之间的和平谈判。由于印度拒绝向斯里兰卡政府出售武器，斯里兰卡政府不得已向以色列、中国和巴基斯坦购买武器，斯里兰卡政府向域外国家求援的行为引起了印度的强烈不满。

马欣达·拉贾帕克萨政府执政时期，斯里兰卡与印度的关系一度冷淡。印度甚至支持美国在联合国发起的调查斯里兰卡内战中侵犯人权的提案。虽然印度在斯里兰卡内战结束后给予该国积极的援助，帮助其进行经济重建，推动发展项目，但这主要是因为斯里兰卡的地理位置与印度的战略利益密切相关。印度排斥斯里兰卡与其他国家的正常合作，并将其视作自己的势力范围，其"家长式"作风引起斯里兰卡的警惕与不满。印度难以容忍其他大国进入南亚，极力阻挠域外国家在印度洋的任何军事存在。

---

① 〔印〕潘尼迦：《印度和印度洋：略论海权对印度历史的影响》，德隆、望蜀译，世界知识出版社，1965，第 80 页。

中国目前已是斯里兰卡最大的投资国，两国在经贸、安全上的合作日益增多，这引起了印度的警惕。印度担忧中国会获得战略领域项目的实际操控权，如汉班托塔港口和机场等。印度对中国的另一个担忧是中国与斯里兰卡在海洋方面的合作，斯里兰卡积极响应了中国的"21世纪海上丝绸之路"倡议。在2015年斯里兰卡总统大选中，印度暗中帮助西里塞纳上台。上台后仅10天，西里塞纳便派遣外交部长萨马拉维拉访问印度，西里塞纳本人也将印度作为其上任后出访的第一个国家，宣称印度是他的外交政策中的"第一要务"。而印度也欲借西里塞纳当选之机，修复与该国的关系。莫迪在西里塞纳访印之后，即对斯里兰卡进行了回访，这是印度总理28年来首次访问该国。他强调，"我们共享的历史、文化和价值观牢不可破"，并指出两国会在能源安全、海洋安全等防务领域进行更加密切的合作。

然而，不论是从战略利益考虑还是出于对于中斯两国加深经贸、文化与外交往来的担忧，印度始终很难让斯里兰卡完全独立地开展外交工作。在未来一段时期内，斯里兰卡与印度的关系仍将是"控制"与"反控制"的关系，斯里兰卡仍需谨慎平衡与其他国家的外交关系。

2.中斯两国长期保持友好稳定的外交关系和平等互利的经贸往来是科伦坡港口城项目最终恢复施工的根本原因

不论经济规模大小，斯里兰卡和中国长期以来建立了实质性的联系，这为大小经济体之间建立良好的关系提供了借鉴。斯里兰卡在完全摆脱英国的控制之后即与新中国建交。1952年，斯里兰卡政府冲破了美国等西方国家对新中国的封锁，同中国签署《米胶贸易协定》，此后历届政府均奉行对华友好的外交政策。中国从 20 世纪 70 年代开始援助斯里兰卡，在该国内战结束后，中国对斯里兰卡的贷款和援助金额猛增。中国尊重斯里兰卡的核心利益，在人权问题上支持斯里兰卡，中国的贷款不附带任何政治条件，双方的外交关系建立在互信、互助的基础上。[①]

作为一个发展中国家，斯里兰卡一直在寻求与工业化国家建立可靠的经贸关系，以扩大其工业部门规模和加速其经济增长。相对于其他国家的投资，斯里兰卡近年来成功吸引了大量的中国投资。斯里兰卡位于连接世界经济增长中心——亚太地区与世界能源和资源中心——中东和非洲地区的航运航线的中点上。这是斯里兰卡与其贸易伙伴接触的一个关键因素。在斯里兰卡被认定为中低收入国家后，来自国际货币基金组织和世界银行等西方多边组织的优惠贷款和援助变得更加有限。因此，斯里兰卡必须加强同中国和印度等区域大国的双边关系，以便获得所需的资金援助和投资机会。[②] 此外，来自西方实体的贷款和援助往往涉及一些限制和条件，如政治制度改革和改善人权状况等。不久前，斯里兰卡政府寻求以最低条件获得快速贷款和援助，中国是唯一符合斯里兰卡期望的合作伙伴。

三　针对中国海外工程建设项目的投资建议

科伦坡港口城项目是中国海外投资基建项目的一个典型代表，

① 朱翠萍：《印度洋与中国》，社会科学文献出版社，2015，第 14 页。
② N. P. Ravindra Deyshappriya, "Sri Lanka-China Economic Relations in Comparative Perspective: Ample Room to Grow," *China Report*, Vol. 55, No. 4, 2019, pp. 364-392.

其面临的国内外政治风险也是中国海外投资企业值得关注、研究的。因此，从科伦坡港口城项目经历的风波中，本文也可以为中国海外工程建设项目总结一些有益的经验。

(一) 吸纳更多共建"一带一路"国家的企业参与中国海外投资项目的建设

国家间的战略互信是开展平等友好的外交和经贸往来的重要条件。中国共产党第十八届全国代表大会胜利闭幕后，以习近平同志为核心的党中央领导集体创新提出"亲诚惠容"的外交理念、正确的义利观，以及建立人类命运共同体等概念。习近平主席于2013年先后提出建设"丝绸之路经济带"和"21世纪海上丝绸之路"的合作倡议，希望各国在遵守互利共赢原则的基础上推进海外投资，寻求利益契合点，打造命运共同体。"一带一路"倡议从行动上支持发展中国家的经济增长，随着"一带一路"合作的做实深入，中国与这些国家利益整合的程度不断加深。"一带一路"倡议作为国际公共产品，其中很大一部分来自中国政府和企业带来的优惠贷款和技术设备，这是许多获得"一带一路"支持的国家能够快速进行经济建设的必要条件。但是，这些国家自身存在的政治、经济、社会和安全风险，与中国海外投资建设项目的成败紧密相连，遂而增加了西方国家关于"一带一路"倡议能否只涉及经济内容，而不干预他国内政的猜测和疑虑，也增加了中国海外投资和建设项目的风险。因此，以科伦坡港口城项目为例，为了推动战略性港口及周边地产开发项目在国家层面的实施，中国政府应与投资所在国达成或建立具有国际约束力的多边/双边协议或合作机制，引导投资所在国本地企业参与这些项目，以提升其本土化优势。只有这样，这些国家的经济才可能真正得到发展。

(二)中国政府和企业应着重了解投资所在国的"软环境"

一是了解跨文化和法律的差异。在"走出去"的过程中，企业要注意了解不同地区之间民族文化和法律的差异。二是注意国际规则和惯例的影响。充分了解境外投资审批、投资限制、外汇政策、歧视性规定等，并遵守相关法律法规，同时，要注意投资所在国企业的投资方式。投资项目合作双方必须建立一个公开和透明的模式，按照市场原则和现行国际规则行事，包括公开和竞争性的项目招标，以及对码头环境、安全和社会影响的公开研究。中资企业也要考虑加强与西方金融机构或第三国在贷款业务方面的合作，这样可以在一定程度上减少阻力。中国政府可以为中资企业在共建"一带一路"国家的项目投资和开发进行统筹规划，在综合评判各种因素影响的基础上，做好风险分析，为中国企业提供指导，及时提醒企业具体风险。为了避免恶性竞争，应该结合每个企业的核心能力和专业知识，创造一个协调发展的环境。最后，加快"走出去"步伐，打造中国企业"走出去"升级版，带动与基础设施建设链条相关的规划、设计、设备、施工、金融、保险等行业企业共同"走出去"。

(三)增强后疫情时代的企业责任感，做好民心相通工作，更加紧密融入投资所在国的社会环境

2020年新冠肺炎疫情突如其来。截止到2021年3月4日，斯

里兰卡累计确诊 84430 例，累计死亡 484 例。斯里兰卡政府分别向印度、俄罗斯和中国购买新冠肺炎疫苗。截止到 2021 年 3 月 15 日，斯里兰卡累计收到上述三国援助的 30 万剂、50 万剂和 60 万剂新冠肺炎疫苗。但是目前印度捐赠的阿斯利康—牛津疫苗由于血栓等不良反应被许多欧洲国家暂停使用，因此，中国生产的疫苗预订将供应斯里兰卡。中国政府承诺将疫苗作为国际公共产品，向发展中国家免费或以优惠价格提供。除此之外，疫情期间，中国在斯企业，如中石化、中国港湾、中冶、中国机械进出口公司等分别向斯里兰卡政府捐赠防疫物资，这无疑将有效提升中国企业在斯形象。另外，处理好与投资所在国的地方政府、军方、民众、新闻媒体等各方的关系，积极参与社会公益事业，树立良好形象，最终使对共建"一带一路"国家的投资具有可持续性。从企业角度来说，中资企业应当主动融入投资所在国社会环境。可以通过我国驻外使馆为项目管理人员提供技术援助和培训。鼓励海外工程建设项目部建立有效的内部管理，并聘请当地的联络官员与受项目影响的当地社区建立更密切的联系。帮助海外工程管理人员和其他国有企业了解当地法律法规，熟悉当地商业环境，增强合规意识，并帮助解决海外项目运营中遇到的财务问题，包括报关、税务和投资风险等，以更好地应对潜在的环境挑战和社会风险。

后　记

　　在当今世界 200 多个国家和地区中，斯里兰卡是一个小国，但这个印度洋上美丽的岛国具有十分重要和特殊的战略意义。作为印度洋上的"地缘政治支轴国家"，在当今世界大国竞争日趋激烈和我国"一带一路"建设不断推进的大背景下，斯里兰卡的战略重要性更加凸显。同时，斯里兰卡与我国有着长期的友好关系，两国在政治、经济、文化和对外关系等众多领域都有着紧密而富有成效的合作。然而长期以来，我国关于斯里兰卡的研究相对薄弱，至今尚没有专门的研究著作。本书正是在这一背景下的初步尝试，以期有助于大家更全面和深入地了解这个重要的国家，也为我国研究斯里兰卡略尽绵薄之力。

　　本书是集体智慧的结晶，作者来自全国各地的众多高校和研究机构。在本书的编写过程中，各位作者付出了辛勤的努力，几易其稿，表现出高度的专业精神和责任心，也展示出应有的学术水平。本书力图从不同的角度和层面呈现 2018～2020 年斯里兰卡政治、经济、文化等领域的现状以及中斯关系的发展现状。其中既有学术研究论文，也包括对对象国的实地调研，还包括与斯里兰卡班达拉奈克国际关系研究中心和科伦坡大学国际关系学系合作的研究成果，对国内的相关研究和实际工作都有较高的参考价值。未来若干年本团队将持续出版该年度研究报告。

本书的出版得到了各方面的支持和帮助。在此,我们要感谢北京外国语大学区域与全球治理高等研究院对本书的慷慨资助和大力支持;感谢社会科学文献出版社对本书从选题立项到编写过程中给予的指导和支持。

在本书的编写过程中,我们也深感我国在斯里兰卡研究方面力量的薄弱和自身水平的局限,因此书中难免存在这样或那样的不足和疏漏,恳请学界同仁和读者批评指正。

编　者

2022 年 8 月

图书在版编目（CIP）数据

斯里兰卡研究报告. 2018~2020 / 李永辉主编；肖
莉梅副主编. -- 北京：社会科学文献出版社，2024.
12. -- ISBN 978-7-5228-4746-7

Ⅰ. K935.8

中国国家版本馆 CIP 数据核字第 2024CQ5077 号

斯里兰卡研究报告（2018~2020）

主　　编／李永辉
副 主 编／肖莉梅

出 版 人／冀祥德
组稿编辑／祝得彬
责任编辑／张　萍
文稿编辑／赵海旭
责任印制／王京美

出　　版／社会科学文献出版社
　　　　　地址：北京市北三环中路甲 29 号院华龙大厦　邮编：100029
　　　　　网址：www.ssap.com.cn
发　　行／社会科学文献出版社（010）59367028
印　　装／唐山玺诚印务有限公司

规　　格／开　本：787mm×1092mm　1/16
　　　　　印　张：16　字　数：185 千字
版　　次／2024 年 12 月第 1 版　2024 年 12 月第 1 次印刷
书　　号／ISBN 978-7-5228-4746-7
定　　价／98.00 元

读者服务电话：4008918866